编委会名单

顾　问　陈春声　陈平原　林　岗
主　编　张培忠　肖玉华
副主编　孔令彬

编　委（以姓氏笔画排序）
江中孝　李　彬　李伟雄　吴亚南
余海鹰　张　超　林　茵　林洁伟
赵松元　段平山　黄景忠　曹亚明

韩山师范学院2017年省市共建中国语言文学
重点学科经费资助

广东省普通高校人文社科重点研究基地
岭东人文创新应用研究中心阶段性成果

张竞生集

第六卷

主　　编　张培忠　肖玉华
副 主 编　孔令彬
本卷主编　李　彬

生活・讀書・新知 三联书店

Copyright © 2021 by SDX Joint Publishing Company.
All Rights Reserved.

本作品版权由生活·读书·新知三联书店所有。
未经许可，不得翻印。

图书在版编目（CIP）数据

张竞生集／张竞生著.—北京：生活·读书·新知三联书店，
2021.1
ISBN 978 − 7 − 108 − 06928 − 3

Ⅰ.①张…　Ⅱ.①张…　Ⅲ.①社会科学－文集
Ⅳ.①C53

中国版本图书馆 CIP 数据核字（2020）第 145000 号

1912年10月17日,由中华民国稽勋局遴选的25名留学生,出国前部分于上海合影(前排左二谭熙鸿,左五刘鞠可,左七张竞生;后排左一杨杏佛,左四任鸿隽,左六萧友梅,左七宋子文)

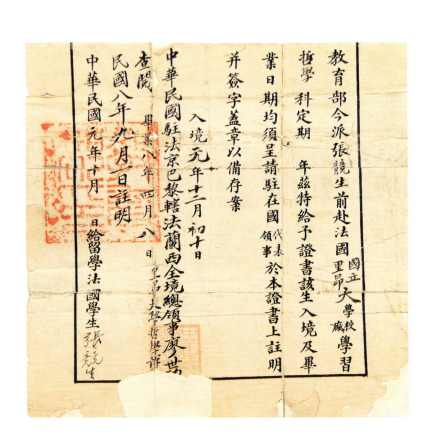

张竞生赴法留学证明，上面注明了入境时间和毕业时间

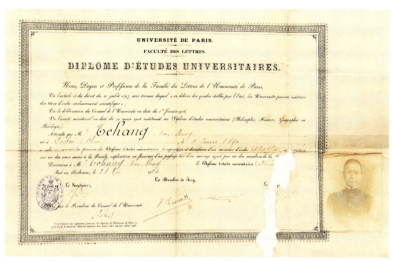

张竞生的巴黎大学学士毕业证书和里昂大学博士毕业证书

普遍的邏輯

第一章

第一節 發凡

名學——因明——論理學——普遍的邏輯

（一）若照孔子之正名墨翟之辯論等一類的學說研究起來叫他做為「名學」，本也未嘗不可。但把西文 Logic 譯為名學（嚴復）似難免卻「張冠李戴」之誚了。「邏輯」Logic（下同）與名學所用的格式和學理彼此兩各不相同。以格式論歐洲自亞里士多德後「三段式」的應用（Syllogism）（用法詳後）已認為邏輯的正宗。我國治名學者，毫不以此為重要。畸形偏式不循法度。雖西人也有這樣的方法。一事的判斷以及一理的推求，或缺前提或欠中段或無結論，（名為 En-（譯作意會）thymene 的格式）但在彼為特例且僅用於文字語言上頭在我國則為常例老實不知有三段式一回事的。

本卷说明

本卷收录的文字可以分为两大部分。第一部分是张竞生留学法国里昂大学期间用法文撰写的博士论文《关于卢梭古代教育起源理论之探讨》，2005年，张培忠先生从法国里昂市立图书馆中文部主任溥力处获得该论文法文本，并委托广东外语外贸大学的莫旭强教授翻译成中文，2012年暨南大学出版社以《卢梭教育理论之古代源头的探索》的书名正式出版。本卷除收录莫旭强教授的中文译文外，还附录了法文原文。

第二部分主要录入张竞生学术生涯不同时期写作的哲学以及相关的理论文字。《空间研究法》及其附篇发表在1916年中华书局《旅欧杂志》。1921年，张竞生被聘为北京大学哲学系教授，担任"论理学"（今称逻辑学）课程，为此专门编写了讲义《普遍的逻辑》，可以说是开风气之先。1923年张竞生在《北京大学社会科学季刊》第一卷第二期上发表了《"行为论"的学理与方法》一文。《自然派学理及实行纲要》和《写在"精神分析学与艺术"之尾巴！》两篇短文发表在1932年神州国光社发行的《读书杂志》第二卷第二期和第十一至十二期上。

20世纪60年代，张竞生离开广东省文史馆，回到饶平老家，开始了晚年的哲学写作，从1964年7月起到1968年7月，他先后写作了《自然系统法》《哲学系统》《记忆与意识》三部哲学手稿。这三部哲学手稿由于各种原因都未能完稿，也未能及时公之于世，留下诸多遗憾。但就手稿的内容来看，在他整个学术生涯中具有非常重要的意义，不但标志着他的学术研究最终回归哲学，使他无愧于哲学家的称号，也体现出他在思想探索上的勇气和眼光。1988年为纪念张竞生诞辰一百周年，广东省饶平县政协文史组专门编辑了《张竞生文选》作为内部研究资料刊行，其中收录了张竞生60年代哲学著作《系统与规律的异同》（即《哲学系统》）和《记忆与意识》两篇。本卷所收的这三部哲学著作根据张竞生的手稿整理而成。

为尊重作者本人的写作风格和行文习惯，同时也最大程度地保留那一时期的文体风貌，本书编校时在字词、语句等方面尽量保持原貌，只对典型讹误进行了修改，特此说明。

目 录

卢梭教育理论之古代源头的探索 1

译者序 3

序 言 6

第一章 古代思想家对卢梭的影响 8

第二章 古代思想家及卢梭的教育理论与方法 23

第三章 智力教育 53

第四章 道德教育 63

第五章 宗教教育 79

第六章 政治教育 87

第七章 女子教育 91

结 语 94

本论文引用过的作者及著述 102

附：张竞生博士论文原稿（法文） 104

Les Sources Antiques des théories de J.-J. Rousseau sur l'éducation 105

AVANT-PROPOS 107

CHAPITRE I Influence des Anciens sur J.-J. Rousseau 109

CHAPITRE II Théorie et Méthode de l'Éducation en général chez les Anciens et chez Rousseau 125

CHAPITRE III Éducation de l'intelligence 158

CHAPITRE IV Éducation morale 168

CHAPITRE V Éducation religieuse 184

CHAPITRE VI Éducation politique 191

CHAPITRE VII Éducation féminine 195

CONCLUSION 198

普遍的逻辑 207

第一章 209

第二章 238

空间研究法 283

空间研究法 285

《空间研究法》附篇　288

"行为论"的学理与方法　293

一　295
二　298
三　303
四　306

自然派学理及实行纲要　309

写在"精神分析学与艺术"之尾巴！　313

自然系统法　317

第一章　自然与人为系统法　319
第二章　系统的对象——结构定律　327

哲学系统——又名系统的知识　329

总　起　332
第一章　333
第二章　337
暂行结论　345

记忆与意识 *347*

前　言 *349*

第一章 *350*

第二章 *357*

卢梭教育理论之古代源头的探索

张培忠编　莫旭强译

译者序

说来惭愧，厕身高校讲授法国语言文化课程30余载，竟然对民国第一批留洋（法国）博士，曾在20世纪二三十年代名满天下的北大张竞生教授毫无所知，仅从一些零散的书刊文章中记住了被人称为"性博士"的张竞生这个名字。直到读完张培忠先生洋洋40万言的《文妖与先知——张竞生传》，才对这位20世纪的奇才有所了解。张竞生先生既是出色的哲学家、美学家和性学家，又是重要的文学家、教育家和翻译家，同时还是一位杰出的社会学家和乡村建设运动的实践家。他趣味广泛，特立独行，坚持理想，终生誓守学者本色，孜孜不倦研究学问，追求真理，令人肃然起敬。

张培忠先生作为张竞生传记的作者，"念兹在兹近30年，考证近20年，研究写作近10年"，为写这本传记投入了大量的精力，阅读了大量的书籍。为了填补早期张竞生研究的史料空白，也许更为了让世人更全面地了解张竞生的学术生涯，他去年邀我翻译张竞生用法文写作的博士论文《卢梭教育理论之古代源头的探索》。我既对张竞生这位被历史的烟云遮蔽了数十年的文化明星色彩斑斓的一生深感兴趣，也为传记作者张培忠先生为还原传主的本真面貌所做的努力深为感动，便欣然接受了这项对我来说并不轻松的工作。

这篇论文，正如其标题所示，主要是探讨卢梭教育思想与古代教育思想的传承关系的。论文共七章，前两章是总体论述，阐明了古希腊、古罗马思想家对卢梭的深刻影响。论文一开头就写道："卢梭在

《忏悔录》中向我们讲述，他刚满七岁，就读完了母亲留下的所有小说。从七岁到十一岁（1719—1723），他阅读了其他的书，完成了第二阶段的教育。这期间他读的书有勒苏俄的《教会与帝国史》、博叙埃的《论宇宙史》、普鲁塔克的《名人传》、纳尼的《威尼斯史》、奥维德的《变形记》、拉布吕耶尔的著作、丰特奈尔的《大千世界》和《死者对话录》，以及莫里哀的一些剧本。"在所有这些书中，他最喜爱普鲁塔克的《名人传》。通过普鲁塔克，他认识了那些古代的名人，并逐渐形成了他爱自由爱共和的思想，也奠定了他日后有关教育思考的基础。"卢梭的《爱弥儿》，就是普鲁塔克《论教育》的放大本。普鲁塔克的智慧和训诫，比如说一名教师对待学生应该具有温柔、善良和宽容之心的训诫，在卢梭那里得到了完美的回应。"除了普鲁塔克，古希腊古罗马思想家中对卢梭影响极大的还有柏拉图。柏拉图的《理想国》是他最为推崇的典籍之一。他甚至认为，《理想国》是一本优秀的教育论著而不是政治论著，这是一种独到的见解。

张竞生认为，卢梭教育理论的要点，是提倡"顺应自然而生活"。"顺应自然，那是一种完美的教育所必不可少的，因为大自然给你指引的总是一条直路。如果在人身上出现了变形的现象，那是教育的失误特别是社会的失误所致。"卢梭的这种教育思想，明显受到柏拉图主义和斯多葛学派关于人的天性是善良的阐述的影响，因为从"人的本性是好的"这一原则出发，可以推论：没有什么能比顺应自然而生活更好的事情了。教育也应该如此，受教育者应该成为一个"自然的"成人，而不是"人为的"成人。

在博士论文前两章对卢梭教育思想的古代源头进行了清晰的总体理论梳理后，张竞生分别用智力教育、道德教育、宗教教育、政治教育、女子教育共五章对卢梭教育理论的形成进行了详细分析，以历史考证的方法，揭示了卢梭的学说体系跟柏拉图、普鲁塔克、亚里士多德、法沃里努斯、西塞罗、色诺芬、瓦罗等古代思想家的相同之处。

在张竞生眼里，卢梭是一个伟人，是一位天才。然而，张竞生的博士论文并不满足于仅仅寻找和厘清卢梭教育学说的源头，对卢梭思想的局限性，论文中也花了笔墨进行评说。这是因为，尽管是天才，也会有其局限性，尤其是时代的局限。张竞生博士论文第二章的结尾处，就对卢梭有关公共教育的想法提出了批评。论文中写道：卢梭认为"公共教育的目标是培养一种排他的民族性，根本不考虑各民族之间必须建立起政治上的联盟，特别是经济上的联盟"。张竞生批评说："这种绝对的排他主义最终会演变成危险的民族主义，会在任何时候破坏国与国之间的和平。""假如个人是人们称之为国家的某一具体社会的成员，那么，所有这些国家一起，就构成一个更大的社会，那就是整个人类社会。有社会就必然有义务……人的义务即将通过组建国际社会而以具体的形式固定下来，这一国际社会的组建，乃是我们刚经历过的可怕的战争的幸运成果。缺乏整体观念的本位主义，使最伟大的思想家所构想的公共教育蒙上一层灰，也使他们的思想局限于一国一邦，看不到更大的空间。"

译罢张竞生的博士论文，我们有一个深刻的印象：论文虽短，但道尽了卢梭教育理论的精粹及渊源；道理深刻，但行文流畅易懂。相信读者读完这篇论文后，对作为人本教育和自然教育的先驱卢梭和他的教育思想，会有较深刻的了解。

莫旭强

2012年1月于广东外语外贸大学

序　言

中国的知识界和政治界对卢梭的名字并不陌生。中国最优秀的作家之一严复先生，就翻译过卢梭的《民约论》[1]，这本书在中国所有的书店和所有的图书馆里都可以找得到。

《爱弥儿》一书至今尚未获得同样的荣耀，但也并非默默无闻。一本题为《世界哲学家传》的书，就摘录了《爱弥儿》的一些片段，而且对书的内容作了总体的介绍。我本人在五年前也曾翻译了《爱弥儿》的一些章节，刊登在一本名为《教育杂志》的刊物上。

曾有一段时间，这位法国哲学家的思想，尤其是自由、平等、博爱的思想，在中国传播得如此之快，如此之猛，使得我们可以大胆地提出：卢梭的思想既然可以在18世纪成为法国大革命的前奏曲，它跟中国发生的辛亥革命也绝不会毫无联系。

在这种情况下，客居法国六年的我，充分利用这来之不易的机会，对卢梭的作品进行广泛而深入的研究，可以说是理所当然的事情。

要达到这一目标，锁定一个专门而又较少有人涉足的题目展开研究是至为重要的，因为这样的研究可以对卢梭的作品从多方面展开探讨，有助于加深对它们的理解。这可是一道难题，设想一下：从圣-马克·吉拉丹[2]（著有《卢梭生平及作品》）到在可怕的第一次世界大

---

[1] 今译《社会契约论》。（本文所有页下注均为译者和编者所加，正文中括注为张竞生原文所有，特此说明。）

[2] 圣-马克·吉拉丹（Saint-Marc Girardin, 1801—1873），法国政治家和文学评论家。

战中战死沙场的皮埃尔-莫里斯·马松[1]（著有《卢梭的宗教观》），法国有关卢梭的研究可谓汗牛充栋，数不胜数。

我在就某个主题探索卢梭思想根源的过程中，觉得收获颇丰。不过，困难也还是存在的：我们探索其根源，追溯到哪儿为止呢？限于近代吗？已故的马松先生似乎已经把话都说尽了。追溯到中世纪？在巴黎大学中世纪史专家皮卡维先生的指导下，我们曾跃跃欲试，忙乎了一阵子。但后来我们觉得，这样一种探索，恐怕难以收到丰硕而肯定的效果。于是，我们把研究方向指向古代，这一次，幸运之神向我们招手了，我们得到了里昂大学夏博教授和戈勃罗教授的鼓励和慷慨指导。

在本书里，我们将努力去明确卢梭思想的古代源头，对于其中一些源头，我们会直接列举古代思想家的名字和著述，而对于另外一些源头，我们将以历史考证的方法，揭示卢梭的学说体系跟古代思想家相同之处。

---

[1] 皮埃尔-莫里斯·马松（Pierre-Maurice Masson，1879—1916），法国作家。

第一章　古代思想家对卢梭的影响

如果这个世界上有一个孩子既早慧又过早地多愁善感，这孩子一定是卢梭。卢梭在《忏悔录》中向我们讲述，他刚满七岁，就读完了母亲留下的所有小说。从七岁到十一岁（1719—1723），他阅读了其他的书，完成了第二阶段的教育。这期间他读的书有勒苏俄[1]的《教会与帝国史》、博叙埃的《论宇宙史》、普鲁塔克的《名人传》、纳尼的《威尼斯史》、奥维德的《变形记》、拉布吕耶尔的著作、丰特奈尔的《大千世界》和《死者对话录》，以及莫里哀的一些剧本。

在所有这些书中，他最喜爱普鲁塔克的作品。他这样写道："普鲁塔克的书是我的至爱。我一遍又一遍地读，兴致盎然，这稍微减少了我对小说的钟情。事实上，我很快便喜欢上了阿格西拉斯、布鲁图斯、阿里斯蒂德，胜过了对欧隆达特、阿泰门和攸巴的喜爱。"（《忏悔录》上卷，第9页）

卢梭之所以对普鲁塔克特别钟爱，不仅仅因为普鲁塔克的作品中具有一种魅力，可以打动人心，更在于他的作品给人以启迪，可以满足人的心灵需要。通过阅读普鲁塔克，卢梭认识了"古代的名人"。

---

[1]　勒苏俄（Le Sueur，1602—1681），历史学家，出生于法国，父母是基督教新教徒。他在日内瓦学院完成了学业后，到拉费泰苏茹瓦尔（La Ferté-Sous-Jouarre）的教会里当牧师，正是在那期间他写了《教会与帝国史》一书，"这本书记载了从耶稣出生到公元1000年中每一年教会和世俗世界里所发生的大事，包括耶稣的生平及罗马的皇帝、执政官、主教的生平，对其他教会的主教、神学家及其著述、异教徒、风俗习惯、教规、宗教迫害、殉教者等也都有描述。"

普鲁塔克笔下，不仅仅是一篇篇的故事，不是的，那是一张张动人的脸，像精致的花朵，是古人那种伟大的心灵，现代的心灵去探访它，会在它面前战栗。卢梭从普鲁塔克那里汲取了知识，但他并不满足。他满怀着童年的热情，要在行动上模仿他刚从书上认识的伟人。他写道："这些有趣的书，以及这些书所引起的我们父子俩的谈话，铸就了我那种自由的共和思想，那种高傲不屈的性格，而我本来就是个不愿意受到桎梏和奴役的人。这种性格受到压抑之时，我便痛苦万状，一生都是如此。我对罗马和雅典朝思暮想，魂牵梦萦，仿佛生活在希腊罗马的伟人们之中。我生来就是共和国的公民，有一位对祖国的爱高于一切的父亲，我以父亲为榜样，也对祖国充满了激情。我以为自己也成了希腊人或罗马人，成了所读的传记作品中的人物：他们忠贞不渝、英勇不屈的精神深深地打动了我，使我目光炯炯，声音洪亮。有一天，我在饭桌上叙述塞沃拉的壮举时，为了模仿这位英雄，我离开餐桌，把手放在火盆上，大家见了全都吓坏了。"（《忏悔录》上卷，第9—10页）

通常有这种情况：一个人小时候读的一本书，比其他任何一本书都更深深地印在他的心上，植下了种种印象、思想、感情的种子。随着儿童渐渐长大，这些种子发芽、生长，开出了五彩缤纷的花。小孩长大成人时，那些童年时代植下的印象、思想、感情的萌芽，甚至会引导他一生如何为人处世。卢梭的情况正是如此。普鲁塔克就好像是他的第二位父亲，以绝对的权威影响着他的思想和情感，对卢梭来说，普鲁塔克跟祖国同等重要。卢梭在谈到那篇于1749年使他获得第戎学院著名大奖，题为《论科学和艺术》的论文时写道："这个消息唤醒了先前指引我的种种思想，并赋予它们以一种新的力量，终于使我的父亲、我的祖国以及普鲁塔克在我童年时便植入我心中的那种英雄主义和道德观念的最早的酵母发酵了。"（《忏悔录》下卷，第9页）

普鲁塔克的《名人传》和《道德论集》，卢梭在《忏悔录》中没有提到他是否读过。但通过我们前面引用的卢梭的注释,我们可以判断,他写《爱弥儿》一书时,已经读过普鲁塔克的《道德论集》。无论怎样,有一点可以确定,普鲁塔克的书是卢梭的床头书,他小时候爱读,到了晚年,也仍然爱读。那是他一生中至爱的读物,他去世前两年写的《一个孤独的散步者的遐想》中的一段话可以证实这一点:"在我现今还偶尔阅读的少数几本书中,普鲁塔克的作品是最吸引我,并使我受益最多的书。它是我童年时代阅读的第一本书,也将是我晚年阅读的最后一本书:普鲁塔克几乎是唯一一位我每次开卷都有收益的作者。前天我还阅读了他的《道德论集》中的一篇论文:《如何使敌人为我所用》。"(见"第四次散步"开头部分)

对于从蒙田到卢梭这些 16 到 18 世纪的思想家来说,普鲁塔克之所以吸引他们,大概是这位史学家,或更准确地说,这位古希腊罗马名人传记作家,同时还是一位伦理学家。但这只说对了一半:卢梭还有根有据地给我们指出了普鲁塔克的另一过人之处:"普鲁塔克善于通过细节描绘伟人,那种优雅的笔调无法模仿。"(《爱弥儿》上卷,第 316 页)这还不够。继蒙田之后,卢梭赞美普鲁塔克是一位懂得并擅长从心灵深处探究人类行为动机的史学家。下面是卢梭引用蒙田的一段话:"传记作家只要把他们的兴趣更多地放在事件的警世意义上,而不放在事件本身上,更多地探究心灵历程,而不是浮于事情的表象,这样的作家就合我口味,这就是我钟爱普鲁塔克的原因。"(《蒙田随笔》,第 2 卷,第 10 章,见《爱弥儿》,上卷,第 316 页)

诚然,卢梭不是史学家。然而,他写《忏悔录》时,却模仿普鲁塔克描述史实的手法。他也想描绘他自己,并通过他自己去描绘别人。他注重细节,娓娓道来,认为只有这样才能更好地刻画人物的本来形象。他也希望能跟普鲁塔克那样,用某种方法将自己的灵魂一览无余地暴露在读者的眼前。(见《忏悔录》第四卷结尾部分)

跟普鲁塔克和波利比、萨卢斯特、塔西佗等古代史学家一样,卢梭喜爱的是"少画脸谱,对史实的评判中少些理性推导,多些感性的东西"(《爱弥儿》上卷，第314页)；他也欣赏李维、希罗多德，特别是修昔底德治史的方法。修昔底德叙述史实而不加评判，但不会漏掉任何一个有助于读者去评判历史的细节。(同上)

卢梭一方面对我们前面所列举的古代史学家情有独钟，另一方面则认为近代的史学家无足轻重，甚至不屑一顾。他认为，后者只会大肆渲染、浓彩重墨，却拿捏不住人物的形象。这就是卢梭对他那个时代最权威最有名望的历史学家的评语，这些大名鼎鼎的史学家中，有达维拉、吉西阿丹、斯特腊达、索利斯和马基雅维利，至于德图，由于他的某些作品，也被划入这支队伍。(同上，见卢梭本人所做的注释)

当然，深深吸引着那个时代的思想家的，是作为伦理学家的普鲁塔克。普鲁塔克的《道德论集》，对他们来说，代表着无与伦比的权威。关于这个话题，我们在后面的"道德教育"一章中还会详细讨论。在详细讨论之前，我们只能概括地说，《道德论集》一方面反映了其作者普鲁塔克非常熟悉古代各种学说；另一方面也显示出他深受各种理想主义学说的影响，包括他一直称之为神奇的柏拉图的学说，斯多葛学派的学说，甚至包括毕达哥拉斯学说。跟柏拉图一样，《道德论集》宣扬坚定的意志，严肃的风化；跟斯多葛学派相同之处，是《道德论集》明确地告诉人们这世界上有一个上帝，教诲人们要过朴实无华的简单的生活；至于毕达哥拉斯学派，普鲁塔克宣扬他们的原则，欣赏该学派的温情和仁慈，跟他们一样，他反对肉食，提倡遵守一种独特的饮食制度。他还是亚里士多德学派的门徒，追随导师积极探索大自然的规律。

毫无疑问，十分崇拜普鲁塔克的卢梭，受其影响，对所有这些古代思想都坚信不疑。比如说，卢梭的《爱弥儿》，就是普鲁塔克《论教育》的放大本。普鲁塔克的智慧和训诫，比如说一名教师对待学生应该具有温柔、善良和宽容之心的训诫，在卢梭那里得到了完美的回应。

但卢梭并不满足于仅靠阅读普鲁塔克的作品去了解古代的学说，他要自己去发现，不需要依赖他所钟爱的作家的帮助。我们可以看出，卢梭对柏拉图的几篇对话录相当熟悉。首先，通过下面两段话我们知道他熟悉《理想国》。他写道："我现在不打算谈那种所谓的妇女团体，在这个问题上有些人一再责备他（柏拉图），那恰恰证明责备他的人从来没有读过他的著作……"[1] 他另外还写道："如果你想知道什么是公众教育，就请你读一下柏拉图的《理想国》。这本著作，有些人仅凭书名就做出判断，以为是一本政治论著，其实不然，那是一本最好的教育论著，从未有人写过这么好的教育论著。"[2]

根据上面的引述我们可以判断，卢梭读过柏拉图的《理想国》。一方面，卢梭认为《理想国》是一本优秀的教育论著而不是政治论著，这是一种独到的见解。而且，他的观点是正确的。这一点表明他认真读过《理想国》，而且理解得很透彻。事实上，《理想国》是一本用很大篇幅去论述如何对国家护卫者进行教育的书。在后面的章节里，我们对这种教育的理论和方法等问题，将展开详细的讨论。在这里我们仅提醒大家注意一点：从另一方面来看，卢梭自己就采用了柏拉图一种新奇而大胆的提法，而且似乎还实践了其中的一部分内容。柏拉图的原话如下："我们战士的妻子，应该归所有男人共有；任何人都不得与任何人组成一夫一妻的小家庭。同样地，儿童也都公有，父母不知道谁是自己的子女，子女也不知道谁是自己的父母。"[3]

我们认为，卢梭是赞同这个理论的，因为他在《论人类不平等的起源》一书中所提出的一些观点显然受到柏拉图的启发。他在这本书中说道，男女之间的结合纯属偶然，他们或偶然相遇，或机缘巧合，或彼此产生欲望就结合在一起；母亲哺育孩子，最初也只是因为那样对她有利；孩子一旦长大，就会自动离开母亲，甚至很快在再见面的

---

[1]《爱弥儿》下卷，第151页。
[2]《爱弥儿》上卷，第14—15页。
[3] 见《理想国》第五卷，A. Bastien 法译本，第1卷，第189页，Garnier 出版社。

时候连对方是谁也不认识。

当然，卢梭在这里说的是人类的原始状态，而柏拉图说的却是政府组织的状态。可是，卢梭是从哪里发现人类的这种原始状态的呢？是从他自己的想象中或是通过人类跟动物类比较中发现的吗？不管怎么样，如同我们刚才所指出的那样，柏拉图的著作肯定给了他启发。

他批评那些一味指责柏拉图有关妇女团体的观点的人，批评他们并没有真正读过柏拉图的《理想国》。而他自己，他从理论上赞同柏拉图。至于柏拉图有关儿童团体的观点，他不仅理论上赞同，而且还付诸实践。他把子女放到育婴堂抚养。他说他这样做，是把自己看作柏拉图共和国的一员。（见《忏悔录》下卷，第10页）

事后，他内心悔恨不已。然而虽然他的情感告诉他做错了，然而他的理智并没有这样警告他。（同上）

作为柏拉图学说的信徒，卢梭认为一个社会应该按照绝对平等的原则建立。这些思想构成了他的政治观的基本原则，同时，也构成了他的道德观的基本原则。讲平等，就不能不讲团体生活，两者是不可分离的。卢梭对子女的做法是错了，但他的错误是可以原谅的。希望当一名被人奉若神明的柏拉图的信徒，难道就是犯罪吗？不是的，绝不是的。卢梭是做错了，但他并非十恶不赦的坏人。他错就错在想实施一种在他生活的时代里不可能实施的理论。有谁敢说柏拉图的理论永远不会实现？卢梭当年预言大革命爆发的理论，不是也实现了，而且在人类史上最终胜利了吗？

卢梭也熟悉柏拉图的《法律篇》。他给他的《戏剧模仿》加了个副标题：来自柏拉图对话录的随想。另外，他在注释中写道："注意参看《法律篇》的第2卷和《理想国》的第10卷。"从这个小剧本的论述和行文来看，卢梭显然非常熟悉柏拉图的著作。他很可能也读过《宴饮篇》，因为在《爱弥儿》一书中提到过（参看《爱弥儿》下卷，第126页）。他大概也读过《美诺》，因为他提到苏格拉底那种装作对问题一窍不通的教育方法：他不也假设他的学生完全无知，由他一步一步地引导去认识事物的吗？这完全跟《美诺》这篇对话录中所描绘的那位引导美诺的奴隶学习几何学的苏格拉底一样（参见本书第三章）。

卢梭显然对《蒂迈欧篇》也并不陌生，起码他读过普鲁塔克的《基于柏拉图"蒂迈欧篇"的灵魂创造论》(《道德论集》)一文，并从中了解了柏拉图的这篇论著。卢梭也许还知道柏拉图的《斐多》，他以下面这几句优美动人的话，作为整篇对话深思熟虑的结论，从这一点就可以看出来他知道《斐多》："苏格拉底临死前还能平静地同朋友们谈论哲学，所以他的这种死法是最安详的……苏格拉底接过那杯毒酒，向那个流着眼泪把酒杯递给他的人表示祝福……不错，如果说苏格拉底的一生是智者的一生，他的死是智者的死，那么，耶稣的一生便是神的一生，耶稣的死便是神的死。"（《爱弥儿》，下卷，第72页）

即使是柏拉图的《政治篇》，也称《统治篇》，对卢梭来说也不陌生（见《社会契约论》第2卷，第7章）。

我们所集中列举的所有这些直接来自柏拉图的著作，可以充分说明，柏拉图这位古希腊的哲人，以《理想国》《法律篇》《美诺》等著述启迪了卢梭对教育方法的思考，以《蒂迈欧篇》引导他考虑大自然和上帝，以《斐多》触发了他关于灵魂的思索，以《宴饮篇》引发他写出爱弥儿和苏菲，朱丽和沃尔玛之间纯洁、诚实的爱情，最后，以《政治篇》或《统治篇》使他产生政治学方面的某些构想。

下面再谈谈亚里士多德。我们可以大胆提出，卢梭的许多观点深受以亚里士多德为代表的逍遥学派的影响。他应该认真地读过亚里士多德的数种著作，而且肯定读过亚氏的《政治学》。

首先，卢梭把翻译成拉丁文的亚氏的一句话作为《论人类不平等的起源》一书的题铭："Non in depravatis, sed in his quoe bene secundum naturam se habent, considerandum est quid sit naturale."（只能在自然的秩序中考察自然，而不能在变质的事物中考察自然。）（亚里士多德《政治学》，第1卷，第2章）

其次，卢梭把逍遥学派的一个观点作为上帝存在的证据，因为必须要有一种第一动力的存在。（见本书有关宗教教育的章节）

此外，卢梭十分重视亚氏的教育方法。《爱弥儿》中写道，一个父亲在跟他儿子及儿子的老师一起在田野上散步时，遇见几个小学生在放风筝。父亲于是提了一个问题考儿子："风筝的影子在这儿，风筝在哪儿？"儿子结合观察和思考，给出了正确的答案，父亲感到非常满意。写到这里，卢梭补充说："亚里士多德的学生就是这样驯服那匹任何骑师都无法驾驭的名驹的。"（《爱弥儿》，第2卷结尾部分）

卢梭跟亚里士多德一样，提倡在散步时和娱乐中教育学生。他提倡走出书堆，在大自然中学习。他也跟亚里士多德一样，认为大自然是启迪人类智慧最好的书。他要求人们直接观察外面的世界，而不是闭门造车（见《爱弥儿》上卷，第166页的注释）。可见，他倾向于把经验视作科学唯一的根据（见《爱弥儿》第3卷，以及本书有关智力教育的章节）。

我们现在再来看一下卢梭跟斯多葛学派的关系。他是通过普鲁塔克的好几种书去认识斯多葛学派的，特别是普氏的《斯多葛派的矛盾》一书[1]。他对爱比克泰德的学说也多少有所了解，下面这段话可以证明这一点："我跟他说：'您非常了解您所喜欢的爱比克泰德的观点，现在该是运用的时候了，否则您永远也用不上它了。要好好地区别表面的利益与实际的利益，好好地区别我们自身的利益与我们身外的利益。您要向他证明，当外界的考验来临时，一个人痛苦与否完全取决于自身，智者随处可遇到不幸，但也可到处收获幸福。'"（《新爱洛伊丝》，第一部分，书信第65）

在《爱弥儿》一书中，卢梭写道："爱比克泰德早就预料到他的

---

[1] 卢梭本人在《爱弥儿》一书的一处注释中引用了普氏的原话，提到斯多葛学派的一个矛盾。（见下卷第63页）

主人要打断他的腿,然而,预料到这一点于他何用?他的主人会不会因此就不打断他的腿呢?不会。他有了先见之明反而使他痛上加痛。"(上卷,第293页)

这两段话似乎是斯多葛学派有关人生哲学基本原则的概括性阐述。一方面,唯有智者才是幸福的,因为他懂得区别自己能力范围的利益与超出自己能力范围的利益,而不让后者扰乱自己的心绪;另一方面,忍耐是斯多葛派伦理道德中极为重要的一条原则。

与上述两条原则同等重要的第三条原则,是智者的生活应顺应自然。卢梭也宣称,要"按照自然而生活",他还用其他一些说法去表达同样的意思,如"走大自然给我们规划好的路""顺从大自然给我们安排的命运"(《爱弥儿》,上卷,第77页)。

毋庸置疑,卢梭的伦理理论中含有斯多葛学派的上述观点。我们同样不能忘记,除了爱比克泰德,塞涅卡对他的影响也不可忽略。

塞涅卡的名字经常在卢梭的作品中出现。卢梭还把塞涅卡的名言之一作为《爱弥儿》一书的题铭:我们身患一种可以治好的病;我们生来是向善的,如果我们愿意改正,就能得到自然的帮助。(塞涅卡,《论愤怒》,第2篇,第13章)

我们无须引述其他例子,上面这段话足以证明,在卢梭思想形成的过程中,塞涅卡并非无足轻重。其实,《爱弥儿》无非是塞涅卡上述思想的长篇解说词。

卢梭还翻译过塞涅卡写的克劳狄一世追悼演说词。另外,他在《塞涅卡生平》一书中还插入过一些注释。所有这些,是否可以让我们得出这样一个结论,卢梭直接研究过塞涅卡?毋庸置疑的是,对塞涅卡的研究,使他获益良多。

卢梭一直是一个乐观主义者。他于1756年写给伏尔泰的信,他的《爱弥儿》以及其他著作中的许多片段,都向我们显示,卢梭相信神的存在,相信神明引导着所有的人。这一点跟他的基督教信仰无关,遑论他的宗教信仰常告阙如。严格来说,他是受了古代理想主义学说的影响。存在着神明这样一种思想，在柏拉图的《蒂迈欧篇》一书中已初见端倪，后来更由斯多葛学派发扬光大。卢梭的自然观也同样源自柏拉图和斯多葛派。他认为大自然的一切都是由智慧的神安排的。宇宙的秩序与和谐令人惊叹，除了神意之外，别无解释。

我们前面列举的所有这些古代的思想家、哲学家，如柏拉图、亚里士多德、斯多葛学派、普鲁塔克等，是卢梭教育思想的主要的古代源头。我们在下面的章节中将会详述。

然而，还有一些名字没有提到，如奥吕斯-格利乌斯[1]引用过的法沃里努斯[2]，还有西塞罗。卢梭或许是自己直接读过他们的作品，或许是通过蒙田的译介了解了他们。

法沃里努斯是安东尼时代的人，是狄昂·克里索斯汤姆[3]的弟子。卢梭从他那里汲取的是母乳喂养婴儿的重要原则。（见本书有关女性教育的章节）

卢梭并没有提及他这一观点来自何处。但是，从他讨论这个问题的方式以及所使用的某些表达方法，我们可以推定，这一观点极有可能，甚至可以肯定不是卢梭的原创，而是从法沃里努斯那里继承过来的。而且，对法沃里努斯，他是通过阅读奥吕斯-格利乌斯的书去了解的，因为没有别的途径。下面这段话，是卢梭阅读过奥吕斯-格利乌斯作品的证明："法沃里努斯说：'巨大的需要产生于巨大的财富，而且，一个人如果想获得他所缺少的东西，通常，最好的办法是把已拥有的东西加以舍弃。'"（《爱弥儿》，上卷，第74页）。这句话出现在奥吕斯-格利乌斯的著作中（见《阁楼夜》第9卷，第8章）。不要以为这句话对卢梭来说仅仅是一句普通的话，它相当于一个格言，如此之重要，以至于卢梭把它作为他整个教育伦理的中心轴。卢梭认为要使学生幸福，就得让这个学生在其能力和需要之间取得平衡（见

---

[1] 奥卢斯-格利乌斯（Aulu-Gelle，约130年），古罗马思想家。
[2] 法沃里努斯（Favorinus，约85—150），古希腊哲学家。
[3] 狄昂·克里索斯汤姆（Dion Chrysostome，约30—116），古希腊著名演说家，修辞学家。

《爱弥儿》，上卷，第72页及以后数页）。欲望本身并无好坏之分。人需要有欲望，才能使其机能处于活跃的状态。人的不幸仅仅在于欲望过大或毫无节制。卢梭做出如下判断："因此，我们弄得精疲力竭也抵达不了目标；我们愈接近享受的时候，幸福就离我们愈远"（《爱弥儿》，上卷，第73页）。

人的幸福取决于一个条件：他的能力要大于他的实际需要与欲望。这不就是刻在德尔斐的阿波罗神庙正面的古代智者的训诫"戒奢求"所讲的道理吗？法沃里努斯论述这个道理的方法出人意料，而卢梭实践这个道理的方法更令人目瞪口呆。

三十八岁那年，卢梭的"第一论"（《论科学与艺术》）已经在第戎学院的征文中获了奖，但他一点也没有利用自己获得的名声去获取利益，却选择当一名乐谱誊抄员来维持生计，他仿效法沃里努斯，衣着朴素，摒弃奢华，连手表也卖了，还欢喜雀跃，以卢梭式的幽默说："感谢上天，我不再需要看钟点了！"（见《忏悔录》，下卷，第18页）

我们注意到，就像卢梭本人也注意到那样，他从表面上看是个伊壁鸠鲁的信徒，骨子里头却是个斯多葛派的弟子。他总想模仿古代哲人，的确，他常常极度低沉，但他总努力模仿先哲。所有人都把他视为疯子（见《忏悔录》，下卷，第18页），他却毫不理会。勇敢的卢梭，你生活在十八世纪，却想模仿古希腊古罗马先哲们那样生活！怪不得人们对你极尽谩骂、迫害。你原谅那些不懂古代伟大灵魂的卑小人物吧，原谅那些对被你视为楷模的古代先哲一点也不懂的芸芸众生吧！

至于西塞罗，普鲁塔克已给卢梭展现了一个活生生的西塞罗。至于卢梭本人，也极有可能直接读过西塞罗的著作。我们甚至可以说，古罗马那位雄辩的演说家的作品，是卢梭这位日内瓦公民十分喜爱的读物。不管怎么说，有一点可以肯定，卢梭对西塞罗的折中思想一点也不感到陌生。也许是通过他自己的直接阅读，也许是通过蒙田的译介——要知道，蒙田也是他钟爱的作者之一，他了解了新学园派的哲学思想。他经常引用西塞罗的权威言论。在《爱弥儿》一书中谈到财富时，他引用了西塞罗《图斯库勒论辩》的其中一段。这一点，我们后面还会谈到。

不需要再罗列例子了。在这里，我们仅提醒大家注意卢梭鄙视财富的理论，因为这一理论在卢梭的教育思想中占据重要地位。爱弥儿是富有的。他的老师要求学生这样，因为他有理由这样要求："我们深信，这样做至少可以多培养一个人的，至于穷人，他是可以自己成长为人的。"(《爱弥儿》，上卷，第33页）另外，穷人是不需要受什么教育的，真可叹！爱弥儿是富有的，然而，他不是财富的奴隶。老师要求他小时候在简朴的生活环境中成长，希望他长大以后有一份自食其力的工作；要求他一生中都做一个诚实的人，对祖国而言是一位好公民，对家庭而言是一位好父亲。如果一个人不需要财富，财富于他有何用？特别是当我们可以摆脱财富的驾驭时，比如说，当我们拥有健康的体魄，健康的心灵，身强力壮——而所有这一切都是良好的教育所能够造就的，那时候，我们可以自由自在地生活，不受命运的摆布。

在伦理道德方面培养对财富诱惑的免疫力，成为卢梭教育思想中的一条原则。这一思想在西塞罗的《图斯库勒论辩》第五卷中早已有表述。西塞罗当时正在跟逍遥学派舌战，按后者的观点，财富是幸福的一种。西塞罗反驳道："财富，我已经拥有；我竭尽所能，阻止财富流向我。"[1]

的确，如果我们再往前追溯，可发现斯多葛派也持有相同的观点，他们把财富的眷顾，把金钱等都视作无足轻重之物。在这一点上，卢梭跟古代先哲们观点完全一致，他在一首诗里写道：

---

[1] 原文为拉丁文：Occupavi te, Fortuna, atque cepi omnesque aditus tuos interclusi, ut ad me aspirare non posses.

> 作为爱比克泰德信徒的我，斯多葛式的骄傲，
> 教我承受痛苦，承受贫穷。[1]

除了法沃里努斯和西塞罗，在卢梭研究过的古代先哲中值得一提的还有撰写《居鲁士的教育》的色诺芬[2]以及瓦罗[3]。后者著述颇丰，但流传下来的仅《论农业》和《拉丁语论》二十四篇中的六篇，还有其他著作的一些片段和收集在公元三世纪语法学家诺尼乌斯·马塞勒斯文集中的大量例句，其中有下面这句名言："助产妇接生，乳母哺育，塾师启蒙，教师教导。"[4]

然而，我们也十分乐意承认，卢梭对古代学说的了解，并不仅仅通过自己直接阅读阐述这些学说的原文，他还通过阅读许多近代作家的译介去发现和理解这些学说，如蒙田、洛克等。

他不止一次地重申他赞同这些近代著名作家的权威言论，比如说，他认为必须有强壮的身体才能有美好的心灵，他写道，所有的古代先哲都同意这一点，而蒙田为他们做了最好的诠释："所有那些思考过古人生活方式的人都认为，正因为他们从事体育锻炼，所以才体力充沛、心灵坚强，使他们和现代的人有明显的区别。我们从蒙田支持这一观点的说话语气就可以看出，他对古人的生活方式有着很深刻的了解；他曾经一而再、再而三地以不同方式谈到这一点。在论述一个孩子的教育时，他说：'为了使他有坚强的心灵，必须先使他有结实的肌肉。'"（《爱弥儿》，上卷，第142页，参看《随想录》第一篇，第二十五章）

此外，他几乎从来都随身携带《随想录》，就像他在下面的警句

---

[1]见卢梭诗歌 Verger des Charmettes（《沙尔米特的果树园》）。
[2]见《爱弥儿》上卷，第32页。色诺芬（Xénophon，约前434—前335），古希腊历史学家、作家。——译注
[3]瓦罗（Varron，前116—前27），古罗马作家、学者。——译注
[4]见《爱弥儿》上卷，第17页。这句话原文为拉丁语：Educit obstetrix, educat nutrix, instituit pœdagogus, docet magister——译注

中所暗示的那样：

> 我随身带着蒙田或拉布吕耶尔的书，
> 冷静地笑对那人类的疾苦。

至于洛克，那位"智者洛克"，卢梭虽然经常批评他，却反复不停地读他的书。卢梭偶尔会提到洛克。当他谈到模仿古人从事体育锻炼的好处时，他说："我已经相当详细地阐述了它（体育锻炼）的重要性。由于我在这方面所能阐述的理由不可能如洛克所阐述的那么好，所提供的方法也不如他所提供的方法那样更切实际，所以，我要做的仅仅是大胆地对他的观点发表几点意见，然后请读者去看他写的书。"（《爱弥儿》，上卷，第142页）

洛克的《人类理解力论》令他着迷。他写下这样一句诗：

> 在洛克的陪同下，我游历了人类思想发展史。

当时流传一种说法，说洛克提出的"理解力的形成无一不经过感觉"这一著名原则是从逍遥学派那里学来的。卢梭受其影响，以为在洛克的著述中可以找到亚里士多德的影子。其实，古希腊哲学家的著述中毫无相似的东西，唯有《动物学》中的只言片语会引导人们产生这种臆想。

不管怎么说，卢梭以古今两位思想家对感觉所赋予的重要性为由，在《爱弥儿》的教育中十分强调感觉的重要地位。他同样把感觉视作智力的起点，要求人们对感觉要悉心爱护。为了孩子的智力发展，不能急切培养孩子的直接、细腻、灵活的感觉（见本书第三章）。

下面这段话可显示卢梭对古代先哲的推崇："一般来说，爱弥儿喜欢读古人的著作甚于读今人的著作，唯一的原因是：古人既生得早，因而更接近于自然，其天赋也更与生俱来。"（《爱弥儿》，下卷，

第 125 页）

对古人的这种迷恋无疑影响了卢梭对今人著作的准确判断，甚至对笛卡尔的著作也如此。[1]他读笛卡尔的书只是为了看看能不能在那里找到些古人思想的痕迹。

对古希腊人和古罗马人，他更喜欢前者。他认为，狄摩西尼是一位真正的雄辩家，而西塞罗充其量不过是位律师。[2]在古代最为推崇的各种文学体裁中，他最爱历史。他把修昔底德、希罗多德和普鲁塔克视为无与伦比的作家。在古人提出的学说中，他最喜欢教育学。在他看来，柏拉图的《理想国》是有史以来论教育方面写得最好的书。

卢梭对古人的这种迷恋，我们也许可以通过他的特殊爱好来解释。他热爱自然，热爱跟大自然有关的万物。古人对大自然也同样怀有深厚的感情，不管是处于简朴状态的自然人或是复杂的道德人生，他们都擅长描绘，而且刻画得栩栩如生。可以说，卢梭只是虔诚地希望能从古人那里找到他自己。[3]

---

〔1〕 卢梭在《忏悔录》中说到他学习了自然科学，他似乎倾向于认为，只有在自然科学方面，今人才胜过古人，至于伦理道德、哲学等方面，他一直偏爱古人。
〔2〕 见《爱弥儿》下卷，第 125 页。
〔3〕 见《爱弥儿》下卷，第 124 页等。

第二章　古代思想家及卢梭的教育理论与方法

卢梭从一开始就相信人之本性是善的。他写道："出自造物主之手的东西，都是好的。"（《爱弥儿》开篇处）他还说："既然像我所阐述的那样，人的本性是善的，那么，在没有任何外物使它变质之前，它仍然是善的。"（致博蒙大主教的信）

这一思想并非卢梭之首创，而是源自于柏拉图的《蒂迈欧篇》及斯多葛派的学说。

根据《蒂迈欧篇》的阐述，我们这个世界的工匠——造物主——神，是完善无缺的，这是一件再明显不过的事情。因此，神自然而然地喜欢秩序，而不喜欢无序；自然而然地希望这个世界就是完善无缺的他的一个摹本。这个工匠的作品只能是尽善尽美的。人更是如此，因为人的灵魂中有一个智慧的宝库。柏拉图据此得出结论：这个世界是有生命的，是一个心智世界；自然存在是美好与和谐的；人因为领受了神性的一部分，所以本性是善的：如果他是坏的，那是后天犯罪变坏的。上述这些，就是《蒂迈欧篇》一书阐述的要点。下面这段话更确认了这一点："我们的世界，是造物中最美的；它的创造者，是最好的原因。世界既然是这样形成的，则它的模式必然是理性的、智慧的、永恒不变的。如果同意这种说法，我们的世界就是某种模式的摹本……"（《柏拉图全集》，Dacier、Grou 译，E. Fasquelle 出版社，第 2 卷，第 180 页）

斯多葛派的理论与此相似。塞涅卡在他的《天问》第一篇的序言中就说道，神是大自然的设计师，他只希望在这个世界建立起秩序，因为这是他所喜欢的，除此之外，别无选择。斯多葛学派都持同一观点，他们都承认这世界有一个神明。他们说："自然是美好的，顺应自然而生活，是最好的生活方式。"

我们前面已经指出，卢梭对柏拉图思想和斯多葛学说都非常熟悉，不可能不知道斯多葛派这一颇有影响的学说。事实上，他跟柏拉图和斯多葛学派一样，从和谐的大自然中体会到这种秩序的最初原因，继而通过研究和欣赏大自然这一杰作，追溯到其创造者。他特别强调说："要做多少荒唐的假设，才会把这种和谐的现象归结为由偶然运动的物质的盲目机制引起的啊！……我认为世界是由一个有力量和有智慧的意志统治着的。"（《爱弥儿》，下卷，第24页）

假如我们可以从大自然的美好与和谐，推论出在这一切的背后，存在着一个聪明的有智慧的创造者的话，那么，按照同样的道理，我们从这位聪明的有智慧的创造者，也可以推论出，他最喜欢的创造物，也就是人，同样也应该是好的。柏拉图和斯多葛学派认为，神只想要跟他形象相似的东西。卢梭仿照他们的论调，在写给伏尔泰的信（1756年）中强调："如果存在着神，那他是完善的；如果他是完善的，他就会聪明、强大、公正；如果他是聪明的和强大的，那世界一切都会美好……"

"人的本性是好的"这一原则一旦被接受，那就可以推论：没有什么能比顺应自然而生活更好的事情了。这恰恰又是斯多葛学派道德观的最重要的思想。在卢梭那里，这一思想发展为教育理论的主导思想。他多次说："顺应自然而生活。"他还说："假定道德的善同我们人的本性是一致的，那么，一个人只有为人善良才能达到身心两健的地步。"（《爱弥儿》，下卷，第40页）他进一步说："如果我们顺从自然，就会发现自然的统治是多么地温和；只要我们听从了它的呼声，就会发现我们会多么愉快地面对自己的所作所为。"（《爱弥儿》，下卷，第42页）

卢梭跟爱比克泰德和塞涅卡的观点相同。在《爱弥儿》一书中他提到，要了解大自然，这不单单是为了认识神，还为了学习如何端正我们的品行。他响应这些思想的先驱，宣称当所有的人在思想上达成一致时，但凡好的东西，必是顺应自然的。我们要知道，爱比克泰德的《对话录》中充满了这一类格言。至于塞涅卡，他特别地从伦理道德的角度去思考这个问题，明确宣称，研究大自然是帮助灵魂升天的最合适的途径，因为大自然中包含着关于我们品行的最简单，然而又是最有益的原则。

《爱弥儿》的写作也遵循着同一种思路。顺应自然，那是一种完美的教育所必不可少的，因为大自然给你指引的总是一条直路。如果在人身上出现了变形的现象，那是教育的失误特别是社会的失误所致。因此，保持儿童身上的原有本性，就保证了教育的纯洁性；要达到这一目的，最好的办法是学会藐视他人的意见，要让孩子远离社会的尘嚣。

当卢梭力图保护孩子不受社会坏的影响时，他想起了普鲁塔克。普氏的做法完全相同，还援引古谚为根据："跟着跛子学蹒跚。"（见本书有关儿童教育的章节）

关于藐视他人意见这一点，卢梭要求他的爱弥儿只服从他的老师，他认为，这种专一的服从是教育成功与否的第一个条件，甚至是唯一的条件。（见《爱弥儿》上卷，第33页）

卢梭批评他那个时代的哲学家，说他们没能觉察这双重保护的必要性，他指责他们提出的尽是些害人的原则（见《爱弥儿》上卷，第18页）。卢梭甚至像对诡辩派那样攻击他们，尽管他表面上似乎把他们跟诡辩派区别对待。在他发起的这场战斗中，他带着一种苏格拉底式的尖刻，在仇视对手方面，甚至有过之而无不及。伏尔泰读了卢梭的《信仰自白》后大为震怒[1]，他无法忍受如此这般的攻击，特别是

---

[1] 见 Masson 的《对卢梭〈信仰自白〉一书的批判》，法国 Hachette 出版社，1914年。

由于他是以哲学家自居的。确实，令人感到奇怪的是，这样一种攻击却出自于一个柏拉图及斯多葛学派的崇拜者之手。

卢梭用百分百的斯多葛派观点去论证为什么要让受教育的孩子远离社会，有时候，他提到画廊派[1]所推崇的智者的形象："智者道在心中。他幸福，因为他能自足"；有时候，他区分真正的幸福和非真正的幸福，比如，他这样说："除了体力、健康和良知以外，其他的一切是否属于幸福，可谓见仁见智；除了身体的疼痛和良心的责备以外，其他的一切痛苦都是想象的。"（《爱弥儿》，上卷，第73页）

社会方面的障碍一旦排除以后，教育的任务就只剩下发展人的自然本性而已。卢梭借助柏拉图的权威去阐述这一观点。他以沃尔玛为代言人，说："您的老师柏拉图不是说过吗？即使运用我们的全部知识和全部哲学去培养一个人，所取得的成效，不可能超出大自然所赋予他的，正如我们用尽所有的化学方法，也只能从一种混合物中分离出它所含的黄金，而不可能分离出它所不含的黄金来一样……我再次强调，想改变人的性格和压制天性是办不到的，但是，我们可以加以培养，促其尽可能地健康发展，不让其性格往坏的方面下滑。只有这样，一个人才能成长为一个他能够做到的那样的人，大自然的目的才能通过教育在他身上得以实现。"（《新爱洛伊丝》第五部分，书信三）

上面我们探讨了作为教育基础的理论问题，现在我们来讨论一下教育实施过程的方法问题。《爱弥儿》这本书一开始就介绍古代先哲在这个问题上的想法。他认为，教育的目的是在学生身上培养一种顺应自然的习惯，是"引导"他的天性，注意，是"引导"，而不是损坏，以便他日后跟社会生活接触。因此，教育可分为三种：自然的教育、人的教育和事物的教育。教育这三个部分如果为了一个共同的目标协调一致的话，教育就是好的教育。（《爱弥儿》，上卷，第13页）

普鲁塔克也论述过同样的三种教育。他说："三样东西共同促使

---

[1] 即斯多葛派。

它（道德）的完善：自然、教育和习惯。自然在儿童的心灵里撒下道德的种子；教育，也就是人们给他们的训导，使它生长；操练使它成为习惯，道德的完善取决于三者的联合，缺一不可。哪怕只缺了一个，道德都不可能完善。"（《儿童教育》，见《道德论集》法文版，第1卷，第3页，Ricard 译，Lefèvre 出版社，1844年）

卢梭和普鲁塔克一致把自然视为教育的首要部分。人的教育在两者的著述中也完全相同。至于最后一点，其不同处似乎也仅仅在术语使用方面：卢梭称之为"事物的教育"，普氏则称之为"操练"或"习惯"。

卢梭写《爱弥儿》的时候，似乎普氏的《儿童教育》就置于他眼皮底下。我们不得不承认，两本书之间有许多相似之处。

这一点在我们从这两位教育思想家的著述中发现其他相同点时，就显得更加清楚了。无论是普鲁塔克还是卢梭，都认为孩子的教育要从他在母胎时就得开始。普氏提出，孩子应该是品行端正的父母的结晶。他引用欧里庇得斯的一节诗来表明他的观点：

> 那是抹不掉的污迹，
> 生命竟来自犯罪的母亲。
> 堕落父母苟且之合，
> 最骄傲的灵魂也为之泄气。

他在引用这节诗后加以评论说："没有任何东西能像拥有纯洁无瑕的出生那样赢得人们的信任和尊重，也没有任何东西能比带有污点的不光彩的出生那样使人感到自卑和屈辱。"[1]

卢梭的《爱弥儿》不像普氏的观点那么极端。他先是从体质的角度去看待这个问题，仅提到怀了孕的女性应该待在乡村，在顺利分娩

---

[1] 见《论儿童教育》开篇处，《道德论集》法文版，Ricard 译，Lefèvre 出版社，1844年。

后，有一个活泼又健康的强壮的孩子（见《爱弥儿》上卷，34页）。但是，他在《新爱洛伊丝》中触到了道德问题。《新爱洛伊丝》一书中给我们展示的一边是一个品格高尚的母亲，另一边是一个道德完美的父亲（沃尔玛先生）。这样的母亲生出的孩子只能是一个纯洁的公民，而这样的父亲则可以给孩子提供最好的教育。卢梭借用朱丽的话表达他的思想："我的第一个希望是不要从我这里生出坏的孩子；第二个希望是把神给我的孩子养育好，让他们在他们父亲的引导下，有朝一日成为跟他们父亲一样的人。"（《新爱洛伊丝》，第五部分，书信三）

上述这一切我们印象最深的是，在卢梭看来，母亲从怀孕起就对孩子产生一种积极的影响。

孩子出生后，母亲应该亲自哺乳孩子，因为那是母亲神圣的职责。在这一点上，卢梭和普鲁塔克也有着同样的想法。他们认为，母亲哺乳，无论从身体上还是从道德上讲，都对孩子有利。（这个问题，我们将在《女性教育》的章节中详细探讨）

至于父亲的义务方面，普鲁塔克这位古代作家和卢梭这位现代作家也有着一致的观点。卢梭大声疾呼："不能履行做父亲的义务的人，就没有权利做父亲！"他指出父亲有三种义务："他对人类有生育人的义务；他对社会有培养合群的人的义务；他对国家有造就公民的义务。"他又补充说："凡是有能力偿付这三重债务而不偿付的，就是犯罪；要是他只偿付一半的话，他犯的罪也许更大一些。"（《爱弥儿》，上卷，第28页）

接着，卢梭跟普鲁塔克一样，解释了为什么不能把孩子交托给那些为金钱而工作的人，比如，像卢梭所说的，把孩子交托给仆人，或像普氏所说的，交托给一个奴隶，都不可行。普鲁塔克和卢梭都担心，孩子接触这些人，会变成跟他们同类之人。

对于那些借口工作忙才不得已放弃孩子不管的父亲，卢梭引用普鲁塔克的见证以及苏埃托尼乌斯[1]的见证进行反驳。普鲁塔克在《名

---

[1] 苏埃托尼乌斯（Suétone，约75—160），古罗马历史学家，著有《十二恺撒传》。

人传》中提到罗马的监察官卡托,尽管公事繁忙,但对刚出摇篮的儿子悉心照料,亲自教养;苏埃东尼乌斯在他的《十二恺撒传》中向我们叙述,奥古斯都这位世界的主宰,亲自教他的几个孙子写字、游泳和基本的知识。[1]

普鲁塔克和卢梭都奉劝父亲们亲自教养孩子,他们担心这个社会将会把孩子给毁了。

孩子从一出生起就接受人的教育,在能听能说之前,他已经在学习。这一观点可以在普鲁塔克的著述中找到萌芽,而在《爱弥儿》中,它可以说像一条主线那样贯穿全书。卢梭以此推导,得出结论:孩子在会说话前已经有一种语言。他说:"这种语言不是靠咬音吐字发出来的,但抑扬顿挫、声音响亮,而且能被人理解。"[2]

不错,卢梭的见解不少是出于对孩子的直接观察。但是,说他是观察者,不如说他是逻辑演绎者,他的思想,更多的是取自于书本而不是经验。我们已经在他的许多观点上把他跟普鲁塔克联系在一起。我们还推测,不管是通过直接还是间接阅读,他从奥古斯丁那里也有所收益。他应该读过费奈隆的著作,费奈隆的《女子教育》一书的许多地方受到奥古斯丁这位基督教会之父的思想的启发。

一方面,奥古斯丁指出婴儿有一种内在的语言,它先于发音的语言而存在。"我见过一个想独享宠爱的婴儿,还不会说话,他脸色苍白,用狠狠的目光盯着同他一起吃奶的小伙伴。"[3]

另一方面,费奈隆大概从上述现象中找到了在孩子会说话前应该施之以教的充分的根据[4],他甚至把这一阶段作为日后这个孩儿口语能力形成的一个起点。他摘录了奥古斯丁的一段话:"那孩子一边哭着玩着,却注意到大人的每个话语代表着什么物品,有时候是看到接

---

[1] 见《爱弥儿》上卷,第27页中卢梭的注释。
[2] 《爱弥儿》,上卷,第52页。
[3] 《忏悔录》,上卷,第8章,引用费奈隆的话。
[4] 见《女子教育》第3章。

触或指示所说物品的身体的自然动作，有时候是惊讶于表示同一物品的词语的多次重复。"[1]

我们前面提到了孩子出生前父母的品行是首要条件；接着，我们强调了父亲亲自教育孩子的重要性。所有这些思想，我们已经一一地展示出其古代源头。下面，我们来探讨一下培养人和培养公民方面应遵循什么样的方法。在这一点上，我们也同样可以确定卢梭思想是来自同一源头。他特别记得柏拉图，柏拉图著名的座右铭由尤维纳利斯[2]翻译成拉丁语：健康的精神寓于健康的身体中。身体和精神，两者都同样重要，都需要通过教育才变得健康。身体的健康靠体操来实现，柏拉图进而认为体操跟音乐是分不开的，另外，体操又令他思考医学对身体健康是否起作用；至于精神方面的健康，需要快乐的情绪、温和的气氛，这自不待言。精神方面的健康，还需要一系列的道德培养，方可大功告成。

卢梭也几乎同样地区分身体和精神两方面，几乎把柏拉图阐述的每一点都纳入到他的理论体系。他深知构成人的两个存在的相互影响。他说："身体必须要有精力，才能听从精神的支配。一个好的仆人应当是身强力壮的……身体愈弱，其要求就愈强烈；身体愈壮，就愈能听从精神的支配。各种各样的感官欲望都寓于柔弱的身体；柔弱的身体愈是不能满足那些欲望，就愈是倍感煎熬。"[3]他又说："身体太舒服了，道德就会败坏。"[4]

可见，卢梭跟随柏拉图的足迹，认为体育锻炼不仅仅可以强身壮体，而且可以纯洁精神，以实现道德的完善。

关于体育锻炼如何实施，柏拉图与卢梭这两位大师由于所处的时代不同，其施教训练细则也会有所不同。然而，不管柏拉图还是卢梭，他们所提出的种种体育锻炼的形式，无一不跟精神健康有关。

---

[1] 见《忏悔录》上卷，第八章；参看费奈隆《女子教育》第三章。
[2] 尤维纳利斯（Juvénal，约60—约130），古罗马讽刺诗人。
[3] 《爱弥儿》，上卷，第35页。
[4] 同上，第82页。

卢梭提出，孩子出生后，就要训练他们，把他们放到通风透气的地方，而且不能用襁褓包裹着；当他们稍长大，就得让他们自由行走、活动，当然得注意不能发生危险。[1]再过一段时间，就要让他们接受一些更专门的两类训练，第一类训练的目的在于让整个身体变得更加柔软、更加灵活，第二类训练在于锻炼感官。通过第二类训练，孩子甚至可以学习在黑夜里判断物体的大小，学习估量两个物体之间的距离或它们各自的高度等。[2]

当爱弥儿最终长大成人了，这时候体育锻炼的作用在于预防人们过早地放纵情欲。要想预防情感早熟，就让他去骑马，让他去狩猎，狩猎女神狄安娜是爱情的敌人。[3]

在卢梭之前，柏拉图早就强调体操的重要性，认为体操有利身体健康，进而有助于心灵的健康。除了他倡导的体操，还有一系列相应的体育运动，这些体育运动后来被今日的年轻人所重新推崇。但柏拉图的目标在于把公民培养成一名身强体壮的战士，因为一名年轻的公民本来就是战士的儿子。所以，柏拉图还要求年轻人要习惯战争场面，一旦到了可以上战场的年龄，就能在跟战争有关的各个领域发挥用场，助父母一臂之力。（见《理想国》第5卷）

柏拉图是利库尔戈斯[4]的崇拜者。普鲁塔克也对利氏大为赞赏。利氏在斯巴达建立的教育体系成了柏拉图仿效的典范。他甚至考虑培养一些日后专门嫁给战士作妻子的女子，就好像他想通过这样一幅斯巴达风情画，将雅典人那种娇弱的风俗改变过来。

不过，柏拉图毕竟是雅典人而非斯巴达人。在强迫年轻人接受艰苦训练的同时，他又担心这样的训练会不会培养出一些凶狠、残忍、冷酷的人。鉴于此，除了艰苦的体操训练，他还悉心安排了音乐教育

---

[1] 见《爱弥儿》第1卷。
[2] 见《爱弥儿》第2卷。
[3] 见《爱弥儿》第4卷。
[4] 利库尔戈斯（Lycurgue），一译来客古士或来库古，传说中的古斯巴达的立法者。

以作平衡。他主张两种教育要协调一致：一方面是身体的锻炼，即纯粹的体操；另一方面，是节拍、步调、和谐的训练，即音乐教育。他认为两者的作用是不可分离的，不能说音乐是为了培养心灵，体操是为了强壮身体。他要求两者紧密合作，通过不同的方式，共同作用于调节人的心灵，这是主要任务，继而通过心灵，去调节身体。

柏拉图认为，若只锻炼身体而不锻炼心灵，那无异于回到野蛮、粗暴的状态。同样，若只锻炼心灵而不锻炼身体，那就等于抽掉了心灵的支撑物，使人落入虚弱、软弱甚至懦弱的状态中，因为虚弱的身体是不可能支撑强大的心灵的。

音乐，在柏拉图眼里是体操的一种补充，或更准确地说，是体操的一种矫正。而对卢梭来说，更主要的是，音乐是美学的一部分。通过考察卢梭的音乐观，我们可以发现卢梭思想跟古代先哲的其他联系。

首先，卢梭跟毕达哥拉斯和柏拉图一样，看到音乐是一种心灵的学问。在他的《音乐词典》中，他在"音乐"词条下写道："赫尔墨斯把音乐定义为有关大自然秩序的知识。这也同样是毕达哥拉斯学派和柏拉图学派的观点，他们教导我们说，宇宙中一切皆音乐……按照这些哲学家（毕达哥拉斯学派）的观点，可以这样说，我们的心灵只有和谐，他们认为，可以通过感觉的和谐，重新建立起心灵官能中那种原有的理性的和谐。"

他补充说："柏拉图大胆地宣称，音乐若发生变化，必然引起国家构成方面的变化；他宣称，我们可以指认能导致灵魂鄙陋、傲慢和恶行的音符。"

上述引言起码可以证明，卢梭非常熟悉前人对音乐这种艺术的看法。在音乐教育方面，柏拉图和卢梭也所见略同，这一点，比较一下《理想国》和《爱弥儿》便可见端倪。

卢梭说："人有三种声音：说话的声音或音节清晰的声音、唱歌的声音或形成旋律的声音以及感伤的声音或悠扬婉转的声音，后者是表达情感的语言，赋予歌声和话语以生命。"（《爱弥儿》，上卷，第177页）

柏拉图则主要区分两大类声音：一是演说和讲故事，二是曲调和唱诗。[1]

我们把演说和讲故事放到第三章讨论，现在先探讨一下曲调和唱诗。

柏拉图认为曲调中有三个要素：词、和谐与节奏。[2]

关于唱诗，卢梭跟柏拉图一样，要求孩子说话要少，但发音得清晰悦耳，唱一些简单朴实的诗歌。[3]

音乐的首要目标应该是纯洁心灵。美学是道德的姐妹，相互伴随。否则的话，它就只是一种满足感官的艺术，只能弱化人的身体，毒害人的心灵。卢梭正是这样举着柏拉图的旗帜，首先在他那篇第戎学院应征论文中，认为艺术教育若不跟道德培养同时进行，则会导致风气的败坏；然后，在《与达朗贝先生论观赏的信》中，他反对在日内瓦修建剧院，因为他担心那样会毒害青年。

柏拉图早于博絮埃和费奈隆，自然更大大早于卢梭，在同样的问题上观点明确、旗帜鲜明。无论对悲剧还是喜剧，他都是坚定的反对派。他提出理由说，共和国的护卫者无暇去享受这类娱乐，剧院有伤风化。他在《理想国》第三卷中借苏格拉底的口说："因此，那些我们所关心培养，所寄予厚望的人，他们是男子汉大丈夫，我们不能容许他们去模仿去表演女人，不管是老女人还是年轻女子，跟丈夫吵架的女人，或陶醉在幸福中，得意忘形，自比于神的，或遭遇不幸，整天怨天尤人，悲悲切切的，更不用说去模仿表演那些生病的、相思的、分娩的女人了。"

这种维护美德的古老的思想，阻止卢梭成为像达朗贝那样的现代人。突然，他大声叫喊起来："什么！柏拉图把荷马驱逐出他的理想国，而我们却能容忍莫里哀留在我们的国家！"（见《与达朗贝先生

---

[1] 见《理想国》第3卷。
[2] 同上。
[3] 见《爱弥儿》上卷，第178页；参看《理想国》第3卷。

论观赏的信》)

然而，卢梭把这种严肃刻苦的生活态度推到了极致吗？非也。出于教育目的的游戏和娱乐他是可以接受的。这不是矛盾吗？一点也不矛盾。他所容忍的游戏简单、朴实，可能有利于道德甚至身体的培养。心灵的训练，只要符合特定条件，是并不排斥消遣和快乐的。这时候，他脑海里出现的不再是柏拉图，而是普鲁塔克了，他想象自己在斯巴达开心地玩乐。在那里，首先出来载歌载舞的是老年人：

>   过去，我们曾经
>   年轻，勇敢而大胆。

接着是行成年礼的男人，他们用手拍打着武器形成节拍，紧接着往下唱：

>   今天，年轻一代的我们，
>   勇敢而大胆地面向任何考验。

走在最后的是儿童，前面歌声刚落，他们竭尽力气地唱出第三段词：

>   不久的将来，我们新一代年轻人，
>   将比你们更勇敢，更大胆。

卢梭带着稚气，感叹地结束他的长信："先生，这就是共和国需要的娱乐节目！"[1]

所有这一切，难道没有古代的痕迹吗？

---

[1] 见《与达朗贝先生论观赏的信》结尾部分。参看普鲁塔克《斯巴达名人》。

＊　＊　＊

柏拉图和卢梭都一致承认体育对道德培养有利。霍布斯称强壮的孩子为"坏孩子"。卢梭反对这一观点："所有一切的坏事都源自于柔弱；孩子做坏事，只因为他柔弱；假使他变得强壮有力，他就不会做坏事；事事都能干的人，绝不会做恶事。"（《爱弥儿》，上卷，第55页）

早在卢梭之前，塞涅卡就说过："力量总伴随温和；一切残忍都出自柔弱。"（见《幸福的生活》第3章）

此外，照柏拉图看来，人一旦发挥出美德，就会有利于身体往好的方面发展，有助于获得体操所带给人的好处，并使这种效果持续很久。

他宣称，要获得并保持一副强壮的身体，必须节欲、慎行；要拥有一个伟大的心灵，必须勇敢、公正。卢梭在《爱弥儿》中套用了柏拉图的话。

还有一点也跟柏拉图有联系。他在致波尔德先生的一封信中，根据柏拉图的观点及蒙田的一篇文章，对波斯人的教育进行评论，完全效法柏拉图的口吻说，假如美德是一个整体，从理论上说是不可分的，那最好在实践中通过某种分析给孩子一个概念，引导他一步一步地完成美德培养的训练。比如，他写道："首先要注意的，是打算培养孩子的这个人不能一开始就说'让我们来实践美德吧'，这样的话孩子听不懂。他得先教他做人要真，然后教他做人要有节制，要勇敢……最后告诉他，所有这一切集中起来就是美德。"

在这一点上，卢梭也是受到古代先哲的启发的。他给我们展示了一个有节制的爱弥儿：老师不允许他在任何一方面毫无节制；一个慎行的爱弥儿：他尽可能地预防和避免危险和错误；特别是一个勇敢的爱弥儿：他不怕痛苦，能承受苦难，甚至对疾病也满不在乎。

讲到疾病，又引起另外一个话题，就是有关医生的话题。在这个问题上，我们可以再一次发现柏拉图和卢梭观点之相同。

两人都同样厌恶医学。卢梭称医学为"虚假的艺术"，对其大加鞭挞："这门虚假的艺术，是用来治心病而不是治身病的，可是，它既治不了身病，也治不了心病。"（《爱弥儿》，上卷，第36页）

他视医生如江湖骗子，凭三寸不烂之舌去骗人。他说，不管病人在他们医治下是死了还是活下来，他们都总有一套理由。不过，他们治疗的死亡率比治愈率要高。卢梭更不能容忍的，是他们扼杀了人的勇气。卢梭愤然写道："如果你想找到真正勇敢的人，就请到没有医生的地方去，在那里，人们不知道疾病会带来什么样的后果，因此很少会想到死亡。"（《爱弥儿》，上卷，第36页）

早在卢梭之前，柏拉图就大力讴歌勇敢。对共和国的战士来说，有什么比勇敢更为重要的呢？勇敢是战士的至高美德，也是柏拉图所最为重视的美德。他引用《荷马史诗》中的诗句表达他的思想："奥德修斯捶胸顿足责备自己：啊，我的心呀！你要勇敢，更大的痛苦都忍受过来了。"[1]

要想一直保持勇敢的美德，就得承受种种痛苦，藐视一切恐惧。以此类推，柏拉图认为求助医生就是一种懦弱的表现。因此，像我们从《理想国》第三卷所看到的那样，柏拉图极力贬低医生的作用，其尖刻的程度毫不亚于卢梭。那么，怎样以及用什么来替代医学呢？

对这个问题的回答，两人完全相同：柏拉图把答案传给了卢梭。他们教导说：有两种美德足以治病，那就是节制和劳动，因为它们能防患于未然。柏拉图不是认为通过体操锻炼就可以强身壮体吗？他不是还认为节制的生活可以避免身体患病吗？

至于卢梭，他是这样写的："医学中唯一有用的部分，是卫生学。卫生与其说是一门科学，倒不如说是一种道德。节制和劳动是人类的两个真正的医生：劳动刺激人的食欲，而节制可以防止他贪食过度。"（《爱弥儿》，上卷，第37页）

此外，柏拉图和卢梭都提到，每个公民都有必须履行的义务，病

---

[1]《理想国》，第三卷，A. Bastien 译本，第94页。参看《奥德赛》。

恹恹地生活，那不是真正的生活。柏拉图揶揄赫罗迪科斯，说他靠了长年不断的悉心医护，居然活到了很老的年龄，却过着一个病恹恹的生活，对己对国家都没有好处。人宁可死得快捷而安详，而不要在痛苦的挣扎中活着。（见《理想国》第 3 卷）

卢梭也写道："一个人活十年不请医生，于人于己，他生活的时间比在医生手下挣扎地活了三十年还要多。"（《爱弥儿》，上卷，第 38 页）

有人会提出反驳，说卢梭之所以对医生怀有戒备之心，只是由于医生无法使他摆脱疾病，他一生都受疾病的折磨，甚至危险地要在身上用到探测仪。这种反驳没有根据。卢梭对医生的态度，主要来自柏拉图的影响。他的疾病长期痊愈不了这一点，只是坚定并加深了他这种戒备之心而已。

* * *

能够让我们把卢梭跟古代先哲联系在一起的美德，除了勇敢，排在第二位的是节制。卢梭跟他们一样，认为节制十分之重要，他也跟他们一样，在感官欲望面前懂得克制自己。他以柏拉图为导师，大概也读过西塞罗的《论义务》。

柏拉图对暴饮暴食表现出明显的厌恶，倡导的是简朴的饮食。他给人们展示的苏格拉底是不赞同荷马的某些诗句的，如：

狗眼鼠胆，醉汉一条。

面前宴席上，麦饼肉块吃不完，
侍者调酒斟酒，酒杯空了又满。
（见《理想国》第三卷）

他认为，像这样一些场面会诱使年轻人放纵自己。

卢梭在谈到儿童的口味时，提倡给他们简单而普通的食物，避免味道强烈、调味复杂的食物。在他看来，水果、奶、烤面包等是儿童最好的食物。他反对肉食，认为不利于健康和道德。

他声称，酷嗜肉类的人本性是残忍的。作为佐证，他举了英国人的例子。（见《爱弥儿》上卷，第185页）

他说，荷马把嗜肉的人描写得十分可怕，而把食忘忧树的果子的人写得十分温柔可爱。（见《爱弥儿》上卷，第185页）

对肉食的这种厌恶，源自于毕达哥拉斯的学说，然而，是通过普鲁塔克的渠道传到卢梭那里的。普鲁塔克著述中有一章节写"肉的用途"，以雄辩的笔法，将毕达哥拉斯的观点发挥得淋漓尽致。

他用下面的诗句描写被打死的兽类躯体之可怖：

> 剥下的皮在地上蠕动，
> 火上烧烤的肉在哀鸣，
> 吃肉的人怎能不战栗？
> 听见它们在腹中诉泣。[1]

接着，他宣称人们可以轻而易举地用植物性食物取代肉类食物，因为五谷和水果是那么地丰盛。

最后，他用感人的言辞，诉说动物的无辜，力图把它们从贪得无厌的人类嘴下保护下来。他笔下的动物言语凄切，令人动容："如果你们是出自需要而不得不这样对待我们，那我们没有怨言，我们不服的只是那不公正的暴行。如果你们需要食物，那不妨把我们杀死。如果你们只是贪图美味的享受，那就请你们放我们一条生路，不要这样残酷地对待我们。"[2]

---

[1] 见《爱弥儿》上卷，第186页。
[2] 普鲁塔克《道德论集》，Ricard 译，第4卷，第566页。

普鲁塔克甚至打出道德伦理的旗帜,以证明素食的必要性。人既然可以这样残忍地吞噬动物的肉,不知不觉就会发展到吞噬同类,会毫无怜悯地去屠杀他们,会发起凶残的战争。[1]

这个问题直至今天也仍有现实意义,仍无数次地使素食主义者和肉食主义者争论不休。卢梭在这个问题上持普鲁塔克的观点,而且从卫生和心灵的角度提出论据,使普氏的观点更具说服力。

比如,他一方面说:"腐烂的肉食是虫类丛生的;这种情况,在素食上就不会产生。"(《爱弥儿》,上卷,第41页)他由此推导出:乳母应该多吃蔬菜或淀粉类食物,不吃肉类食物。

另一方面,他认为动物也有感觉,呼唤人们同情它们。"我们对他人痛苦的同情程度,并不取决于痛苦本身的数量,而取决于我们所设想的那些遭受痛苦的人的感觉。"[2]

他说,虽然我们知道一只羊将马上被屠宰,也不可怜它,因为我们认为它是不会料想到它的命运的。他因此得出结论:"共同的感觉本应使我们对动物一视同仁,可为什么我们对它们的痛苦就那么冷漠,不像对人的痛苦那样关心,我想,其原因之一就在于此。"[3]"感觉"一词在卢梭的词汇里跟"理智"是同义词(参看下一章)。

在这个问题上,普鲁塔克的观点是一样的,他写道:"动物也是一个生命体,它有感觉,会看、会听,它也有想象,也有理智,动物的所有这些能力,是大自然所赋予的,使它能获取合适的食物,避开危害它安全的东西。"[4]

这些观点,跟笛卡尔主义的观点大相径庭,众所周知,后者宣称动物不过是些机器、木偶!

---

[1] 同上,第575页。
[2] 《爱弥儿》,上卷,第292页。
[3] 同上。
[4] 《道德论集》,第4卷,第574页。

* * *

谨慎也是古代基本美德之一。关于谨慎，我们再一次看到卢梭与一些古代伦理学家的共同之处。柏拉图和其他先哲经常将"谨慎"与"学识"或"智力发展"的概念混在一起（拉丁语的 prudentia 的常用义就是"智力发展"），也用来指让人们避免犯错、防止罪恶的谨慎行为。

卢梭虽然没有明说"谨慎"二字，其教育方法却与谨慎这个词的上述两义有关。在获取知识之前应该有一个阶段，这个阶段的教育应当纯粹是消极的。卢梭认为，这个阶段的教育不在于教学生道德和真理，而在于防止他的心沾染罪恶，防止他的思想产生谬见。（《爱弥儿》，上卷，第92—93页）

在卢梭看来，孩子从出生到十二岁，是既不懂什么叫道德，也不懂什么为真理的。这时候唯一能触动他的，是利益。[1]

孩子十二岁以前的教育，应该让他的心自由自在，让他的心闲着不用。你要做的，只是要锻炼他的身体和感觉，使他的身体强壮，使他的感觉灵敏。

这种教育方式有两个好处：其一是使孩子在达到学习年龄时能学得很快；其二是让教师可以从容地观察学生的本性，以便日后更好地施教。

在教育的这第一个阶段，不要逼孩子做他讨厌的事，要让他玩，让他跳，让他把所有时间都用于各种合适的游戏上。

这种寓教于乐的方法，又把我们带回到柏拉图的学说里。卢梭讲述这种方法的时候，几乎总抬出权威的柏拉图。对于那些有可能说他浪费孩子光阴的责备，他早已事先做出反应："你看见他（孩子）无所事事地过完了童年的岁月，就忐忑不安吗？为什么呢？难道说成天

---

[1] 见《爱弥儿》上卷，第93页等。

高高兴兴的就不重要？难道说整天跳呀、玩呀、跑呀就是浪费光阴？这可是他一生中最充实的时候。柏拉图《理想国》一书，大家都认为写得极严肃，可他书中教孩子的方法，却都是通过节日、游戏、唱歌和各种娱乐活动，好像教他们玩耍，就完成了教育的目的了……"（《爱弥儿》，上卷，第113页）

的确，柏拉图在《理想国》和《法律篇》中，都提到孩子的游戏问题，他还推荐了好几种游戏。除了体操，音乐自然有它一席之地，即使对孩子的教育也一样。他说："我们认为，好的教养跟积极投入唱诗活动是一回事。"[1]

在柏拉图看来，孩子只能感受快乐与痛苦，孩子感觉幸福与否，完全取决于有没有享受到淋漓尽致的快乐。他把这一点作为一条原理，提出要通过游戏启迪孩子心中对事物最初的概念。他要孩子通过游戏了解初步的运算，了解大小、相等、高低、深浅等基本概念。[2]

无论在以强身壮体为目标的一般体育运动的问题上，还是在启迪儿童智力的益智游戏的问题上，卢梭几乎对柏拉图这位杰出的古希腊哲学家步步紧随，他认为孩子不应该总是为玩而玩。

他除了指出音乐是最好的最能触及人的感觉的益智游戏，因而应该尽早学习以外，他还倡导通过玩耍锻炼儿童的感官；通过夜间游戏训练触觉[3]；通过渡河训练视觉，启发孩子有关宽度的概念；通过采摘树上的樱桃，启发孩子有关高低的概念[4]。教懒惰的孩子练习跑步，就用跑完后可得到几块点心的奖赏刺激他[5]。孩子就像那个年轻的斯巴达人，赢得了休息，也花了力气获得了他所觊觎的东西，饱了口福[6]。这是人们为了得到一切食物所使用的方法之一。说到这里，卢

---

[1] 《法律篇》，第2卷，Victor-Cousin译，《柏拉图全集》第七卷，第74页。
[2] 《法律篇》，第8卷，Victor-Cousin译，《柏拉图全集》第八卷，第75页。
[3] 见《爱弥儿》上卷，第154页。
[4] 同上，第165页。
[5] 同上，第165—166页。
[6] 见《爱弥儿》上卷，第184页。

梭又引述了希罗多德讲过的故事：吕底亚人在食物极端缺乏的情况下，发明了一些游戏，来解除饥饿感[1]。

至于嗅觉，如果训练孩子像猎狗辨别猎物那样辨别他们的食物的话，也许有朝一日，可以使他们的嗅觉达到同样的灵敏程度[2]。

最后要谈的是纪律问题。对孩子要温柔还是要严厉？我们知道，在法国传统里，严厉占了上风，尤其在旧式家庭和学校里更是如此。

好好先生们勉强同意对学生分别对待：对胆大、执拗、逆反的，采取严厉的方式；对腼腆、温顺、听话的，则温柔地待之。

至于卢梭，他跟柏拉图和普鲁塔克一样，主张一视同仁，温柔地对待所有学生。毫无疑问，他记得普氏关于教育的铭言："温柔、宽容、不责罚"[3]。他要不折不扣地实施。

在卢梭看来，人的本性是好的。只要你懂得引导，所有孩子都是好孩子。他们的偏离常规的行为，都可以解释，或者说，都有一定的理由。一个孩子总打碎东西砸烂东西？别把这种事归咎于邪恶，其实只不过是活力的本能表现而已，正是这种本能驱使孩子去显示力量，去证明他自己的能力。[4]

如果孩子天性腼腆，那就值得我们同情。一个虚弱的孩子，难道不正是最需要我们关爱的吗？

卢梭继而得出结论：孩子们的生活是那么地快乐，那么地活跃，有那么多的欢笑，怎么能板着严厉的面孔对待他们呢？他充满激情地说："要爱护儿童，引导他们做游戏，保证他们开心快乐，保护他们可爱的本能。你们当中，谁没有依恋过那笑容灿烂、心情恬静的童年？你们为什么不让这些天真烂漫的儿童享受那稍纵即逝的时光，为什么要剥夺他们如此珍贵的财富，要知道，他们是绝不会糟蹋的啊？

---

[1] 同上，第189页。
[2] 同上，第190页。
[3] 见《儿童教育》。
[4] 同上，第55—56页。

他们人生的最初几年,也好像你们人生的最初几年一样,像白驹过隙转眼即逝,而且一去不复返,你们为什么要让这宝贵的岁月充满悲伤和痛苦呢?"(《爱弥儿》,上卷,第70页)

关于正义的研究,也可以让我们看到卢梭与古代先哲的共同思想。我们且把这个问题留到有关道德教育的一章中探讨。正义作为一种美德,在古雅典和古罗马时代,是跟勇敢、节制、谨慎等美德并列的,而在今天,它已经成为最重要的美德了。

* * *

在本章结束前,我们不能不想到另一个问题:教育有两种,一种为公共或公众教育,另一种为个别或家庭教育。我们所关注的教育思想家谈论的是哪一种教育呢?

古代先哲,特别是柏拉图,谈的是第一种。而卢梭的《爱弥儿》所谈论的似乎主要是第二种。我们并非不知道,卢梭在该书第五卷的一些段落重复了他在《社会契约论》中阐述的一些重要思想,他还预示他将把这些思想灌输给他的学生,要把他培养成一位好公民。然而,按我们看来,这些段落与政治教育相关,所以我们将其放到政治教育的章节中讨论。

此外,《爱弥儿》一书产生的背景也解释了为什么爱弥儿的教育具有家庭教育的特征。德·舍农索夫人因为丈夫对儿子的教育令她不寒而栗,请求卢梭给她儿子制订一种可以避免危险的教育方案。卢梭应其要求,经过深思熟虑,不满足于只是提纲挈领般给她一个大致的方案,而是高屋建瓴地撰写了我们现在案头的这部鸿篇巨作。为了要把单独具体的一个人写成一个具有普遍意义的人,他塑造了一个抽象的人物,生下来以后就要面对人生的种种波折。[1]

---

[1]《爱弥儿》,上卷,第15—17页。

而且,他毫不讳言:"生活,这就是我要教他的技能。我得承认,从我的门下出去,他既不是文官,也不是武士,也不是僧侣:他首先是人。"[1]

塞涅卡下面这段话也许正适合卢梭的理想:"一生讲求品德的人,他的教育就已经完成了。他不需要别人教他如何跟妻子、孩子相处;他只要像正直的人那样生活就可以了。"[2]

实际上,这两种教育之间的差别真的有那么大吗?相反,两种教育于我们看来有很密切的联系。首先,家庭教育是公共教育的补充,而不是它的对立面。一个诚实的人一定是一个好公民。节制这种美德是均饮均食的基础。一个公正、慷慨、无私的人,在柏拉图的理想国度里,很容易就会成为妇幼慈善团体的成员。

此外,两种教育的存在并不一定意味着存在着两类性质不同的美德,即所谓个人美德和集体美德。你施行也好不施行也好,美德就是美德,只有一种。

大家都说以对话录为形式的《理想国》一书是讨论公共教育的书,然而,你们是否注意到,柏拉图在这本著作中多次提及,在私人生活里,人应该首先是有节制的,勇敢的,谨慎的!

虽然有这种种支持家庭教育发扬光大的论据,卢梭本人还是于1772年直接触及公共教育的问题。在《爱弥儿》一书中,他已经抱怨他那个时代没有公共教育:他羡慕斯巴达的制度,因为它可以产生像佩达勒特那样的男公民,可以产生像那位关心祖国的胜利甚于为自己五个儿子战死而难过的母亲那样的女公民。[3]

还有,他于1758年在为《百科全书》撰写的《政治经济学》条目中,更是从一般的角度和政治的角度,触及公共教育的问题。

一个波兰人给卢梭提供了更严肃地探讨公共生活和政府问题的机

---

[1] 同上,第16页。
[2] 见塞涅卡《道德书简》,第94页。
[3] 见《爱弥儿》上卷,第14页。

会。波兰威尔豪斯基伯爵交给卢梭一本书,是他刚写完的一本关于波兰政府的书,请卢梭写阅后感。卢梭以《对波兰政府的考察》为题,写了一本有十五个章节的专论作为回答。正是在这本著作中我们收集到卢梭关于公共教育的言论,并从中听到古代先哲的声音。

波兰这个苦难的国家,内部分裂,再加上宪政不全而弱上加弱,周边强邻视之为肥肉,虎视眈眈。波兰第一次被瓜分那年,卢梭虽提出几项救治其苦难的措施,却知道为时已晚,难有作为。在他提出的救治处方中,许多地方掺杂了他对古人风俗习惯的了解、他作为基督徒所知道的《圣经》的知识,以及作为博学多闻者从柏拉图和普鲁塔克那里获得的教益。

在现代诸民族中,他看到许多的法律制造者,而没有一个真正的立法者。这时跟他谈论摩西、利库尔戈斯、努马,正当其时。这三位先贤值得我们特别关注,因为"我们今天的博士们不屑一顾的事情,他们三人却都精心研究"[1]。

摩西把一盘散沙似的一群难民组织成为民族,而在他之前,他们只是地球表面上一群匆匆的过客。"为了防止他的人民被众多外部民族融化,他制定了一套与其他民族水火不相容的风俗习惯。"[2]

利库尔戈斯为了将斯巴达人从奴役和使人堕落的罪恶中解救出来,给他们安上了铁枷,但同时通过他们的法律、游戏、住宅、宴饮等,不断地向他们灌输祖国的概念。

至于努马,他的功绩并不像人们通常所以为的那样,只是创立了一套宗教礼仪,更重要的,是他把众多部落组成一个紧密的团体,而且,在将他的人民改造成公民的过程中,他靠的不是法律,而是一些温和的措施,使他们彼此相爱,使所有人都依恋他们的土地,他还通过一些简朴甚至是迷信的礼仪,给他们的城邦涂上一层神圣的色彩。

---

[1] 见《对波兰政府的考察》第 2 章。
[2] 同上。

这三位立法者都受到同一种思想的引领：他们要寻找能把公民跟祖国、公民与公民之间紧密地联系在一起的纽带。这种纽带，他们找到了，其实是最简单不过的方法，却最能打动人的心，比如独特的习俗、宗教礼仪、体育活动、节目表演、颁发奖项等，在所有人的欢呼声中，人们把奖项颁发给非暴力性竞技的胜者，这些奖项的设立可以使人保持一种竞争的意识，极大地颂扬了勇敢和其他一切美德。

所有这些活动有助于强化民族的概念，因为它们赋予一个民族一种独特的面貌，让这个民族的成员亲密无间地联系在一起，开发他们生存的本能，并给予他们自我防卫所必需的力量。

现在我们来看一下卢梭是怎样用古人的见解去帮助波兰人的。

卢梭用摩西的方法，告诉波兰人，到了满二十岁时，他就不再是一个普通意义上的人，而是一个波兰人。卢梭补充说，他得懂得波兰民族的风俗习惯，懂得波兰的制度规章，有一个波兰人的灵魂，使他热衷于去维护这些风俗习惯和制度规章，保护它们不受任何侵略者的破坏。[1]

必须重建传统风俗习惯，那是对于像波兰这样一个伟大的民族必不可少的。最起码，传统风俗习惯可以使波兰人对我夷不分有一种自然的厌恶。[2]

卢梭劝告人们不要穿他民族的服装。这是国王的义务，是官员们的义务，也是每一个公民的义务。[3]

另外，要有一个骄傲、独立的灵魂，一种古道热肠，邻国可以侵略波兰，也许把它吞并，但不能领导它。[4]这几句话让我们记忆起他曾就希伯来人所说的话："正是凭着这些，这个奇特的民族，虽然老是被征服，老是被肢解，甚至表面上被摧毁，却一直忠于自己的戒

---

[1] 见《对波兰政府的考察》第4章。
[2] 同上，第3章。
[3] 同上。
[4] 见《对波兰政府的考察》第3章。

律，它一直屹立至今，它的成员零零散散地分布在其他民族当中，却没有被融化，虽然饱受他民族的仇恨和迫害，它的风俗习惯、法律、礼仪依旧留存，人在它在。"（《对波兰政府的考察》，第2章）

至于努马的影响，卢梭并没有像这位古罗马的立法者在调解罗马人与萨宾人冲突时所采用的建立罗马社会组织的做法那样去调解波兰各部的矛盾。他没有将波兰人划分为不同的职业集团。他只是从大处着眼，提议建立专门的民族性的制度，以代表全民族的聪明才智、情趣和风俗习惯，使这个民族具有鲜明特点和凝聚力，唤醒这个民族对祖国产生一种习惯使然的强烈的爱。（《对波兰政府的考察》，第3章）

卢梭通过普鲁塔克知道，利库尔戈斯非常重视儿童教育，为的是让他们日后成为好公民：这可是一个立法者最美好最珍贵的功绩。在斯巴达，儿童教育的重任并不由家庭承担。国家代替父亲履行培养孩子的职责。孩子一出生，就被送到一个叫"Lesché"的地方，他得接受体检，以保证能生存，且身体壮实。通过体检的，就留下来。孩子一到七岁，就分派到各个不同的班上去，过集体生活，接受同样的纪律约束，养成一起玩耍、一起劳动的习惯。[1]

卢梭也同样不同意儿童分不同学校接受教育："所有在法律上平等的人，应在一起并以相同的方式培养。"不错，卢梭还加上个人的独特见解，说："假如不能建立一种完全免费的公共教育制度，最起码要降低收费，要让穷人支付得起学费，或由国家出资，设立一些免费学位，专门提供给穷人的孩子，当然，前提是这些孩子的父亲为国家做出过很大的贡献。"[2]

卢梭的《对波兰政府的考察》一书在许多问题上都赞赏地引用了摩西、利库尔戈斯和努马这三个权威的观点，但不言而喻的是，于卢梭看来，在他们三人之上，还有更高的权威，那就是柏拉图，虽然他

---

[1] 见《名人传》的《利库尔戈斯传》第11和12章。
[2] 见《对波兰政府的考察》第4章。

的书中没有说出其名字。卢梭是十八世纪的作家，不可能不了解柏拉图这位古希腊哲学家在立法方面的广泛影响。《理想国》第五卷中制订了婚姻和选择儿童方面的规定。《法律篇》第七卷则规定，立法者选出十二名女子照料三岁的幼儿，而授课则由男教师负责。

至于卢梭本人，他主张要立法规定教学内容、教学日程和教学形式等。担任教师职责的不能是外国人，也不能是僧侣；不能有职业教师。公民的身份就是公民，不能拥有其他任何的永久性的身份。[1]

像希望通过教育为国家培养出忠诚而细心的公仆的柏拉图一样，卢梭提出孩子的教育应分阶段，一步一步地完成，最终培养成为一个热爱祖国的公民。他写道："我希望，孩子读书识字，要读描写他的国家种种事情的书；到十岁时，他得知道祖国所有的农作物，十二岁时，要知道所有的省份、所有的道路、所有的城市；十五岁时，要对祖国的历史了如指掌；到十六岁，他得了解所有的法律；波兰的每个名人，每件事迹，他无不一一铭记在心，耳熟能详"。[2]

在关于体育运动的问题上，柏拉图以及利库尔戈斯对卢梭的影响更为明显。

卢梭认为，体育运动不仅对儿童及一般个人来说是必需的，而且在公共教育中占有重要的位置。通过体育运动，可以培养处理国家事务的官员。他要求体育运动在室外进行，要有公众性，每个人都可以参加。他还解释了为什么要这样做。"体育运动不单纯是为了让他们（儿童）有事可做，也不单纯是为了锻炼他们的身体，让他们身体灵巧，身材匀称，还为了让他们从小就养成守规则的习惯，培养平等、博爱和竞争的意识，让他们习惯在同胞们的注视下轻松自如，还有一种能得到公众赞许的渴望。"[3]

此外，体育运动会应该办成隆重的节日，大张旗鼓地进行，让获

---

[1] 见《对波兰政府的考察》第4章。
[2] 同上。
[3] 见《对波兰政府的考察》第4章。

胜者在万人瞩目下接受荣誉和奖品。[1]

我们在想（卢梭也一定会跟我们一样在想），在古希腊，事情不就是这样进行的吗？著名的德尔斐竞技运动会、奥林匹克运动会、伊斯特摩斯地峡竞技和尼米亚赛会，一个个灿烂的光环，再加上著名诗人品达那些无与伦比的颂歌，不就是这样的吗？这种张灯结彩、大事宣扬的氛围，却并不适用于学校的课堂。"一个自由的民族的节日，应该充满着庄重、严肃的气氛。"[2]一点不能出现古罗马那种血腥残酷的场面，只有体现力量和灵巧的竞技。"比如说，驯马是一种非常适合波兰人的竞技活动，而且很容易成为整个节日的亮点"。[3]

体育运动如果按这样理解和进行，那它还有一个益处，就是它通过保证公民之间的和谐，使社会内部洋溢着平和温馨的气氛。仿佛为了使古人的经验得到进一步发展，作为例子卢梭给波兰人设计了一种独特的训练方式，这种训练方式当时已在伯尔尼施行，训练对象是刚从学校出来的贵族子弟，称为"模拟政府"："那是一个缩小了的摹本，模拟构成共和国政府的一切人事：那里有议会、法官、官员、传达员、演说家，有诉讼、审判、仪式等。"[4]

通过这种游戏去模拟政府的人与事，是一种早期的训练，目的是把他们培养成日后能管理公共事务的官员。可见，游戏可把"模拟政府"变成一个未来国家领导者的真正的摇篮。[5]

谈到利库尔戈斯和柏拉图，卢梭不可能不考虑关于财富的问题以及财富对国家的有害影响。"如果只有富人才有荣耀，那人们满脑子的欲望，就必然总是发财致富。那是腐败之通途，必须尽可能防范"。[6]

---

[1] 见《对波兰政府的考察》第4章。
[2] 同上，第3章。
[3] 同上。
[4] 同上，第4章。
[5] 同上。
[6] 见《对波兰政府的考察》第3章。

要用其他的荣耀标志,如功绩和美德,去消解财富的诱惑力。但是,是否要制止豪华?在这一点上,卢梭表示他不赞成豪华的礼节:"要从心底里把它根除,换上更健康和更高尚的品位。"[1]

阻止邪恶最好的办法,是让人们去憎恨它,鄙视它。"风俗习惯以及衣着打扮方面的简朴并非法律的成效,而是教育的结果"。[2]"具有爱国的热情,对于所有人来说都事关重大。有了这种热情,人们不会整天想着发财致富,更多的是寻求一种财富以外的幸福。这就是使灵魂变得高尚的艺术,让灵魂强大得足以抵挡金钱的诱惑"。[3]

这样一番言论,堪称已得到利库尔戈斯、柏拉图、克律西波斯[4]或塞涅卡的精髓。这番话的意思很明确:追逐财富、奢华、赢利,都是于国家有害的,应该摒弃;不然,这些思想会毁掉一切好的教育。这也正是古代先哲,特别是利库尔戈斯和柏拉图想表达的意思。

柏拉图著书立说,主要是针对雅典人的,他认为他的读者是自由的人民。同他一样的是,卢梭的教育学说是建立在自由的基础上的。他说:"国民教育只属于自由的人;只有他们过着一种共同的生活,而且他们之间是真正通过法律联系起来的。"[5]要享受这种福利,他们必须自己摆脱原来的偏见和欲望。波兰人要成为真正意义上的人,摒弃奴隶的一切恶习与懦弱。[6]

* * *

我们不无道理地认为,以上所述,正是卢梭与摩西、利库尔戈斯、努马和柏拉图等古代先贤的思想的相近之处。毫无疑问,他们所

---

[1] 见《对波兰政府的考察》第3章。
[2] 同上。
[3] 同上。
[4] 克律西波斯(Chrysippe,前280—前205),古希腊哲学家。
[5] 见《对波兰政府的考察》,第4章。
[6] 同上,第6章。

提倡的公共教育只能是为寡头政治或多少有着贵族政治意味的国家服务。利库尔戈斯笔下的斯巴达就是典型的例子。甚至连柏拉图的《理想国》所描绘的雅典也是这样的情况，虽然雅典城的政治集会广场和民主集会在引领公众事务方面占有重要地位。不过，柏拉图的《理想国》中，贵族政治性质已有所改变，那是一种理智的和道德的贵族政治。柏拉图自己也承认，要实现他的政治理想，需由哲学家当国王，而国王必须是哲学家。

至于卢梭，波兰的局势使他为之服务的基本上是一个寡头政治和贵族政治的国家。当时，波兰的政权由好几种势力分割：国王、元老院、国家议会、地方议会，但它始终由人数高达十万人的贵族控制着。所以，卢梭写道："人们常说，波兰共和国由三个等级组成：骑士、贵族、国王。我却要说，波兰民族由三个等级组成：代表一切的贵族、什么也不是的资产阶级、比什么也不是还不是的农民。"[1]因此，明眼人可以看出，卢梭所提出的教育方案，是给波兰的贵族提的。他说："因为，重要的是，这比人们所想象的还要重要，那些未来将指挥别人的人，从小时候起就要显示在任何方面都比别人高出一筹，或最起码他们在努力那样做。"[2]

还有一点显示卢梭《对波兰政府的考察》一书中所提出的公共教育方法是来自古代的，那就是他规定公共教育的目标是培养一种排他的民族性，根本不考虑各民族之间必须建立起政治上的联盟，特别是经济上的联盟。其实早在《爱弥儿》一书中，他已经表达过这种想法："在国外，斯巴达人是野心勃勃的，是贪婪的，是极不公正的。"[3]为了支持这个论点，他写道："凡是爱国者对外国人都是冷酷的；在他们心目中，外国人只不过是人，跟他们毫无关系。他们之间有芥蒂是不可避免的，然而微不足道。重要的是，对那些同他们一起

---

[1] 见《对波兰政府的考察》第6章。
[2] 同上，第3章。
[3] 《爱弥儿》，上卷，第13页。

生活的人要好。"[1]

不管是弟子还是先生,都没有意识到,这种绝对的排他主义最终会演变成危险的民族主义,会在任何时候破坏国与国之间的和平。试想,你在平时对邻国人们肆意鄙视、百般冷落,他们就没有被激怒的一天?因此,在我们看来,公共教育得由另一种教育作为补充,由一种可称为"社会教育或人文教育"的教育形式补充,其目标是培养国民性。柏拉图继《理想国》和《法律篇》之后,在着手研究政府的第三种形式过程中,也许把对这种教育的研究列入了他的计划中。可惜这本著作没来得及问世。圣皮埃尔神甫在他的《永久和平计划》中考虑过这个问题。卢梭虽然引用过这本著作,但是,他囿于先哲的教导,在《对波兰政府的考察》中对这个问题竟没有提及。如果没有那种把他跟先驱们紧密地联系在一起的忠诚,他一定可以发现,民族教育与人文教育,或者如人们今天所说的国际教育之间,并不存在绝对的对立。两种教育很容易区分,也很容易协调进行。

假如个人是人们称之为国家的某一具体社会的成员,那么,所有这些国家一起,就构成一个更大的社会,那就是整个人类社会。有社会就必然有义务,直到目前,有些义务是大家心照不宣的,而有些义务则是出于保护人的权利而明示的。不过,在本文写作之际,人的义务即将通过组建国际社会而以具体的形式固定下来,这一国际社会的组建,乃是我们刚经历过的可怕的战争的幸运成果。缺乏整体观念的本位主义,使最伟大的思想家所构想的公共教育蒙尘,也使他们的思想局限于一国一邦,看不到更大的空间。

---

[1] 同上。

第三章 智力教育

像《爱弥儿》这样一本关于教育的论著,博大精深,不可能不涉及对人类智力的研究,那是判断与理性的中枢所在。

卢梭义无反顾地投入了这项研究。他着手澄清我们在进行智力活动时所引出的两个问题,一方面解释人的认知的起源与发展,另一方面揭示某些可以使我们的心灵发现真理的方法。他既阐述理论,也提出研究的方法。

不过,我们发现,在解决这两个问题的过程中,卢梭后面又再一次出现了古代先哲的身影:他们分别是通过洛克介绍的亚里士多德和通过色诺芬及柏拉图介绍的苏格拉底。

我们先看理论部分。马上会有人提出:在这一点上,卢梭的灵感主要来自洛克。我们不否认洛克这位英国哲学家是卢梭的先驱。我们甚至承认,洛克虽然在某个基本原理上误导了卢梭,但对他认识和理解亚里士多德却帮助极大。事实上,洛克的《人类理解力论》中充满了亚里士多德的观点。此外,稍对卢梭和亚氏关于知识形成的思想作一番比较,两者之间密切的学缘关系便一目了然。

卢梭指出,感觉的苏醒是智力苏醒的前提。他认为,感觉是认知的起点,因此,被动性是精神的原始状态。他明确提出:"由于所有一切都是通过人的感官而进入人的大脑的,所以人对一切事物最初的理解是一种感性的理解,正是有了这种感性理解做基础,理性理解才得以形成。"[1]

亚里士多德则从另一角度去看这个问题。亚氏认为,人的灵魂开始时就像一块白板[2],这不同于柏拉图的"概念说"。亚氏在《灵魂论》里强调感觉的重要性,认为感觉是形成一般意义的必要条件。

亚氏由此提出,有一种原始的被动能力,他称之为"被动理解力"。这种理解力可以接受感觉和想象,甚至可以回忆感觉和想象,但是,这种理解力只局限于个别事物的范围。

不过,亚里士多德和卢梭都不会视这种原始的材料为认知。他们都承认需要有一个主动本原的介入。没有外界事物的介入,人的感觉功能只能是潜在的,在外界事物的作用下,潜能才转化为行为。感觉的最终结果是某个别事物的图像或想象。这就是思想吗?不是的。这只是构筑思想的材料。因为根据古代哲学原理,对个别事物的认识还不能构成理论,只有从个别上升到一般的认识,才真正形成思想。两位哲学家在这个问题上的观点是一致的。

亚里士多德认为,感觉和想象之后,会出现一种主动理解力,正如他在《灵魂论》第2卷第1章中所阐述的那样。在指出灵魂是一种圆满实现,即一种具有潜在生命力的自然体的行为以后,他接着说:"人认识事物所依靠的理解力本身并不含有对某些事物的概念,但它具有一种潜能,可以认识一切事物。"他还说:"知识的获得无非是在主动理解力的作用下,把这种潜能转化为行为。"[3] 当一般、普遍的认识取代了对个别事物的认识,思想就真正产生了。

卢梭也给我们展示了同样的人的智力的发展过程,最后,在反驳跟他同一时代的感觉论者和唯物主义者时指出,人类智力的特征,是两种东西合理的结合:这两种东西一是某物体的概念本身,二是人们对这一物体的认识。他写道:"感知,就是感觉;比较,就是判断。

---

[1]《爱弥儿》,上卷,第141页。
[2] 见《动物学》第3卷,第4页。
[3] 参看莱布尼茨《人类理智新论》,E. Boutroux 出版社,第118—119页。

判断和感觉不是一回事。感觉,让我们觉得物体是一个个分散、孤立地呈现在我们眼前的东西,正如它们在大自然中所呈现的那样;而通过比较,我们仿佛把它们的位置挪动、移动了,仿佛把它们一个一个地叠起来,以便说出它们之间相异或相同之处,并概括性地说出它们之间的种种关系。依我看来,能动的或有智慧的生物,其分辨能力体现在使'存在'这个词具有某种意义。我试图在那只有感觉的生物中找到这种能够进行比较和判断的智力,但徒劳无功,它们的天性中发现不了这种智力。这种被动的生物可以分别感觉一个个客体,甚至能感觉由两个物体合成的整体,但是,由于它们没有能力把客体一个一个地叠起来,所以无法加以比较,也就无法进行判断。"[1]

对这一以不容置疑的口吻提出的智力的条件,我们也许可以补充一点:只有在感知并确认物体间的种种关系的时候,才有可能出现谬误或真理[2]。你可以设想一种生物,它对那些以感官所能感受到的原样呈现在它面前的物体只有简单的视觉或直觉,那对它来说,真理或谬误是不存在的。

我们上面所做的比较分析,难道还不足以说明卢梭的思想更多是源自亚里士多德,而不是源自洛克吗?亚氏和卢梭殊途同归,都相信对所有人来说存在着一种共同的普遍真理,它先于并高于每个个别的人而存在。

确定了人的思想的运作方式以后,下一步要知道的是,人的智力应该怎样培养,或者说,人应该如何学习?作为智力起点的感觉的重要性,卢梭继亚里士多德后欣然承认,正如我们前面所看到的那样。他并以此为据,首先强调身体的重要。他写道:"要学会思想,就得锻炼我们的四肢、我们的感觉和我们的各种器官,因为它们是我们的智力的工具。"[3]他还说:"在我们身上首先成熟的官能是感觉,因此,

---

[1]《爱弥儿》,下卷,第14—15页。
[2] 这个问题我们下面在讨论伊壁鸠鲁学派时还会谈到(见本章结束处)。
[3]《爱弥儿》,上卷,第141页。

应该首先锻炼的是感觉；然而，唯独为人们所遗忘的，或最易为人们所忽略的，也是感觉。"[1]

卢梭由此推导出一条原理：智力教育应该首先以对事物的感知，以经验，以明确的概念为基础。

到了这一步，他剩下要探讨的是认知的方法。不过，在认知方法方面，他的思想源头发生了变化，他从中受到启发的不再是亚里士多德，而是普鲁塔克、柏拉图，特别是苏格拉底了。

首先，他不赞成记忆[2]，认为记忆会阻碍人的大脑直接接触事物，而这种接触却是有效学习的最基本的条件；记忆还会使人用别人的观念去取代本可以自己获得的观念，就好像彼此是完全相同似的。

另外，他主张摒弃那些想象的产物，如修辞学和演讲词、诗学和虚构的诗歌、寓言故事等，它们只会教人犯错。他要求他的学生说话要简单、明了、少用比喻。[3]关于修辞学，他只接受它是一种"符号的语言"[4]，一幕生动的哑剧：这才适合人的想象力啊！使用这样一种语言，才更有说服力，因为它能更好地表达人心灵中的激情，因为它就是行动本身。这是古人惯用的手法，令卢梭欣赏不已，并刻意模仿。古人在这方面的例子，他随手拈来。比如，色拉西布洛斯和塔昆尼乌斯割掉罂粟的果实，亚历山大在他所宠幸的人的嘴上盖上他的印记，戴奥吉尼斯走在芝诺的前面。卢梭说："他们这样做，岂不比长篇大论更能表明他们的意图吗？"[5]他对下面的故事也同样津津乐道：大流士在与西塞人兵戎相见的时候，从西塞王的使者手里收下一只鸟、一只青蛙、一只老鼠和五支箭，然后马上就收兵回国了；恺撒死后，安东尼尽管口才出众，却一言不发，只是让人将恺撒的尸体搬

---

[1]《爱弥儿》，上卷，第 152 页。
[2] 同上，第 120 页等。
[3] 同上，第 333 页。
[4] 见《爱弥儿》，下卷，第 92 页等。
[5] 同上，第 94 页。

来。[1]在卢梭看来，所有这一切才是修辞学的典范！他也许夸张了一些，但从他的这种喜好，可看到他对古人的偏爱。

这些逸事，虽年代悠久，却为卢梭关于修辞学的观点提供了依据！不过，卢梭还不能单凭它们来构思修辞学说。真正能启发他的是普鲁塔克和柏拉图。

从普鲁塔克的著述中卢梭读到，利库尔戈斯[2]谈到语言时倡导教育者"要让孩子养成讲话生动、有趣、优雅的习惯，要言简意赅"。[3]他从普氏的书中找到许多例子，说明斯巴达人是如何使用一种简明、扼要，特别是有趣的语言的。[4]

至于柏拉图，卢梭从《法律篇》中看到柏拉图赞扬斯巴达人寡言多行，不像雅典人那样，个个都是演说家，一味只爱争辩。[5]

虚构的诗作和寓言故事并不受卢梭的青睐。对前者，他指责它们给孩子灌输幻象，欺骗孩子的心灵；对后者，他批评它们超出了孩子的理解力：孩子还不能理解其中的寓意，还不懂诗，不懂那些拐弯抹角的表述，不懂其中的种种细节。寓言至多只能给青年人看。

柏拉图的《理想国》涉及诗歌和寓言故事时，所写的内容也大致如此。他也同样思考过诗歌和寓言是否适合儿童教育的问题。

柏拉图认为，讲故事的人或诗人的叙事方式有三种：模仿的叙述、单纯的叙述或两种兼有的叙述。柏拉图借用苏格拉底的口说道："一种叙述是完全通过模仿的，就是你所说的悲剧与喜剧；另一种是以诗人的名义进行的，你可以看到这种叙述方式多用于酒神颂这类诗体。第三种是两者兼有，用于史诗以及其他多种诗体。"[6]

柏拉图宣称，这三种叙事方式中，只有单纯叙述的方式适合儿

---

[1] 见《爱弥儿》下卷，第94页。
[2] 见《儿童教育》，第55—56页。
[3] 《利库尔戈斯传》，第16章。
[4] 同上。
[5] 见《柏拉图全集》，第7卷，第47页，Victor Cousin 译。
[6] 《理想国》，第3卷，第100页，A. Bastien 译。

童。他接着说:"然而,不幸的是,混合体毕竟是大家喜欢的,模仿体则尤其受到小孩和广大民众喜爱。"[1]

他继续借用苏格拉底的口抱怨说:"荷马和其他诗人都使用模仿的方式叙事。"[2]要知道,模仿体叙事因为力图什么都模仿,所以变得有害了,"雷声、风声、喇叭声、长笛声、哨子声、各种的乐器声,还有狗吠、羊咩、鸟鸣,整个故事全是声音和姿态的模仿,很少纯粹的叙述"。[3]

他得出的结论是把诗歌和寓言故事排除出他的"理想国",哪怕要给被放逐的诗人冠以花环。人们常常责备卢梭对诗歌、寓言和戏剧的态度充满矛盾。[4]这能说明什么呢?只能说明他的矛盾态度也是源自古代的。

卢梭在批评了他认为对教育有害的方法后,开始阐述他所提倡的方法,他认为无论从科学角度还是别的角度看,那是一种会结出丰硕成果,放之四海而皆准的方法。这种方法首先假设人开始时什么都不懂,而正是从这种无知状态出发,借助观察和经验,或借助思考,逐渐构建个人知识的大厦。从开始的无知,到最后能够发明创造。

孩子经过循循善诱,不断探索,终于感受到自己去发现真理的喜悦,相比起别人教他,会更加领会里面的真谛。《爱弥儿》的好些段落向我们揭示,卢梭是多么喜欢这种教育方式:"我教给我的学生的,是一项需要长时间刻苦学习才能学会的艺术,而这种艺术,你们的学生肯定掌握不了;这项艺术就是让自己保持'无知'的状态,因为任何一个有自知之明的人的真实学问归根结底只是那么一点点。"[5]

他还写道:"孩子所知道的一丁一点的东西,不是你告诉他的,

---

[1]《理想国》,第3卷,第105页。
[2]见《理想国》,第3卷,第2章,第一自然段。
[3]《理想国》,第3卷,第104页,A. Bastien译。
[4]见本书第2章。
[5]《爱弥儿》,上卷,第142页。

而是他自己理解的；学问不是他学来的，而是他发现的。"[1]

最后，卢梭举例说明，人是在实践中发现某种学问的：一天，他拿一条绳子系在一根轴上，以绳子作半径，转动轴画圈。然后，他让学生回答一个个圆圈半径之间的大小关系。学生笑他，说既然绳子的长度总是一样，每个圆圈的半径只能相等。[2]

不过，我们发现，这种在起点上刻意的无知，这种朝着真理、朝着最终发现真理的方向一步一摸索的缓慢迈步，这些原理、方法、目的，无一不使我们想到一种古老的艺术，就是苏格拉底的"催生术"。柏拉图在他的对话录中，尤其是在《美诺》这篇对话里再现了这种"催生术"，有时，作为对"催生术"的补充，他根据老师是跟弟子还是跟其对手诡辩派讲话，还使用了他称之为"苏格拉底的讽刺术"的另一种讲话艺术。

"人应从无知开始，因为人总是不知以为知……如果他知道自己的无知，就更加会主动学习。"[3]苏格拉底不是这样教导的吗？

苏格拉底还说："我说的话与别人所说的话的不同之处，在于它使听者勤奋并产生创造力。"[4]

卢梭坦言他的教育方法源自苏格拉底，具有苏氏教育的鲜明特征。他写道："一个孩子，如果我们将最重要的课程教他，除了有用的东西以外，其他一切都不要去知道，那么，他问起问题来就会像苏格拉底似的；他在提一个问题之前，一定先想好为什么要提这个问题，因为他知道，你在解答他的问题之前，一定要他说一说他问那个问题的理由。"[5]

卢梭从《理想国》中看到柏拉图如何一一审视各种学说，并把这

---

[1]《爱弥儿》，上卷，第206页。
[2] 同上，第172页。
[3] 见《美诺》，Fasquelle 出版社，第4卷，第358页，Dacier 等译。
[4] 同上，第349页。
[5]《爱弥儿》，上卷，第223页。

些学说——联系起来，一直追溯到至高无上、被各种学说视为最终目标的辩证法。

在《美诺》这篇对话录中，他看到苏格拉底如何用"催生术"，引导美诺的奴隶去发现几何学。在我们前面引述的例子中，卢梭利用绳子来确定圆圈半径相等，这一方法很可能就直接源自《美诺》。然而，柏拉图和卢梭之间也有不同之处：前者认为，所谓学问，只是一种模糊的记忆，而后者则丝毫没有这样的想法。在卢梭看来，儿童的智力教育，无非两点：一是实践性的学习，通过对简单的事实观摩和分析进行；二是获得或纠正概念，"这样就可以让孩子最终领会所学的东西"。

不过，柏拉图和卢梭一致认为，学习学问不能带着虚荣、贪婪和猎奇的心态，而是为了追求真、善、美。柏拉图在其《理想国》一书中说，学习天文学，是为了透过感性的、地面的、可见的东西，去寻思理性的、天上的、不可见的东西，从而达到灵魂升华的目的。

跟柏拉图的观点相比，卢梭的《论科学与艺术》显得比较审慎、平和与理性。[1]

卢梭只是提出，学问要跟美德一起培养。[2] 他也认为，学习天文学不是一种仅为了满足人类好奇心的心血来潮的行为，这种学问应该使我们能更好地注视、更好地感觉，乃至更好地净化我们的灵魂。[3]

我们开始接触教育方法的两个要素：判断与推理。

我们知道，卢梭不赞成让孩子进行判断。他反对洛克的观点，指出："在人的一切官能中，理智这个官能可以说只是其他官能的结合体，因此，它最难培养，也最迟成熟，可有些人却偏偏要用它去发展那些首先发展的官能呢！一种良好的教育，它最好的作品是造就一个理性之人，正因为这个缘故，有人就企图用理性去教育孩子。这简直

---

[1] 见本论文结论部分。
[2] 见《答波兰国王》。
[3] 见《爱弥儿》上卷，第207页。

是本末倒置,把目的当作了手段。"[1]

早在卢梭之前,柏拉图就不允许三十岁以下的人学习辩证法。[2]原因在于"他担心年轻人在学这种非常微妙又非常困难的艺术的过程中,会不断地滥用于争论和辩驳,久而久之,他们会无法分辨真理与谬误"。[3]

卢梭在《爱弥儿》一书中多次提出,跟孩子讲抽象的道理,无异于教他一种歪曲了的真理。柏拉图的观点似乎也大同小异,他要求先教孩子认识可感觉的物体,然后才教他们了解抽象的事物。

* * *

的确,正如我们把卢梭跟亚里士多德做比较的时候所指出的那样,儿童先是通过感觉认识世界。但他的认识能力并没有停止在感觉阶段。他长大一些后,就需要对一些事情作出判断。在此以前,他只有感觉,现在,他的头脑中有一些概念了。感觉转变为概念的过程不应该是突然发生的。教育应该采取的是不知不觉地循序渐进的方法。[4]

除了亚里士多德,卢梭还接受伊壁鸠鲁派的观点,把感觉作为人类认知的首要工具的理论。[5]卢克莱修在其诗歌里明确地表示了这一观点:

> 每一感官都有独特力量,
> 都具备自身的特殊功能。[6]

---

[1] 《爱弥儿》,上卷,第86页。
[2] 见《理想国》,A. Bastien 译本,第309页。
[3] 同上。
[4] 见《爱弥儿》上卷,第205页等。
[5] 这一点是受了蒙田的影响。
[6] 《物性论》,第4卷,第479、483页,摘自蒙田《随笔》第2卷,第12章。

卢梭写道："我认为，我们的感官不可能欺骗我们，因为我们只能感觉我们感觉到的东西，这是永远不变的。伊壁鸠鲁学派在这一点上是说得很有道理的。"[1]从这段话看，他完全同意伊壁鸠鲁派的观点。不过，他并不是个死硬的伊壁鸠鲁派。他不会像某些伊壁鸠鲁的门徒那样，说太阳并不比我们视觉所判断的更大。在这一点上，卢梭反对伊壁鸠鲁学派，认为判断是一种可能招致错误的主动行为。[2]他的立场又回到苏格拉底和柏拉图一边，认为判断是一种理性推断行为，人之所以会弄出错误，是因为他要进行判断。柏拉图说："任何判断，都包含一点点存在和无数的非存在。"[3]

---

[1]《爱弥儿》，上卷，第261页。
[2] 同上。
[3] 见《逻辑论》，第103段，A. Colin出版社，M. Goblot译，1918年，第1卷。

第四章　道德教育

如果我们专门把目光投向卢梭提出的道德教育理论，无论是涉及人的自由意志活动，人的行动和存在的目的，还是对最基本的"善"的设想，我们会再一次发现卢梭的思想里有许多古代的源头。

我们知道，亚里士多德及他以后的斯多葛学派是非常重视人的意志力的，把它视作道德因子。

亚里士多德深入地分析了意志力的性质，认为人的美德取决于旨在养成合理的习惯以及在人的每一种官能的发展中能保持做到不偏不倚的一系列的努力。[1]

斯多葛学派认为人的灵魂中有一股活力，是神明之火，它通过不断的张力，维系着宇宙的秩序与和谐。他们还赋予灵魂另外的意义，就是按照大自然所提供的范式，不断努力去实现人生的秩序和统一；要让人的行为就像大千世界一样，协调一致，成为一个连续体；要让人们牺牲个人幸福，成就大家的幸福；因此，要人们节制一切欲望，放弃一切享乐，忍受一切痛苦。美德唯有经过艰苦努力才能获得。这是人的意志力所能产生的最大的作用。另外，斯多葛学派认为，人身上除了意志力，几乎别无他物，他们甚至把意志力等同于人本身。他们承认冥冥之中有一种必然或命定，但根据他们的理解，人之所以为人，是他的天性中具有自由意志。

---

[1] 见《尼各马可伦理学》第3卷，第2章等。

这种与同时代的唯物主义论针锋相对的承认内在意志力存在的观点，卢梭绝不会视而不见，他旗帜鲜明地表示赞同。"一切行动的本原在于一个自由的存在具有意志，这是终极解释。毫无意义的，并不是'自由'这个词，而是'必然'这个词。某种行为，某种结果，你要设想它不是由能动的本原产生的，那无异于设想没有原因的结果一样，无异于陷入怪圈。要不根本就没有原动力的存在，要有的话，那一切原动力都不可能有前因；而且，凡是真正的意志便不能不具有自由。"[1]

由此，卢梭就像我们前面提到的古人一样，得出结论说，道德的善，或曰美德，和道德的恶，或曰罪恶，都是人的产物。

当卢梭谈论道德之善的时候——他常常这样做，或谈论其他的善，谈论幸福，谈论义务，谈论人的命运的时候，他思想的源头便更加清楚。

在一封写于1755—1756年的关于美德的信中，卢梭写道："请翻开柏拉图、西塞罗、普鲁塔克、爱比克泰德、安东尼努斯的书……最好去研究一下义人的生平和言论，思考一下福音书记载的事。"[2]

这短短几行字足以让我们预断，卢梭的道德观深受古代先哲的影响。根据布洛沙[3]的看法，这也是18世纪伦理学家的共同特征。布洛沙写道："同样，整个18世纪都受古代伦理的影响。虽然有卢梭的关于意识的著名论述，但是，即使是卢梭的著述，所谈的总是美德，而不是义务。卢梭那个年代的哲学家把美德这个词滥用到整天挂在嘴边的地步，其实，他们只不过是充当塞涅卡和普鲁塔克的传声筒。"[4]

古代伦理的准则之一是顺应自然而生活。斯多葛学派这条著名的

---

[1]《爱弥儿》，下卷，30页。
[2] 见Masson的《对卢梭〈信仰自白〉一书的批判》，Hachette出版社，第二版，第16页。
[3] 布洛沙（Victor Brochard，1948—1907），法国哲学家。
[4] 见1901年1月《哲学杂志》中《古代伦理与现代伦理》一文。

清规戒律，在卢梭的《爱弥儿》一书中不知重复了多少遍。此外，在古希腊人看来，善与幸福是相同的[1]，寻找善，没有别的，就是寻找幸福。这一思想在柏拉图那里已经非常成熟，卢梭无非把它承袭过来罢了。

让我们先来分析第一点："顺应自然而生活"。卢梭写道："自然人的幸福跟他的生活一样简单，幸福就是免于痛苦，也就是说，幸福是由健康、自由和温饱等要素组成的。"[2]

在斯多葛学派看来，健康不是一种福分，也不是一种不幸。柏拉图却认为健康是一种幸福。在上一章中我们看到，柏拉图非常重视体育锻炼，健康的心灵应寓于强壮的身体。

至于自由，斯多葛学派认为，自由的意义在于允许人获得他所追求的幸福。对"依赖于我们的事物和不依赖我们的事物"作着名区分的爱比克泰德也持同样的观点。正如我们前面看到的那样，卢梭也接受这一观点，这在《新爱洛伊丝》一书中表现了出来。他在《爱弥儿》中写道："真正自由的人，只想他能够得到的东西，只做他喜欢做的事情。这是我的基本信条。"[3]

他关于自由的定义跟伊壁鸠鲁学派及斯多葛学派的完全相同。除了亚里士多德，在古人的构想中，自由意味着一个人快乐与否，并不依赖独立于人的意志的外部条件，而完全在人的能力范围内。[4]

至于温饱，根据卢梭的理解，指的是自然给予的生活的必需条件。第欧根尼的准则是："人要自给自足"；塞涅卡也说："智者的幸福在他心里；其他的幸福都只不过是表面的。"卢梭的观点跟这两位先哲大同小异，他写道："在各地，一个人双手生产出来的物资总超过他自己的需要。如果他相当理智，把多余出来的东西视若无物，

---

[1] 见1901年1月《哲学杂志》中《古代伦理与现代伦理》一文。
[2] 《爱弥儿》，上卷，第221页。
[3] 同上，第78页。
[4] 见布洛沙《古代伦理与现代伦理》一文，《哲学杂志》，1902年1月。

则他就会始终觉得他拥有生活必需的东西,因为他永远不觉得有多余物。"[1]

从另一方面来看,顺应自然而生活,就是要珍爱一切自然的东西,而鄙视一切源自人的偏见的东西。卢梭说:"我们精神上的痛苦,全都是个人偏见的产物,除了一个例外,那就是犯罪;而犯不犯罪全在于我们自己。我们身体上的痛苦如果不自行消灭,就会消灭我们。"[2]

阿利安[3]在其《师门述闻》(第5章)中引述其师爱比克泰德的话,写道:"困扰人的,并不是事物本身,而是人对事物所产生的偏见。比如说,死亡本身并不可怕,不然的话,苏格拉底早就觉得它可怖了。"[4]

至于卢梭,他谈到两种隶属关系:"物的隶属不含有任何的善恶因素,因此丝毫不损害自由,丝毫不产生罪恶;而人的隶属则非常紊乱,因此会导致罪恶丛生。"[5]

根据我们前面所引用的言论,幸福的人是顺应自然而生活的人。换句话说,他会保持身心健康,自由自在;他注意平衡他的能力和需求两者的关系,以保证他的能力可以满足他的欲望;最后,他是凭自己的意愿行动,而不是人云亦云。这些,就是对一个打算顺应自然而生活的人的最基本的伦理要求。

按照斯多葛学派的理论,顺应自然而生活,就是要懂得顺从大自然给我们制定的规则,这一点更为重要。在斯多葛学派的伦理观中,顺从是极为重要的。生活,就是绝对服从大自然给我们的安排。我们跟大自然的关系,就好像塞涅卡所比喻的那样,是系在车上的一条狗。车开动时,狗必然得跟随。它愿意也好不愿意也好,它就得这样做。跟着车跑比抗拒要好得多。抗拒只会让狗付出更大的代价,因为

---

[1]《爱弥儿》,上卷,第74页。
[2] 同上,第75页。
[3] 阿利安(Arrien),古希腊历史学家、哲学家。
[4] 见 P. Commelin 译本。
[5]《爱弥儿》,上卷,第79页。

归根结底,即使它不想跟也得跟着。人们会说,这是命。我同意这一说法。不过,我得补充一句:这是大自然给你的命,而不是人给你的命。我们服从的是大自然。因此,如果我们想顺应自然而生活,或像斯多葛学派所说的,如果我们想幸福地生活,那么,顺从大自然比反抗大自然对我们更有利。

卢梭所提倡的道德教育,忠实地遵循斯多葛学派的这条准则。他写道:"人啊!把你的生活限制在你的能力范围内吧,这样的话,你就不会再痛苦了。你就安分地守着大自然在万物的秩序中给你安排的位置,没有任何力量能够把你撑开;千万别反抗那严格的必然的法则,不要为了反抗这一法则而消耗你的体力,因为上天所赋予你的体力,绝对不是为了给你扩充或延长你的存在的,而只是让你按照它喜欢的样子和它许可的范围而生活。上天赋予你的体力有多大,你才能享受多大的自由和权利,不要超过这个限度;超过了这个限度,一切都只会变成奴役、幻想、虚名。"[1]

古代先哲和卢梭以顺服大自然的原则为基础,总结出一条道德准则:人应该安享大自然赐予的眼前的人生,安享这幸福的时光。这就意味着,从某种意义上讲,"远虑"是错误的。

提到"远虑",卢梭万分激动地表达了他的想法:"远虑!远虑!使我们不停地做我们力不能及的事情,总是把我们推向我们永远也到达不了的地方,这样的远虑正是我们种种痛苦的真正根源。"[2]

斯多葛学派对"远虑"也持这种怀疑态度,他们的理论推导必然得出这样一种结果。蒙田转述的塞涅卡的下面这句话可以为证:"为未来操心的人真是不幸。"[3]蒙田补充说:"'做自己之事,求自知之明',这一伟大格言常常被认为是出自柏拉图之手。格言两个部分中任何一个,都概括了我们的全部责任,而且它们之间似乎又互相包

---

[1] 见《爱弥儿》上卷,第77页。
[2] 同上,第75页。
[3] 原文为拉丁文:Calamitosus est animus futuri anxiusx.

容……伊壁鸠鲁就不要智者远虑，不要他为未来操心。"[1]

虽然伊壁鸠鲁学派与斯多葛学派在伦理问题上有很大分歧，但在享受眼前幸福人生、消除对未来的忧虑这一点上，他们的看法是一致的。蒙田的观点也如出一辙，至于卢梭，他也把同样的格言应用在他的教育方法上。

安于大自然给你安排的位置和它赋予你的各种条件，享受眼前的人生而不作无把握的远虑，摒弃没完没了的幻想而只投身于经过深思熟虑的具体的行动，所有这些对古人来说，并不仅仅是空泛的口号。他们身体力行，持之以恒，正如伊壁鸠鲁学派和斯多葛学派所显示的那样。

卢梭所设想的教育方法与上述思想有着千丝万缕的联系。他认为，婴儿从一生下来起，就应该享受现实生活；孩子长大成人后，应该安于他的身份。"明智的人懂得如何安守他的位置。"[2] "一个人如果不求别的而只求活着的话，他就会生活得很幸福。"[3] "我们已不再按我们的能力而生活，我们的生活已超过了我们能力许可的范围。"[4] 这几个句子表达了卢梭的全部思想，他后来的有关道德教育的整个思路，就是这种思想的延续。这几句话，可以用伊壁鸠鲁派和斯多葛派的名言来概括："顺应自然而幸福生活，享受眼前而快乐生活。"

由此可见，在这些道德观里面，义务和责任并没有被视为道德的基本因素。布洛沙也发现了这一点并对此作了解释："可见，在古希腊哲学的道德观里，根本没有责任的概念，也没有我们称之为义务的概念。不过，事情只能如此，这很容易理解，因为古代哲学的各种学说，不管是斯多葛学说、伊壁鸠鲁学说，还是柏拉图学说，它们所明确提出的目标，是如何过上幸福的生活，而它们讨论的幸福，是现世

---

[1] 《随笔》，第1卷，第3章，注释部分。
[2] 《爱弥儿》，上卷，第78页。
[3] 同上，第74页。
[4] 同上，第77页。

的幸福。"[1]

夏博[2]也说："古人几乎不区分善与法，不区分内容与形式，也不区分理想或完美与驱使人们去实现理想或完美的责任：善本身就具有足够的权威去确定人的行动，只需显示是善，就可以去推行，只需认清了善，就会乐此不疲，心无旁骛。"[3]

的确，古人的道德观不同于今人的道德观。今人把道德视为责任，让它以法律或命令的形式出现。古人则不同，他们不会把道德变成一条条法律或规定，而是给你描画一些让你效法的榜样，完全不加命令。

同样，卢梭提倡的道德教育也不提义务。他说："任何一个人都没有权力命令孩子去做对他一无用处的事情，即使是他的父亲也不行。"[4]

卢梭认为，我们需要做的，只是给孩子指出一条正确的道路并引导他前行，而不是强迫他走这条路。

给学生选教师，他宁可选一个年轻的能作为学生伙伴的人，而不要一个年老的、权威的教师。[5]他写道："千万不要对他（孩子）采取命令的方式，不论什么事情，都绝对不能以命令从事。"[6]他认为，孩子不知道义务是什么，他只知道自然的需要。[7]

卢梭说的这番话不仅仅是针对儿童教育，对青年人的教育，他也持同样的观点。[8]

当爱弥儿长大了，教师向他展示历史画卷，希望他以伟人为榜

---

[1] 见1901年1月《哲学杂志》中《古代伦理与现代伦理》一文，第4页。
[2] 夏博（Charles Chabot，1857—1924），法国伦理学家，著有《自然与道德》等书。
[3] 《自然与道德》，第1卷，第3页，Alcan出版社，1896年。
[4] 《爱弥儿》，上卷，第79页。
[5] 同上，第31页。
[6] 同上，第89页。
[7] 同上，第88—89页。
[8] 对成年人，卢梭则要提义务。我们在本书第二章引用的某些段落，表明成年人对家庭、祖国和社会负有责任。

样。注意，这里用的词语是"引导"或"展示"[1]，而不是"命令"，因为卢梭并不打算强迫学生效法这个或那个历史名人。

卢梭在描写一个萨瓦省的牧师时，这种思想就更加明确了。这位牧师善良、淳朴，在新教徒面前从不滥用自己的权威，也不给他们强加什么责任、义务。卢梭只是写道："他向他（新教徒）展示一种美好的前程，这美好的前程，只要他善于利用自己的才能就能获得；他向他讲述别人的善举，以激发他心中敦厚的热情；由于他使他对行善举的人产生了敬佩之心，因而也就激发了他去效法的愿望。"[2]

可见，在道德教育采用什么方法的问题上，卢梭和古人的观点完全一致。卢梭还提出，人应该在今生寻找幸福的生活，那是一种遵循大自然的秩序的生活。为了让我们生活得跟智者一样幸福，他还希望有人能给我们提供智者的样板，让我们去仿效，而不是硬塞给我们一些令人厌烦的法律、义务和命令，强迫我们去做那些并非源自大自然的要求，而仅仅是来自人的愿望的事情。

* * *

我们现在可以着手讨论道德教育中一个非常重要的问题，即善、正义和美的概念问题。

布洛沙指出，在古人的思想里，善跟幸福是不可分的。他是这样表述他的思想的："诚然，不同的思想体系给至善下的定义会有差异。大家都在寻找它。但毋庸置疑，无论谁都不会把善跟幸福分开。因为，如果它不能给拥有它的人带来快乐或利益，它何以为善？"[3]

由此可见，寻找善，就是寻找幸福。

---

[1] 见《爱弥儿》上卷，第308页以后。
[2] 《爱弥儿》，下卷，第4—5页。
[3] 见布洛沙《古代伦理与现代伦理》一文，《哲学杂志》，1901年1月。

关于至善是什么，有好几个答案。卡里方特[1]和迪诺马科斯[2]把它归结为肉体的快感，狄奥多罗斯[3]认为至善是没有痛苦，柏拉图学派或逍遥学派则认为至善是大自然给予人的最初的恩赐，至于斯多葛学派，则把至善跟美德，跟道德的善联系起来。

伊壁鸠鲁认为至高的幸福不能离开享乐。按照芝诺的说法，只有智者能感到幸福，因为他们热爱美德。柏拉图认为有一种原型的善，一种与生俱来的善，西塞罗称之为大自然的最初恩赐。[4]谁喜欢善，谁就能获得大自然的这种恩赐。在《理想国》一书中，柏拉图给我们描绘了一幅图画，展示热爱善的人是多么地幸福。

我们现在来比较一下，上面列举的各种答案中，哪一种最接近卢梭的想法。卢梭也把幸福跟善联系起来。他说："正是通过做善事，人才True成为好人。"[5]他还说："啊！我们首先要为人善良，然后才能活得幸福。"[6]这些言论告诉我们，在卢梭看来，只有在善行中才能找到幸福。在这一点上，与卢梭的观点最接近的是柏拉图，而不是其他的道德学家。他不像伊壁鸠鲁学派或狄奥多罗斯那样，把享乐和没有痛苦看成善或幸福的要素。

但他强调，施行善举和寻找幸福，首先要以大自然为向导。在身体健康的问题上，卢梭并不完全赞同斯多葛学派的观点。我们知道，斯多葛学派认为健康与否与人的幸福无关。然而，在卢梭和柏拉图学派看来，大自然给予人的最初恩赐，不是别的，恰恰是身体和心灵的健康。

所谓身体健康，指的是四肢健全、无病无痛、耳聪目明、精力充沛、五官端正等。所谓心灵健康，指的是人对世界的最初印象，跟大

---

[1] 卡里方特（Calliphon），古希腊哲学家。
[2] 迪诺马科斯（Dinomaque），古希腊哲学家。
[3] 狄奥多罗斯（Diodore），古希腊历史学家。
[4] 见《善与恶》第5卷，第8章。
[5] 《爱弥儿》，上卷，第330页。
[6] 《爱弥儿》，下卷，第33页。

自然作为美德的火种植入我们心中的印象十分相似。[1]

* * *

"善"讨论完以后,自然要讨论"正义"的问题了。善与正义的概念是有所不同的。智者寻找"善",主要是为了个人的品行。"正义"则不同,它不断地施压给个人,是一种不折不扣的社会性美德。[2]卢梭写道:"因此,我们只能在同情与正义相一致时才能有所同情,因为在一切美德中,正义是最有助于人类的共同福祉的。"[3]

在柏拉图的《理想国》一书中,正义被摆在如此重要的位置上,以至于可以说它是这本书的唯一主题。柏拉图向我们展示,如果正义缺失,人与人之间会滋生仇恨,引起暴动和战争。唯有正义可以维持和平与和谐。他还向人们展示,正义的人比不正义的人幸福。[4]

布洛沙还指出:"古人的道德观并不着眼来世,他们只关注今生。"[5]

正义的人之所以幸福,是因为他相信正义是一种美德,是一种幸福。他要做一个正义的人,并非为了在今生或来世得到报偿,而是因为他相信正义者的生活比非正义者的生活要更愉快,更安详。这是柏拉图《理想国》第十篇的基本思想。不错,柏拉图在《斐多》一书中的言论有所不同,因为他在该书中谈到灵魂不灭的问题。然而,我们觉得,《斐多》首先是一本劝人节哀顺变的书,书的对象是一群因老师行将就木而悲哀的学生。所以,在这本书里,柏拉图认为有来世,在这个来世里,善人将得到报偿,恶人将受到惩罚。然而,这一说法并不会动摇柏拉图学说的基础。根据柏拉图的基本思想,"善"是一

---

[1] 见西塞罗《善与恶》第5卷,第7章。
[2] "正义"是诸多公德中最重要的一种,因为它是"勇敢""谨慎"和"节制"等另外三种公德的有机组合。
[3] 《爱弥儿》,上卷,第334页。
[4] 《善与恶》,第1卷,引自布洛沙《古代伦理与现代伦理》,《哲学杂志》,1901年1月。
[5] 同上。

种本体存在,"正义"也是一种本体存在,人无须通过来世去享受幸福,因为"善"已经给我们提供一种现世的幸福。

布洛沙指出,来世的概念进入伦理领域,是受了基督教思想的影响。按照基督教伦理观,人性已经堕落,现世的人都在受苦。[1]

现在我们来看看,在这个问题上,卢梭持的是古人的观点还是基督徒的观点。他写道:"但是,这种生活(指灵魂生活)是什么样子的呢?灵魂是否由于其性质而不灭呢?我不知道。"[2]

这一句"我不知道",是典型的卢梭风格。他通过萨瓦亚牧师的嘴,对来世的问题做了肯定的回答。不过,人们也许可以提出反驳,牧师自然赞成灵魂不灭的观点,这毫不奇怪。因此,卢梭好几次肯定了来世生活的存在。然而,他字里行间所显露的,却是信疑参半的态度。他在"我不知道"后加以说明,写道:"我无法想象思想的存在也像肉体般毁灭。由于我根本想象不出它会怎样死亡,所以我就假定它是不死的。既然这种假定既能给我安慰,又没有什么不合理的地方,我为什么不敢接受它呢?"[3]

总而言之,卢梭回答这个问题时是左右为难的,他只是说这是一种"假定",而这种"假定"能给他安慰而已。

接着,卢梭更深一步表示他的观点,说:"我的意思绝不是说善良的人在来世必将得到报偿,因为,对于一个优秀的人物来说,顺应自然而生活就是最好的报偿。"[4]

卢梭描绘了那些被嫉妒、贪婪和野心驱使的坏人遭受到惩罚的情景后,大声疾呼:"何必到来世去找地狱呢?它就在现世的坏人心里。"[5]

---

[1] 见布洛沙《古代伦理与现代伦理》一文,《哲学杂志》,1901年1月。
[2] 《爱弥儿》,下卷,第34页。
[3] 同上。
[4] 同上,第35页。
[5] 同上,第36页。

根据以上所述，我们可以得出结论，在灵魂是否不灭这个问题上，作为哲学家和作为伦理学家的卢梭，其态度是不一样的。作为哲学家，卢梭在这个问题上显得犹豫不决，有所保留；而作为伦理学家，他总是坚信有来生，以保障伦理道德的实践。卢梭的这一观点，跟许多哲学家的观点相同，尤其是古希腊的苏格拉底和柏拉图，以及近代的康德和勒努维耶。其依据主要有两点：第一，道德假设中并没有不合理的地方，从理性上说，这些假设是可能的；第二，良心要求产生这样的假设，所以，宁可信其有。[1]

然而，应该指出，卢梭虽然接受来生的概念，但更相信今生对促进伦理道德实践所起的作用。这一观点与他的教育思想是相吻合的，因为他的教育思想批评那些为了来世而牺牲今生的人。这一观点也与古人的思想相吻合。

* * *

跟"善"和"正义"一样，"美"在道德教育中也十分重要，因为按照卢梭的观点，道德教育的目的是探寻幸福愉快的生活。"美必然是愉悦的，这一点夏博已经说过，以此推论，愉悦在道德行为中起到一定的作用，可以说，道德行为不能缺少愉悦……我们必须以愉悦的心情实践道德，那是一种无杂念的愉悦，一种美的愉悦。"[2]

像这般明确美的作用，跟卢梭有关美的看法相当吻合。他写道："剥夺了我们心中对美的爱，无异于剥夺了人生的乐趣。"[3]

除此以外，卢梭跟柏拉图一样，区分两种美：一种是感性的美，另一种是理性的美。一种表现在行动上，如音乐和绘画；另一种则寓于对自然美的欣赏中。前者使身心愉快，后者则直通灵魂，但后者需

---

[1] 见 Parodi 的《论卢梭的宗教哲学思想》一文，载《论卢梭》，Alcan 出版社，1912 年。
[2] 《自然与道德》，第 247 页，Alcan 出版社，1896 年。
[3] 《爱弥儿》，下卷，第 40 页。

要前者的补充才能完整。

卢梭关于美的理论，受柏拉图对话录影响颇多，尤其是《法律篇》第二卷和《理想国》第10卷。[1]他写了一本小册子，题为《戏剧模仿》，副标题是"柏拉图对话录读后随笔"。该文中的一段文字可显示他深受柏拉图的影响："因此，上帝、建筑师和画家是这三座宫殿的创造者。第一座宫殿是原始概念，原本就存在着；第二座宫殿是第一座宫殿的图像；第三座宫殿则是图像的图像，或我们称之为模仿的东西。因此，在万物的序列中，模仿并不像人们所以为的那样排第二位，而只能排第三位。另外，没有任何图像可以做到精确无误、十全十美，所以，模仿与真实的距离总比人们所以为的要大得多。"

这就是卢梭对绘画的看法。在《爱弥儿》一书中，他要求他的学生照着大自然的物体作画，比如说，照着房子画房子，照着树木画树木，照着人画人。[2]不过，他认为绘画是一种不完善的模仿，在表达真实方面只能排在第三位。

这一看法跟他对戏剧中的模仿的看法是一样的。他评论荷马时所发表的观点跟柏拉图的如出一辙。[3]

至于音乐的和谐，他认为那不过是人的听觉感到愉悦后人云亦云的一种附和罢了。（我们前面曾指出，卢梭认为音乐是训练灵魂的极好的课程。尽管他现在又说音乐是一种不完善的模仿，但实质上前后并不矛盾。他在《音乐辞典》中把音乐定义为有关灵魂的学问；在《戏剧模仿》里，他针对的主要是通俗音乐。）

所有的艺术都只是不完善的模仿，远不能实现真和美。相反，它们会贬抑人的身体和灵魂。既然人类创造的艺术不能有效地提升我们的灵魂，那就得寻找另一种美。卢梭所提倡的这另一种美，是自然的美，可以说，是神赐的美。

---

[1] 这是卢梭本人在其《戏剧模仿》的一处注释中自己提到的。
[2] 见《爱弥儿》上卷，第170页。
[3] 见《戏剧模仿》。

卢梭也好，柏拉图也好，都认为大自然是极为和谐的。大自然到处充满秩序。欣赏大自然的美，是提升灵魂的真正途径。对自然秩序的爱，会引导我们端正个人品行，使社会有序发展。"我遵循他（上帝）所建立的秩序，我深信我自己有一天会享受这个秩序，从中找到我的幸福；因为，还有什么事情比感觉到自己在一个尽善尽美的体系中井井有条地生活更幸福呢？"[1]

柏拉图在《宴饮篇》中，借保萨尼亚斯的口，赞颂天上的维纳斯，即天赐之美；同时他抨击人间的维纳斯，即世俗之美。他以苏格拉底的话作为通篇的结束语，说爱美的人必爱善。美与善不可分离。

可见，喜欢欣赏大自然的和谐，欣赏天赐的美，并通过这种爱去实现道德秩序，那是柏拉图和卢梭的共同观点。

* * *

探讨了正义、善和美以后，卢梭的德育教育思想中还有两个概念需要研究：良心和自爱。这两个概念在卢梭思想中如此重要，不能不引起我们的重视。

卢梭讨论良心时，他表达的纯粹是个人的观点吗？布洛沙认为希腊语的 suneidesis 和拉丁语的 conscientia 跟卢梭所说的"良心"并不是一个概念。他这样写道："希腊人要掌握自己的人生，从来不是通过自视，通过对内心活动的探究去实现的。他们的目光总是对着外部世界。希腊的哲学要寻找善，总是在大自然本身，或在顺应大自然的过程中寻找，却从来不去探求善的内部规律，或如何遵循这种内部规律。"[2]

布洛沙此言不差。然而，当我们更深入地研究卢梭有关良心的观

---

[1]《爱弥儿》，下卷，第48页。
[2] 见布洛沙《古代伦理与现代伦理》一文，《哲学杂志》，1901年1月。

念时，就会发现，卢梭的思想跟古希腊人的思想并不像人们所以为的那样对立。毫无疑问，卢梭首先把良心视为"判断善恶的不偏不倚的法官"[1]，似乎赋予它一种道德良心的意味。不过，卢梭关于良心的观念中包含更多的内容。一方面，卢梭把良心视作人的内心自省，他写道："良心之于灵魂，就如同本能之于肉体一样。"[2]这就像古代哲人所说的"自知"，或苏格拉底所说的"善良的精灵"。

另一方面，对于卢梭来说，良心就是缩小了的大自然，是人心里的微观自然。按良心去做事，就等于按照大自然的要求去做。他写道："凭良心做事，就等于服从自然，就用不着害怕迷失方向。"[3]

* * *

自爱的问题在《爱弥儿》的道德教育中也占有重要位置。自爱来自自然，属于善的范畴。自尊心源自人心，属于恶的范畴。道德教育中应该大力发展前一种情感而抑制后一种情感。《爱弥儿》一书中充满了这个观点。自爱可以发展到对家庭的爱和对社会的爱。卢梭写道："由自爱而产生的对他人的爱，是人类的正义之本原。"[4]

古人对"自爱"的问题早有深刻的观察，并形成明确的观点。西塞罗指出：在自爱的问题上，斯多葛学派和新学院派观点一致。[5]他还列举一个事实："一切动物都是自爱的，这种情感是确凿无疑的，因为这是动物天性所固有的。对这一事实的任何的反对意见，都不会找到支持者。"[6]他得出结论，认为所有的友谊都源自自爱的情感，并从这一原理引出他全部的道德伦理观。他写道："如果认为友谊并不

---

[1]《爱弥儿》，下卷，第45页。
[2] 同上，第39页。
[3] 同上。
[4] 见《爱弥儿》上卷，第308页注释。
[5] 见《善与恶》，Delcasso译本，第5卷，第9章。
[6] 见《善与恶》，Delcasso译本，第5卷，第10章。

是以自爱为本原,那简直是荒谬。因此,当我们把这种语言用于友谊、义务、美德时,不管措辞如何,听众都能明白里面所含的真正意义。不是吗?如果一个人爱一件跟人自身毫无关系的物体,那我们是无法理解的。"[1]

---

[1] 同上,第11章开首处。

第五章　宗教教育

自然宗教的概念源远流长。既然马松在现代人那里寻找它的源头[1]，我们不妨在古人那里寻找。

在斯多葛学派的理论中，自然宗教的思想已经相当成熟。他们认为，大自然不是别的，而是神的创造物。欣赏大自然是一件赏心悦目的事。而且，通过欣赏大自然，我们可以认识它的创造者，正是这一位创造者，以至高无上的智慧管理着整个宇宙。

毕加维谈到斯多葛学说时写道："神完成了他的作品，剩下的只是维护他所创造的这个世界的秩序，高瞻远瞩地去管理这个世界：创世神成了上帝，成了作为一种意志的神。"[2]

卢梭对斯多葛学派的思想十分熟悉[3]，他似乎也跟他们一样，确信是神把这个世界管理得井井有条。世界秩序井然，有条不紊，自然景物美轮美奂，无与伦比。工匠（神）隐身幕后，但他的作品（大自然）却清晰地展现在所有的明智人的眼前。[4]

---

[1] 见 Masson 的《对卢梭〈信仰自白〉一书的批判》，Hachette 出版社，1914 年，第 270 页。
[2] 见 Picavet 的《西塞罗"论神之本性"导读》，第 62 页。
[3] 见本论文第 1 章。
[4] 在《信仰自白》第一卷中，卢梭用了许多篇幅讨论基督教。他虔诚地相信耶稣基督的存在（见《爱弥儿》下卷，第 72 页）。因此，我们可以毫无疑问地说，他从内心赞赏福音书（见《爱弥儿》下卷，第 71 页）。不错，卢梭非常尊重基督教的理论，尤其是基督教的伦理观，但他同时又拒绝接受大部分的神迹和一些难以置信的事件（见《爱弥儿》下卷，第 73 页）。此外，他也不接受基督教的教义和礼仪所包含的内容（见《爱弥儿》下卷，第 73 页）。因此，我们很难把一个不愿意接受基督教的教义和礼仪的人视为基督徒。以上所述无非说明一点：在宗教问题上，卢梭更偏向于自然宗教，而不是基督教。

归根结底，神意的概念是最抽象的概念。[1]要弄清楚这个概念，非要思维宽阔、条理清晰而又逻辑缜密不可。这对一般人来说容易吗？至于大自然，那就是另外一回事了。但凡眼睛正常的，都可以欣赏它，喜爱它。从爱一件作品到爱其工匠，那再自然不过了。这个道理，斯多葛学派早就提出过。它也是促成卢梭把目光投向自然宗教的原因之一。

对这一点，卢梭的态度非常明确："你们看到，我所讲的只是对自然宗教的信仰。然而，奇怪的是，难道还需要另外的宗教信仰吗？有这种必要吗？我完全看不出。我按照上帝赋予我的心灵的光明，按照他启迪我的内心的情感而奉承上帝，难道做错了吗？如果存在着一种实证宗教，我能够从中推论出什么纯洁的道德和于人有用而又给上帝增光的教义呢？如果没有这样一种实证宗教，我即使正确运用我的能力，也是什么也推论不出来的……请看一看大自然的景象，听一听内心的声音，上帝不是已经把一切都摆在了我们的眼前，把一切都告诉了我们的良心，把一切都交给我们去判断了吗？"[2]

除了斯多葛学派，卢梭还受到了其他古人的影响，柏拉图的，亚里士多德的，等等。这些影响，起码表现在卢梭思想的主要特征上。

在《爱弥儿》"信仰自白"这一篇中，卢梭提供了上帝存在的好些证据：1. 原动力的存在[3]；2. 大自然的智慧[4]；3. 神意所要求的大自然中的井然秩序。[5]

我们知道，上述第一点是参考亚里士多德的著述的。看来，这一条证据，卢梭是在阅读他非常欣赏的神学家克拉克的著述的过程

---

[1] 见《爱弥儿》上卷，第338页等。
[2] 《爱弥儿》，下卷，第52页。
[3] 同上，第19页。
[4] 同上，第21页。
[5] 同上，第24页。

中[1]，经过反复思考并弄明白了以后才接受的。

的确，克拉克在充分论证了物质的惰性之后，从物质在运动这一点，推论出必然存在着一种原动力，那就是上帝的存在。[2]

毫无疑问，克拉克的推理使人想到亚里士多德的推理。按照亚氏的说法，世界上有两种运动：一种是自发的运动，一种是被动的运动。被动的运动需要有一个原动力，如果人们一直寻根溯源，这个原动力只能是上帝。[3]

卢梭假如不是直接，起码是通过克拉克间接地继承了亚氏的思想。他写道："运动的第一原因并不存在于物质内部。物质接受和传送运动，但它并不产生运动。自然中的力在互相作用着，我越是对它们之间的作用和反作用进行观察，就越是认为，我们必须一个现象接着一个现象地追溯到某种意志中去寻找第一原因；因为，如果你假设原因是永无穷尽地一个接一个的话，那就等于假设没有任何的原因……这就是我的第一原理。因此我相信，有一个意志在推动宇宙运动，并使自然具有生命。这是我的第一定理，或者说是我的第一信条。"[4]

卢梭进而以大自然的智慧去解释上帝的存在。他说："如果说运动着的物质向我表明存在着一种意志，那么，按一定规律而运动的物质就表明存在着一种智慧，这是我的第二信条。无论是行动、比较还是选

---

[1] 卢梭写道："我们设想所有古代和现代的哲学家对力量、偶然、命运、必然、原子、有生命的世界、活的物质以及各种各样的唯物主义的说法是透彻地做了一番离奇古怪的研究的，而在他们之后，著名的克拉克终于揭示了生命的主宰和万物的施与者，从而擦亮了世人的眼睛。这一套新的说法是这样地伟大，这样地安慰人心，这样地崇高，这样地适合于培养心灵和奠定道德基础，而且同时又是这样地动人心弦，这样地光辉灿烂，这样地简单，难怪它会得到人人的佩服和赞赏，而且在我看来，它虽然也包含人类心灵不可理解的东西，但不像其他各种说法所包含的荒唐东西那么多！"（《爱弥儿》，下卷，第12—13页）

[2] 见《论上帝的存在》第4章。

[3] 见《形而上学》第12卷，第3章，第1段。

[4] 《爱弥儿》，下卷，第19页。

择,唯有能动的能思维的实体才能进行。因此,这个实体是存在的。"[1]

我们曾经指出,柏拉图的《蒂迈欧篇》把上帝视作宇宙的建筑师,视作无穷尽的智慧。但提出神的智慧的,应首推斯多葛学派。比如,塞涅卡在其《自然问题》中就向我们显示,宇宙要依靠怎样至高而完美的智慧才能建造出来。他认为,正是这一点引导我们相信造物主——上帝的存在。[2]

卢梭阅读过笛卡尔和莱布尼茨的著述。[3]前者认为在上帝那里,意志是第一位的,而后者则认为智慧是第一位的。我们可以认为,笛卡尔代表着奥古斯丁的观点,莱布尼茨则代表着柏拉图和斯多葛学派的观点。卢梭的第一信条跟笛卡尔的相同,第二信条则跟莱布尼茨的相同。

我们知道,卢梭自己就非常熟悉柏拉图和几位斯多葛派的哲学家。我们在这里提到笛卡尔和莱布尼茨,只是想指出古代的学说在近代哲学家的笔下又重新出现,卢梭也加入这一行列,那是毫不奇怪的事。

我们下面将论述神意和自然界的井然秩序所提供的神意存在的证据。

卢梭跟古代哲学家一样,认为神意的存在可通过大自然的秩序及和谐来证明,也就是通过存在物都有其存在的理由,而不是偶然所致这一事实来证明。如果没有一种希望一切皆美好的良好意志,没有一种管理宇宙的至高的智慧,一种将世界维持在井然秩序中的善良之心,大自然的秩序及和谐是不可能的。卢梭写道:"上帝是充满智慧的……上帝是万能的,因为他有意志,而他的意志就是他的力量。上帝是善良的,这再明显不过了。人的善良表现在对同类的爱,上帝的

---

[1]《爱弥儿》,下卷,第21页。
[2] 见第1卷前言。
[3] 见《忏悔录》第6卷。

善良则表现在对秩序的爱。"[1]

有关神意的问题,柏拉图早已有研究,后来得到斯多葛学派的进一步阐述,到西塞罗的时候又重新提了出来。卢梭显然直接了解过这些古代的研究,我们等一会儿讨论的他在书中所做的注释就是明证。

我们先来看一下柏拉图有关神意的论述。他在《蒂迈欧篇》中解释说,上帝以其智慧,让这个世界充满秩序,并由此展示神意。柏拉图概括地说:"因此,上帝把智慧注入灵魂,把灵魂注入身体,把宇宙安排得井井有条,完美无缺。一切是如此地真实,我们不得不由衷地说,世界是一个充满智慧的生物体,是神意的产物。"[2]

现在,我们再来看看,在神意这个同样的问题上,斯多葛学派的观点是怎么样的。西塞罗在其《论神之本性》中,以斯多葛派成员巴尔布斯的口吻说:"这就是宇宙的智慧,因此也可以赋予它神的名义(希腊文为 pronoia),因为神最大的功课,最关注的事情,就是让它永远健全,让它不缺任何东西,让它集美好和荣耀之大成。"[3]

我们之所以引用作为斯多葛学派信徒的西塞罗的这段话,而不引用斯多葛学派任何一位成员的话,是我们认为卢梭读过《论神之本性》这本书。在神意这个问题上,西塞罗与卢梭的思想是如此地相同,可作为佐证。卢梭写道:"但是,如果有人来跟我说,把印刷用的铅字随便地排列一下,就能作出一部完整的《伊利亚特》,那么,我会连挪动一下脚步去戳穿这个谎言这样一种事都不屑去做。"[4]

西塞罗借斯多葛派成员巴尔布斯的口,也说:"他为什么不想象一下,假如有人把一大把金字撒在地上,或以任何一种方式把它

---

[1]《爱弥儿》,下卷,第37页。
[2] 见 Dacier 和 Grou 的译本第2卷,第182页。
[3] 第2卷,第12章结尾处。Stiévenart 和 Jules Pierrot 译。
[4]《爱弥儿》,下卷,第22—23页。

们排列成代表21个字母的模样,它们就会恰好排成整齐可读的埃纽斯的《编年史》?我怀疑以这样偶然的方式,连一句诗也拼不齐。"[1]

刚才我们提到,卢梭书中的一处注释告诉我们,他是通过古人的著述学习掌握了宗教教育的原理的。他的这处注释如下:"古人把至高无上的神称为'至善的至大',他们说得非常对;但是,如果称为'至大的至善',那就更准确了,因为他的善是来自于他的力:他之所以能够为善,正是因为他有伟大的力量。"[2]

在这一点上,卢梭似乎与古人的观点有距离。布洛沙认为,古人有关上帝的构想是以"智慧",而不像今人那样以"全能""无限"为基础的。[3]卢梭骨子里头是一个新教徒,所以对上帝的构想更喜欢用"全能"的字眼。然而,他不太接受"无限"的说法。他指出:"我有限的理解力不能想象任何无限的东西:一切别人称为无限的东西跟我无缘。"[4]

* * *

综上所述,卢梭的神学观很接近古人的思想。尽管他加入了"全能"的概念,他还是接受亚里士多德的原动力的观点以及柏拉图和斯多葛学派的神意——神的智慧的观点。

的确,他对宇宙中存在一种智慧的看法跟斯多葛学派完全一致。他写道:"你会这样问我,'你看见它(智慧的实体)存在于什么地方?'它不仅存在于运转的天上,存在于照射着我们的太阳上,存在于我们自己的身上,而且还存在于那只吃草的羊的身上,存在于那只

---

[1]《论神之本性》,第2卷,第37章。Stiévenart 和 Jules Pierrot 译。
[2]《爱弥儿》,下卷,第32页的注释。
[3] 见布洛沙《古代伦理与现代伦理》一文,《哲学杂志》,1901年1月。
[4]《爱弥儿》,下卷,第34页。

飞翔的鸟儿的身上,存在于那块掉落的石头上,存在于那片风正刮走的树叶上。"[1]

正如莱布尼茨所说,既然神意要让世界充满秩序,那一切东西必然往好的方向发展。可是,那怎样解释为什么世界上有罪恶呢?

卢梭坚信,世界上的罪恶皆源自我们自身。"创造恶的不是上帝,而是我们自己。"他说这种话的时候,是否有他熟悉的奥卢斯-格利乌斯[2]的影子在里面?[3]据奥卢斯-格利乌斯所述,克律西波斯曾说过,毕达哥拉斯学派普遍接受下面这一信条:"要记住,人类的罪恶只能怪人类自己。他们认为,作恶的是每个人自己。"[4]

* * *

前面我们指出了卢梭宗教教育思想的要点,现在我们来谈一下宗教教育在卢梭整个教育思想中的位置。

卢梭不赞成给孩子施予宗教教育[5]。理由何在?根据卢梭自己的说法,理由有两点:第一,孩子不能理解抽象的概念,如精神、无限、创造、永恒、全能等。

在这一点上,卢梭宣扬欧里庇得斯的观点,欧氏的观点为普鲁塔克[6]和蒙田[7]引述过,反映在他下面的诗句中:

啊,丘比特!对于你,我只听说过
你的名,其他则一无所知。

---

[1]《爱弥儿》,下卷,第21页。
[2] 见《论儿童教育》开篇处,《道德论集》法文版,Ricard 译,Lefèvre 出版社,1844年。
[3] 见《爱弥儿》下卷,第32页。
[4]《阁楼夜》,第6卷,第2章。
[5] 见《爱弥儿》上卷,第341页。
[6] 见《论爱情》。
[7] 见《随笔》第1卷第56章中的注释。参见《爱弥儿》上卷,第342页。

第二，孩子弄不明白上帝的概念。一旦他弄不明白，他就会亵渎上帝。卢梭以普鲁塔克的话支持他的观点："善良的普鲁塔克说，'我宁愿人们认为世界上根本就没有普鲁塔克这样一个人，而不愿人们说，普鲁塔克为人不公正、贪婪、妒忌，而且还那样地专横，硬要人家去做力不能及的事'。"[1]

---

[1]《爱弥儿》，上卷，第344页。参见普鲁塔克《论迷信》。

第六章　政治教育

卢梭在他于第戎学院的两次演讲论文以及《爱弥儿》及其他著述中，给我们展现了一个自然人的面貌。他笔下的自然人是幸福的，在无拘无束的大自然中幸福地生活着。在前面的章节中，我们已经简明扼要地指出了卢梭思想的源头。

至于卢梭心目中的社会人，则是另外一码事。"人天生就是合群的，或者天生就具有合群的倾向。"[1]当他一走出自然状态，随着他的需求的增加，他不得不要求有一个社会。这个社会怎么组成呢？卢梭以下面这段话提出这个问题："要寻找一种群体的形式，使它能以群体的所有力量来保护群体中每个成员的人身和财富，并且通过这种群体形式，使得每个成员既与其他所有成员联合在一起，又只服从其本人，并且仍然像以往一样地自由。"[2]这就是社会契约所要解决的问题。

然而，社会契约的理论本身又是从何而来的呢？是从虚幻小说，从朦胧诗意或是从传奇故事中得到的灵感吗？也许吧，因为卢梭读过许多小说。

---

[1]《爱弥儿》，下卷，第45页。
[2]《社会契约论》，第1卷，第6章。Bertrand 说："卢梭在思考，社会的起源在哪里？随着自身需求、欲望和贪婪的增加，原始人发现，若要得到满足，就必须先得到其他人的帮助。社会得以建立，正是有赖于人作为群体和政治动物所具有的这种社交本能，这种普遍的善心。这一点，卢梭非常清楚。"见1891年4月4日于伦理与政治科学院选读的论文《社会契约论原始稿》，法国巴黎 Alphonse Picard 出版社。

不过，探索这一理论的逻辑推导过程，或更准确地说，探索它的历史渊源也许更为重要。

斯多葛学派有一条关于自然平等和司法平等关系的原理。根据他们的理论，每个人都是上帝的子民，因而人人生而平等，在法律面前也应该平等。卢梭正是按照这一原理进行逻辑推导的，他得出结论说："每个人都生而自由、平等，人只是为了自己的利益，才会转让自己的自由。"[1]他进而强烈声讨最强者的权力[2]和奴隶制的合法性。[3]他试图寻找一种办法，让生而平等的人可以混合在一起，组成一个社会。但他这种努力总是徒劳无功。他只找到一种办法，那就是契约或合同。

可见，卢梭正是通过逻辑的推导，提出了社会契约的理论。在这一点上，大家意见一致。[4]然而，这一逻辑推论的核心部分，即"人生而平等自由"的观点，却主要来自斯多葛学派，那是一种杰出的社会博爱学说。这一学说，经罗马法学家的引介，在政治界产生巨大的影响[5]，结果导致了对奴隶制的谴责以及建立在公民拥有平等权利基础上的民主制度的产生。[6]

我们还认为，卢梭的理论还有一种历史的渊源。卢梭认为，没有社会公约，就没有管理着公共事务的人民的主权。要知道，古罗马人和古希腊人正是以这种途径去了解和行使主权的，别无他途。这两个民族的公民经常公共场合集会，处理和决定重大事务。比如，卢梭曾这样描述罗马人："罗马人民不仅行使主权的权利，而且还行使政府的一部分权利。他们处理某些事务，审判某些案件，全体罗马人民在

---

[1] 《社会契约论》，第1卷，第2章。
[2] 同上，第3章。
[3] 同上，第4章。
[4] 在众多研究中，可重点参考 Rodet 在1907年的博士论文。
[5] 见《大百科全书》中由 Picavet 撰写的有关"斯多葛学派在罗马"的词条。
[6] 然而，奴隶制存在合法性这样一种偏见，在得到了亚里士多德这么一个伟大的政治家的维系之后，竟没有受到基督教这样富有温情和人道的宗教的严正谴责。

公共会场上几乎往往同时既是行政官又是公民。"[1]

卢梭也这样描述希腊人:"在希腊人那里,凡是人民需要做的事情,都由人民自己去做。他们频繁地在广场上集会。"[2]

古希腊人和古罗马人这种公共生活的图景,卢梭大概是从普鲁塔克的著述中读来的。这一情景,深深地吸引着他。人们一般认为,只有原始人才会通过集会而产生契约或合同。卢梭的观点跟人们一致认同的相反,他有关社会契约的想法,并非源自生活在原始森林的野蛮人,而是源自像希腊人和罗马人这样的文明的民族。

* * *

我们不准备详细展示这种公共生活的图景,而只是摘其要点而述之。

普鲁塔克在谈到斯巴达人的公共餐饮时告诉我们,每个参与者每月拿出一袋面粉,8升酒,5磅奶酪,2.5磅无花果,还有一份用来买肉的钱。[3]大家一起做饭,一起吃各人带来的食物。这种集体生活的方式不就是卢梭的"社会契约理论"的生动写照吗?卢梭是这样写的:"最后,每个人既然是向全体奉献出自己,他就没有向任何个人奉献出自己;而且,既然从任何一个团体成员那里,人们都可以获得自己本人转让给他的同样的权利,所以人们就得到了自己所失去的一切东西的等价物,还获得了更大的力量来保全自己的所有。"[4]

上述事实无可争辩地证明了,社会公约在斯巴达人那里的确存在过,甚至体现在公共餐饮里。我们无意再次强调,卢梭作为普鲁塔克的忠实读者,把利库尔戈斯视作无与伦比的立法者。无论在政治

---

[1]《社会契约论》,第3卷,第12章。
[2] 同上,第3卷,第15章。
[3] 见《利库尔戈斯传》,第15段,出版社与译者见附录。
[4]《社会契约论》,第1卷,第6章。

教育方面还是其他方面,他崇拜他,完全接受他的思想。关于"公意"的问题使得卢梭有机会再次提及利库尔戈斯:"因此,为了很好地表达公意,最重要的就是国家之内不能有派系存在,并且每个公民只能表示自己的意见。伟大的利库尔戈斯的独特而高明的制度便是如此。"[1]

在不可转让[2]也不可分割[3]的公意面前,个人意愿消失了。把个人纳入至高无上的国家,这是卢梭继社会契约的理论之后,又一至为独特和至为重要的思想。我们从中看到卢梭思想的其中一个古代源头:斯巴达的利库尔戈斯。

---

[1]《社会契约论》,第2卷,第4章。
[2] 同上,第2卷,第1章。
[3] 同上,第2卷,第2章。

第七章 女子教育

卢梭以不小的篇幅论述的女子教育问题，就跟他论述的男子教育问题一样，可以让我们看到他的思想的古代源头。

卢梭特别指出，由于男子和女子体格上的差异，对两者的教育方法应该有所不同。[1]在这一点上，卢梭的观点跟利库尔戈斯不同，也跟后来的柏拉图不同，因为利氏和柏氏都要以教育男子的方式去教育女子："尽管两性工作的目的是相同的，但他们工作的内容不一样。"[2]

两性教育之不同，并不仅仅针对身体锻炼方面，而且还涉及教学的内容方面。男子主要应该学实用的知识，女子则应该学一些愉快有趣的东西。[3]

两性教育之另一点不同，是男子不应该考虑别人的评论[4]，而女子则不然。严格地说，这属于道德教育的内容。卢梭写道："仅仅有良知而不尊重他人的评论，她们就不可能拥有美丽的心灵，高尚的品行，赢得世人的赞誉；仅仅尊重他人的评论而不听从自己的良知，结果只会造就一些虚伪和无耻的女人，拿外表当美德。"[5]

---

[1] 见《爱弥儿》下卷，第152页。
[2] 同上。
[3] 同上，第171页。
[4] 同上，第117页。
[5] 同上，第182页。

除了上述这些想法，卢梭的思想里还受到古希腊风俗的影响。卢梭有一段话我们不忍割爱，摘录在下面，可以让我们清楚看到这种影响：

"我认为，从大体上说来，希腊人在这方面所采用的教育方法是非常合适的。年轻女子经常出现在公共场合，只不过是女孩子同女孩子聚在一起，而不是男女混合。几乎在任何一个节日、圣祭、典礼中都可以看见优秀公民的女孩子的身影，她们成群结队，戴着花冠，提着花篮，捧着花瓶和祭品，载歌载舞，使希腊人迟钝的感官接触到一道亮丽的风景，足以抵消他们粗笨的体操所产生的不良效果。""……这些年轻的女子一嫁了人，就再也不在公共场合露面了；她们待在家里，一心一意操持家务。这就是大自然和理性给女性安排的生活方式。这样的母亲所生育的儿子才是世界上最健康、最强壮、最完美的男子。虽然希腊群岛中有几个岛的居民名声不好，但不容怀疑的是，在全世界，甚至在包括罗马人在内的所有一切民族中，没有任何一个民族的女子能比古希腊女子更聪明而可爱，更贤淑而美丽的了。"[1]

最后，女子教育自然跟母乳哺婴的问题联系在一起。Picavet指出，在这个问题上，卢梭完全照搬法沃里努斯的观点。他接着又说："因此，正是这个问题，直接打通了十八世纪和二世纪的通道，而在这个问题上，他有时还以为完全是自己的原创呢。"[2]

我们在奥卢斯-格利乌斯的著述中[3]找到了那段由Picavet在其《论通史和比较史》一书中翻译成法文的法沃里努斯的原话，它所表述的思想跟卢梭的完全一样。不仅观点相同，而且论据和许多表达方式也一样。

两者都确信，大自然赋予女子美丽的乳房，并不是让她装饰胸部，更重要的是让她哺育孩子。

---

[1]《爱弥儿》，下卷，第156—157页。
[2] 见《论通史和比较史》第176页，Alcan出版社，1913年版。
[3] 见《阁楼夜》第12卷，第1章。

女子给自己的孩子哺乳,并不只是生理上的需要,而且还是道德方面的要求。人不应该把自己的孩子托付给一个愚笨,甚至凶狠、无知,有时候还酗酒的愚蠢奶娘哺养。如果将自己的孩子托付给这种人,这种从生活方式来看纯属奴隶的人,耳濡目染,孩子日后也会成为奴隶。

如果一个女子没有生病而不想抚养自己的孩子,那是违反自然的。那无异于培养孩子接受社会所有的恶习。这样一个女子是不配有好丈夫,不配有漂亮孩子的。[1]

这样的思想对普鲁塔克来说并不陌生,普鲁塔克跟法沃里努斯是同时代的人,甚至可称得上是他的朋友。下面这段话可以证明他有着同样的思想:

"……现在我们来谈一下哺乳的问题。按照我的看法,母亲必须亲自给孩子授乳,把自己的乳房展示在孩子面前;她们给自己的孩子喂奶会带着更多的爱,更多的关怀,因为她们的关爱是发自内心的,就像人们所说,是发自肺腑的。至于保姆、奶妈这些雇佣来的人,她们的关爱只是装出来的。大自然也要求母亲们要亲自哺育这些她们创造的小生命。"[2]

是普鲁塔克先启发了法沃里努斯,然后再启发了卢梭?或者是卢梭同时从两位先哲那里吸取了养分?这已无关紧要。重要的是,我们可以确定卢梭的思想有它古代的源头,这就足够了。[3]

---

[1] 见《爱弥儿》上卷,参看《阁楼夜》,第12卷,第1章。
[2] 《论儿童教育》,V. Betoland 译,第五版。
[3] 布封在《博物学》中讨论"人"的时候,似乎先于卢梭探讨这个问题。不过,他主要是从生理学的角度考察这个问题的。他特别提到,胎儿在母亲的子宫里已经习惯了一种与乳房里产生的人乳非常相似的乳状液体,对婴儿来说,生母的乳汁比奶妈的乳汁更有利,因为后者跟婴儿的体格不吻合。

结　语

我们认为，我们已用足笔墨来论述卢梭教育理论的古代源头，作为结语，我们只需要做一番概述。

一开始，我们像在画廊里展示一幅幅画作一样，将有可能影响卢梭教育思想的古代先哲，尤其是古希腊和古罗马的先哲，一个个做了介绍。在这些先哲中，我们特别突出地介绍了柏拉图、亚里士多德、斯多葛学派和普鲁塔克等人。我们划分了几个不同的教育领域，并指出卢梭在每个领域中受古代影响的明显的痕迹。

在普通教育学和教育方法方面，柏拉图、斯多葛学派和普鲁塔克对卢梭的启发明显可见，比如，他们遵循同样的原理：人性本善；必须让孩子远离社会；母亲抚养孩子是幸福的；在培养人和培养公民问题上，他们提倡同样的方法：提倡有利于人道德向上的身体锻炼；提倡音乐以及更广泛意义上的艺术教育，认为那是道德教育的基石，但要把戏剧剔除在外，而所有这些，基本上都是柏拉图的思想。此外，卢梭提出种种理由——如孩子是非常可爱的，来说明教育孩子应温柔慈祥而不应该严厉粗暴；他指出公共教育和私人教育之间的密切关系，还指出在公共教育中，要提倡民族精神。所有这些，同样是柏拉图的见解。

在智力教育方面，卢梭的理论更多的是受到亚里士多德而不是洛克的启发。他认为对某一物体的概念和物体概念的概念或人们对这个物体所下的定义的概念之间存在着理性联系；提倡教育方法应建立在对事物感性认识，建立在准确明了的概念的基础上，并因此反对记忆，反对想象；主张采取柏拉图的某些对话录中生动地描写的苏格拉底的教育手段；反对过早教育孩子进行推理和判断。所有这些，无一不打着柏拉图的烙印。

在道德教育方面，斯多葛学派的影响尤为明显：意志具有重要地位，因为它是善行或恶行的真正制造者；自由是获得幸福的力量，幸福并不依赖于外部条件，因此，不能受别人的言论左右，要有主见；要服从大自然的规律，顺应自然而幸福地生活，要快乐地享受眼前，忘记过去，抛却远虑；要用榜样和模范代替抽象的义务或责任，不要以为只有义务或责任才是道德的基本动力。

此外，把道德的基本内容归结为善、正义、美三要素。善，指道德的善，跟幸福浑然一体，不可分割；正义，是和平与和谐的源泉；道德观的树立，要着眼于现世而不是来世，这并不意味着要抛却灵魂不灭的信仰，恰恰相反，是要强化和纯洁这种信仰；美的实现，不能单凭艺术，在大自然中欣赏到的美，会直达人的灵魂。这不就是阅读了柏拉图的《法律篇》和《理想国》后所留在我们心中的记忆吗？良心被解释为"不可动摇的法官"和"内心监管器"；以顺应自然而生活为规范，来代替人为的道德规范；提倡自爱，因为自爱是人类最美好的感情——也包括友谊——的缘由。这里面充满了古人的思想，柏拉图的，西塞罗的，不一而足。

至于宗教教育方面，卢梭所受的影响主要来自斯多葛学派、柏拉图以及亚里士多德。这些古代思想的源流，汇成一种自然宗教，相信神和神意的无所不在。宇宙秩序井井有条，昭示着有一位建筑设计师的存在；宇宙中发生的恶行，只能来自我们自身。不过要注意，宗教教育不适宜儿童参与，它对他们来说，甚至具有危险性。这一思想，来自普鲁塔克。

在政治教育方面，斯多葛学派和普鲁塔克对卢梭的影响很深。归根结底，社会只是一种契约，社会契约论的起源可以从两方面解释，一是逻辑推导，由人生而平等的原理推导而来；二是历史缘由，是受古罗马和古希腊公共集会的情景启发。

最后，有关女子教育方面，柏拉图也好，利库尔戈斯也好，似乎都未能影响卢梭。卢梭欣赏的是希腊式的女子教育，他赞成法沃里努斯和普鲁塔克的观点，正是从他们那里，他学到了必须重视两性的差异；学到了女性的矜持是必需的，因为她们要尊重别人的评论；还学到了母亲哺乳在身体和道德上的意义，因为这是自然和理性所决定的。

以上对卢梭教育思想的粗线条的分析让我们看到，在任何一个教育领域，都汇集着古人的原始思想，甚至许多理论细节也相同。很明显，卢梭在许多问题上引用了古人的思想。然而，我们可以由此得出结论，认为卢梭人云亦云，缺乏独到见解，甚至把他的学说说得一文不值，就像一些小册子上所鼓吹的那样吗？

我们认为，这并不符合卢梭的情况。诚然，有一种原创是具有新观点、新体系或新方法，带着鲜明个人特色的原创。但那是一种理想化的原创：我们怀疑这种绝对的原创是否真的存在，即使在科学领域，在知识和发现不断积累，天天进步的科学领域也如此。在哲学和伦理道德领域，我们就更有理由怀疑这种绝对原创的存在，因为在这些领域里，前一辈的传统、思想和教导，会比在别的领域里更容易地传给下一代，让下一代受益。在这些领域里，奥古斯特·孔德的名言最为适用："活着的人必然总是，而且越来越被死去的人支配着，这是人类的基本法则。"[1]

上面的评述并不能抹杀卢梭身上处处闪耀的创造性。

首先，像不少人一样，面对司空见惯的材质，他细加雕琢，竟能鬼斧神工般让它们面目一新，有如原创。

这还不算什么。"模仿而不受约束"，这句话用在卢梭身上那是最

---

[1]《简明实证主义》，第70页，Larousse出版社，1890年，第三版。

合适不过了。尽管很多东西他是继承过来的，但他从来不会盲目地、不加分辨、不加批评地随便接受。相反，他要判断，他要掂量，他要评论，他要设限，必要时他要补充或放弃；他选择并保留下来的，只是他主动从古人那里寻获的，是符合他的感觉而并不一定符合他的理性的东西。他借用古人的理论，通常是在他发现这些理论跟自己的理论和感觉相吻合的时候。

可以举许多例子来证明这一点。

按照柏拉图和苏格拉底的观点，一种好的教育是能够让孩子从大自然那里获得的能力得到发展的教育。（参见本论文第二和第三章）卢梭同意这一原则。但他不仅满足于这一点。他补充说，首先得让大自然自己发挥作用。然后，他建议人们认真观察和研究儿童，因为人们对儿童的了解其实很不够。（参见《爱弥儿》的序言）他由此提出以下四条纯粹个人独创的准则：

第一，"孩子们不仅没有多余的力量，甚至没有足够的力量去应对大自然对他们的要求。因此，必须让他们充分利用大自然赋予他们的一切力量，而不必担心他们会滥用这些力量"。

第二，"只要是涉及孩子身体的一切需要，无论是智力方面还是体力方面的，都必须给予他们帮助，弥补他们的不足"。

第三，"给他们的帮助，应只限于他们真正需要的范围，绝不能纵容他们稀奇古怪的想法或无理的要求，因为稀奇古怪的想法不是自然产生的，如果不让它萌发，孩子就不会因为这些想法没得到满足而感到难过"。

第四，"要仔细研究他们的语言和手势，以便在他们还不知道掩饰的年龄时，能分辨出他们的哪些欲望是直接由自然产生的，而哪些是由心里想出来的"。[1]

这四条准则意义重大，因为在卢梭之前，人们对儿童教育的构

---

[1]《爱弥儿》，上卷，第57页。

想,是把儿童当作成人而不是儿童来培养。由于对儿童的特性缺乏研究,缺乏了解,这种教育不但不会促进儿童能力的发展,相反,只会阻碍儿童能力的发展。第一和第二准则是要纠正这种局面,第三准则是要保证儿童的幸福,并为日后实施合适的道德教育做好准备,第四准则则是整个教育艺术的基础。

总而言之,这四条准则概括了卢梭所提倡的教育方法,简明扼要,大大地超过了苏格拉底和柏拉图那些过于宽泛的观点。卢梭以后,不乏深受其启发的教育家,其中裴斯泰洛齐[1]就曾说过:"教育就好比园丁的艺术,在他的精心看护下,成千上万株树生长、开花。园丁并没有给每棵树提供更多的生长素,生长素就在树的身上。"[2]

色诺芬撰写的《居鲁士的教育》一书,卢梭读得十分投入。他十分欣赏波斯人对孩子的细心呵护。但他也不完全同意色诺芬的观点,他反对把教育割裂开来进行。[3]他写道:教育这门学科,包括道德教育,是一个整体,不可分割。[4]他也不同意瓦罗类似的一个观点,瓦罗把教育分作三个阶段:养育、教训和教导,认为三者的目的就跟分别负责这三个阶段教育的保姆、塾师和教师[5]一样,是有区别的。卢梭认为这些区别没有被人们弄清楚,儿童要受到良好的教育,应该只跟从一个导师。

古代的哲学家,特别像苏格拉底、柏拉图、斯多葛学派成员、伊壁鸠鲁学派成员等,他们的生活理想是成天冥想、思辨。卢梭不同,他的生活理想是行动。早在1751年,卢梭就曾对这个问题发表过他的感想。当时,科西嘉科学院进行有奖征文,题目是:"英雄最基本

---

[1] 裴斯泰洛齐(Johann Heinrich Pestalozzi, 1746—1827),瑞士著名教育家。
[2] 见 Benrubi 的论文《卢梭和德意志思想》,载于巴黎 Alcan 出版社 1912 年出版的论文集《卢梭研究》。
[3] 色诺芬在《居鲁士的教育》第二章中描述,波斯人一直到 16、17 岁,都只修习文学;17 到 25 岁,练习狩猎;25 到 50 岁,他们将成为处理公众事务的评判员。
[4] 见《爱弥儿》上卷,第 32 页。
[5] 同上,第 17 页。

的美德是什么？有哪些英雄缺乏这种最基本美德？"卢梭在应征文中写道：英雄行为的特征，就是行动。他以此为基本论点，批评苏格拉底和柏拉图。"他（苏格拉底）活着，并为自己的祖国饱受忧患而悲痛万分，然而，他却把结束祖国忧患的荣光让给了色拉西布洛斯[1]；柏拉图在狄奥尼斯的宫廷上能言善辩，慷慨陈词，但将叙拉古从暴政的奴役下解救出来的却是提摩莱昂[2]。"

这种对行动的热衷在十一年后出版的《爱弥儿》一书中，以教育原理的形式再次显露，并使卢梭萌生"积极教育方法"的理念。"行动—再行动"构成了卢梭整个教育思想体系的基本原则。

1749 年，在《论科学和艺术的复兴是否有助于敦风化俗》的应征论文中，卢梭似乎成了文明社会的死敌，指责科学与艺术皆出自污泥浊水，他由于发现苏格拉底赞扬无知——起码他本人是这样认为的——而扬扬得意，他引述抨击诡辩派的《高尔吉亚》中的那段话是这样写的："修辞学无须了解事物的性质，它只需创造某种说服术，使它在不懂的人眼里显得比懂得的人更有说服力就行。"[3]卢梭引用得更多的是《斐多》：苏格拉底曾听人说，古埃及时代的诺克拉蒂斯城有一位神，是当时最受崇拜的神之一，名叫托特。据传，托特是数字、计算、象棋、骰子和文字的发明者，还创立了几何学和天文学。"托特找到埃及国王，展示他所发明的技艺，并跟国王说要教给所有的埃及人。国王问他，这每一门技艺有何用处？接着便对托特的发明开始高谈弘论起来，说这个好，那个不好……谈到文字时，托特对国王说，'啊，国王啊，这项技艺会让埃及人学识大增，同时又减轻他们的记忆负荷。我这可是解决学习困难的法宝'。国王应道，'灵巧的托特，有人能发明某些技艺，有人能懂得掌握这些技艺的益处或弊端，而你，文字之父，你对你的杰作自然倍加珍爱，觉得它多么独

---

[1] 色拉西布洛斯（Thrasybule），古希腊政治家、将军——译注。
[2] 提摩莱昂（Timoléon，约前 410—前 337），古希腊政治家——译注。
[3] 《柏拉图全集》，Cousin 译本，第 3 卷，第 207 页。

特新颖。其实，文字这玩意对学习者来说只能制造遗忘，让他们忘记最基本的东西……可以说，你并没有发明记忆的方法，而只是弄了个恢复记忆的玩意；你教给学生的只是学识之名，而不是学识之实；你想想看，当他们所谓无师自通地读了不少书时，尽管他们中的大多数人只是浑浑噩噩，却以为很有学问，而他们对所学东西的错误见解，将会使他们在现实生活中成为令人讨厌的一伙。'"[1]由此可见，卢梭发起的对科学、艺术和文学的攻击，自古有之，并不是新鲜玩意。那么，是否可以说，卢梭对文明社会的这种仇视，只不过反映了他对几位古代哲人亦步亦趋而已？当然不能这样说。他充其量不过是以他所了解到的前人著述中的一些内容，去支持自己的观点。实际上，他对文明社会的这种仇视，源自他那幸福出自内心的著名理论。幸福绝不是外在的东西，绝不是装点生活的美丽外壳，幸福整个地寓于我们心中，寓于我们的内心生活，也只寓于我们心中，寓于我们的内心生活。幸福取决于我们的良心，而不取决于我们的理智：只有凭感觉才能通往幸福，凭理智是不能通往幸福的。这种感觉优越论跟近代出现的浪漫主义思潮如出一辙。

  这样的例子不胜枚举，我们最后再举例说明卢梭学说中一个突出的思想，就是对自然的热爱。卢梭在斯多葛学派中找到了出处，斯多葛学派对自然的热爱已发展到顶礼膜拜的地步。不过，斯多葛学派之人是名副其实的泛神论者，在他们眼里，整个大自然只不过是神意的延伸，神意赋予万物生命，万物均有神灵。卢梭对大自然也充满崇敬，虔诚有加，心醉神迷。在某种意义上，卢梭心目中的大自然脱俗超凡，他在大自然面前几乎带着宗教般的虔诚。然而，还需要我们再重复一遍吗？卢梭不是泛神论者，他清晰明了，毫不犹豫地区分造物和造物主。（见本文第5章）

  卢梭的思想学说，一方面受古代先哲的启发，另一方面也处处显

---

[1]《柏拉图全集》，Cousin 译本，第6卷，第121—122页。

露他的个人见解。不仅在内容上，形式方面也有鲜明的卢梭印记。在形式上，我们这位哲学家的独特之处表现在他善于对各种问题刨根问底，善于在获得读者信任的情况下，不失时机地发表自己的主要哲学观点，说该说的话，无累赘之词。他的思想紧紧地围绕着数目不多的几个原理，但从中可以引出累累硕果。只有在必需的情况下他才会引用这些原理，而在更多的时候，他只谈这些原理的合适的应用场合，使这些原理活灵活现，常现常新，把它们深深地植入与他同时代的人的信仰，就像他自己对它们深信不疑一样。

另外，他最反对人云亦云，为了解释他跟流行思想之间分歧的原因，他往往追踪溯源。因此，他每提到一种学问，总会深入探讨，做到理论创新。

最后一点，卢梭有属于自己的风格，一种富有新鲜气息的风格，一种可以称为将雄辩引入文学的风格。句子短小、简练，但通篇大气、恢弘；语气冷酷，但言辞热烈、激昂，真诚至不合常理。他的一片热忱，成为作品的依托，给予作品生命。既然如此，卢梭大量地引用古人的著述，那又何妨？卢梭并没有迷失自我，他具备一名作家应有的品质。没有这些，何以解释他当年曾经叱咤风云，而且他的影响一直流传至今？

本论文引用过的作者及著述

（以引用先后排列）

卢梭：《卢梭全集》，12卷本，J. Bry 出版社，巴黎，1856年；

《爱弥儿》，2卷本；

《忏悔录》，2卷本，Flammarion 出版社新版，巴黎。

色诺芬：《居鲁士的教育》，Charpentier 译本，Sommaville 出版社，巴黎，1661年。

柏拉图：《理想国》，Bastien 译本，Garnier 出版社，巴黎；

《柏拉图全集》中的《政治篇》《蒂迈欧篇》《斐多》《美诺》《宴饮篇》等，Dacier 和 Gron 合译本，10卷本，Fasquelle 出版社，巴黎。

亚里士多德：《伦理学》，3卷本；

《形而上学》，3卷本；

《政治学》；

《灵魂论》；

《逻辑学》，4卷本，Barthélemy Saint-Hilaire 译本，Ladrange 出版社，巴黎，1839—1879年。

西塞罗：《图斯库勒论辩》，Matter 和 J. Pierrot 合译本；

《善与恶》，Stièvenart 译本，Garnier 出版社，巴黎。

卢克莱修：《物性论》，A. Lefèvre 译本，Société d'éditions littéraires 出版社，巴黎，1899年。

爱比克泰德：《师门述闻》，V. Courdaveaux 译本，巴黎，1862年；

作为教科书编在题为《马克-欧莱尔思想录》一书中，P. Commelin

译本，Garnier 出版社，巴黎。

塞涅卡：《自然对话》《寄卢奇留书简》《论愤怒》，Charpentier 和 F. Lemaistre 合译本，见《塞涅卡全集》，4 卷本，Garnier 出版社，巴黎。

普鲁塔克：《名人传》，4 卷本，Ricard 译本，H. Plon 出版社，巴黎，1860 年；

《道德论集》，5 卷本，Ricard 译本，Lefèvre 出版社，巴黎，1844 年。

奥吕斯-格利乌斯：《阁楼夜》，3 卷本，E. de Chaumont 译本，Ponckoucke 出版社，巴黎，1845 年。

蒙田：《随笔》，4 卷本，Flammarion 出版社，巴黎。

洛克：《人类理解力论》，Coste 译本，H. Schelte 出版社，阿姆斯特丹，1723 年；

《儿童教育》，Coste 译本，Bousquet 出版社，洛桑，1759 年。

费奈隆：《女子教育》，Flammarion 出版社新版，巴黎。

圣-马克·吉拉丹：《卢梭生平与作品》，2 卷本，Charpentier 出版社，巴黎，1875 年。

布洛沙：《古代伦理与现代伦理》，载《哲学杂志》，1901 年 1 月。

贝特朗：《卢梭〈社会契约论〉原稿》，Picard 出版社，巴黎，1891 年。

夏博：《自然与道德》，Alcan 出版社，巴黎，1896 年。

皮卡维：《中世纪神学与哲学通史与比较史论》，Alcan 出版社，巴黎，1913 年。

马松：《对卢梭〈信仰自白〉一书的批判》，Hachette 出版社，巴黎，1914 年；

《卢梭的宗教观》，3 卷本，Hachette 出版社，巴黎，1916 年。

戈布洛：《逻辑论》，A. Colin 出版社，巴黎，1918 年。

附：张竞生博士论文原稿（法文）

Les Sources Antiques
des théories de J.- J. Rousseau sur l'éducation

Thèse de doctorat d'université

Présentée

Devant la Faculté des Lettres de l'Université de Lyon

Par

K. S. TCHANG

1919

IMPRIMERIE J. -B. ROUDIL

Quai Saint-Clair

LYON

Les Sources Antiques
des théories de J.-J. Rousseau sur l'éducation

AVANT-PROPOS

En Chine, dans les milieux intellectuels et politiques, J.-J. Rousseau est loin d'être un inconnu. Un de nos meilleurs écrivains, Yin-Fo, a fait une excellente traduction Du contrat social, *qui figure non seulement chez tous nos libraires, mais encore dans toutes nos bibliothèques.*

*L'Émile n'a pas eu jusqu'ici le même honneur; mais il n'est pas ignoré: un livre chinois, sous le titre d'*Histoire des philosophes universels, *en a donné des extraits et esquissé les grandes lignes, et nous-même, dans une* Revue de l'éducation, *nous avons essayé, il y a cinq ans, de traduire quelques fragments de cet ouvrage.*

La diffusion des idées du philosophe français et, en particulier, celles de liberté, d'égalité et de fraternité, a été, à un certain moment, assez rapide et assez marquée dans notre pays, pour qu'il ne soit pas téméraire d'affirmer que si, au XVIIIe siècle, elles ont pu préluder à la Révolution française, elles n'ont pas été, non plus, étrangères à la Révolution chinoise de 1911.

Qu'on ne s'étonne pas, dans ces circonstances, qu'hôte de la France, depuis six ans, nous ayons profité de cet heureux séjour pour étendre et approfondir davantage l'étude des œuvres de Jean-Jacques.

Rien ne pouvait mieux nous permettre d'atteindre ce but que d'y rattacher une question particulière, assez nouvelle, qui nous amenât à les fouiller en tous sens et à les mieux comprendre. Tâche assez difficile, si l'on songe qu'en France, Rousseau a donné lieu à de nombreuses études, depuis celle de Saint-Marc Girardin (J.-J. Rousseau, sa vie et ses œuvres), *jusqu'à celle de Pierre-Maurice Masson, tombé en héros dans les tranchées de l'horrible guerre* (La Religion de J.-J. Rousseau).

Nous nous sommes cru bien inspiré en cherchant un sujet dans les sources de Rousseau. Mais là aussi nous avons rencontré un obstacle: à quelles sources nous arrêter? Aux sources modernes? Le regretté M. Masson nous semblait les avoir largement indiquées. Aux sources médiévales? Nous nous en sommes préoccupé un moment, sous la direction du savant M. Picavet, spécialiste du Moyen-Age à la Sorbonne. Mais le butin à espérer d'une telle investigation nous a paru devoir être peu abondant et peu sûr. Nous nous sommes alors tourné vers les sources antiques, et notre choix, cette fois, a été assez heureux pour nous valoir les encouragements et la direction bienveillante de MM. Chabot et Goblot, professeurs à l'Université de Lyon.

Dans les pages qui suivent, nous nous efforçons donc d'établir et de préciser ces sources anciennes, soit en citant, pour quelques-unes, des noms et des textes, soit en nous appuyant pour d'autres, sur une communauté de doctrines et de systèmes que l'histoire nous fait connaître.

CHAPITRE I   Influence des Anciens sur J.-J. Rousseau

S'il y a eu dans le monde un enfant aussi précoce d'intelligence que de sentimentalité, c'est assurément J.-J. Rousseau. Dans ses *Confessions*, cet auteur raconte qu'il lut, à peine de sept ans, tous les romans que sa mère avait laissés. De 7 à 11 ans (1719-1723), il s'est donné, par d'autres lectures, une seconde éducation. Il lit l'*Histoire de l'Eglise et de l'Empire* par Le Sueur, le *Discours de Bossuet sur l'Histoire universelle*, les *Hommes illustres* de Plutarque, l'*Histoire de Venise* par Nani, les *Métamorphoses* d'Ovide, La Bruyère, les *Mondes* et les *Dialogues des Morts* de Fontenelle, et quelques pièces de Molière.

Mais de toutes ces œuvres, Rousseau préfère celles de Plutarque. Il nous en avertit lui-même en ces termes: « Plutarque surtout devint ma lecture favorite. Le plaisir que je prenais à le relire sans cesse me guérit un peu des romans, et je préférai Agésilas, Brutus, Tristide, à Orondate, Artamène et Juba. » (*Conf.*, t. I, p. 9)

Ce goût particulier s'explique non seulement par un attrait propre à prendre le cœur, mais par une révélation qui satisfait l'esprit. Par Plutarque, Rousseau connaît les « Anciens illustres». Ce n'est pas une histoire proprement dite, non; mais c'en est une face piquante et comme la fine fleur, la grandeur de l'âme antique, à l'étude de laquelle devait frissonner plus d'une âme moderne. L'instruction, qu'il y puise, ne lui suffit pas:

dans son enthousiasme d'enfant, il imite les actions de ceux qu'il vient de connaître. « De ces intéressantes lectures, écrit Rousseau, des entretiens qu'elles occasionnaient entre mon père et moi, se forma cet esprit libre et républicain, ce caractère indomptable et fier, impatient de joug et de servitude, qui m'a tourmenté tout le temps de ma vie dans les situations les moins propres à lui donner l'essor. Sans cesse occupé de Rome et d'Athènes, vivant, pour ainsi dire, avec leurs grands hommes, né moi-même citoyen d'une république et fils d'un père dont l'amour de la patrie était la plus forte passion, je m'en enflammais à son exemple, je me croyais Grec ou Romain; je devenais le personnage dont je lisais la vie; le récit des traits de constance et d'intrépidité qui m'avaient frappé me rendaient les yeux étincelants et la voix forte. Un jour que je racontais à table l'aventure de Scévola, on fut effrayé de me voir avancer et tenir la main sur un réchaud pour représenter son action » (*Conf.*, t. I, p. 9 et 10).

Il n'est pas rare que, faite dans le bas âge, une lecture, en se gravant, mieux qu'à tout autre, dans l'esprit, y laisse des germes d'impressions, d'idées et de sentiments, qui, à mesure que l'enfant grandit, se développent et s'épanouissent en riche floraison. Tout cela finit même, quand on est homme fait, par inspirer les actions et diriger la conduite pendant toute la vie. C'est ce qui arriva précisément à Rousseau. Plutarque est pour lui comme un second père, et lui devient aussi cher que sa patrie, tant il a de l'autorité sur ses pensées et ses affections. En effet, Rousseau n'écrit-il pas à propos du *Discours sur les Sciences et les Arts* qui, en 1749, lui valut le prix au célèbre concours établi par l'Académie de Dijon: « Cette nouvelle réveilla toutes les idées qui me l'avaient dicté, les anima d'une nouvelle force et acheva de mettre en fermentation dans mon cœur ce premier levain d'héroïsme et de vertu que mon père, et ma patrie, et Plutarque, y avaient mis dans mon enfance » (*Conf.*, t. II, p. 9).

Les ouvrages de Plutarque sont au nombre de deux: les *Hommes illustres* et les *Œuvres morales*, Rousseau ne nous dit pas, dans ses *Confessions*, s'il a lu le dernier. Mais par la note de Rousseau que nous avons transcrite ci-dessus, il paraît qu'il l'a lu, quand il écrit l'*Émile*. Quoi qu'il en soit, il reste toujours acquis que Plutarque a été son livre de chevet, non seulement pendant sa jeunesse, mais encore pendant sa vieillesse. Ce fut bien là sa lecture préférée de toute sa vie, comme l'atteste certain passage des *Rêveries du Promeneur solitaire*, qu'il écrivit, comme on sait, deux ans avant sa mort: « Dans le petit nombre de livres que je lis quelquefois encore, Plutarque est celui qui m'attache et me profite le plus. Ce fut la première lecture de mon enfance; ce sera la dernière de ma vieillesse: c'est presque le seul auteur que je n'ai jamais lu sans en tirer quelque fruit. Avant-hier je lisais dans ses œuvres morales le traité comment on pourra tirer utilité de ses ennemis » (Début de la *Quatrième Promenade*).

Ce qui semble séduire les esprits du XVIe au XVIIIe siècle, depuis Montaigne jusqu'à Rousseau, c'est que, dans Plutarque, l'historien ou plutôt le biographe des plus célèbres personnages de l'antiquité grecque et latine, se trouve doublé d'un moraliste. Mais ce n'est pas tout: Rousseau signale un autre attrait non moins justifié. « Plutarque, dit-il, a une grâce inimitable à peindre les grands hommes dans les petites choses » (*Émile*, t. I, p.316). Mieux encore: après Montaigne, il loue Plutarque d'être un historien qui sait et peut chercher dans le fond du cœur le mobile des actions humaines. Le passage que nous allons citer est emprunté à l'auteur des *Essais* par Rousseau pour son *Émile*: « Ceux qui écrivent les vies d'autant qu'ils amusent plus aux conseils qu'aux événements, plus à ce qui se passe au dedans qu'à ce qui arrive au dehors, ceux-là me sont propres: voilà pourquoi c'est mon homme que Plutarque. » (*Essais*, liv. II, Chap. X.

Cf. *Émile*, t. I, p. 316)

Rousseau, non plus, n'est pas un historien. Mais en écrivant ses *Confessions*, il fait sienne la manière employée par Plutarque pour écrire l'histoire. Lui aussi veut se peindre lui-même et, par lui-même, les autres, en multipliant à l'infini les petits traits, comme seuls propres à montrer mieux les hommes tels qu'ils sont. Lui aussi, encore comme Plutarque, il voudrait pouvoir en quelque façon rendre son âme transparente aux yeux du lecteur. (fin du liv. IV des *Conf.*)

Lui aussi, enfin, comme Plutarque et quelques autres historiens anciens, Polybe, Salluste, Tacite, il préfère « faire moins de portraits, mettre moins d'esprit et plus de sens dans les jugements »; (*Émile*, t. I, p. 314), il admire encore le procédé de Tite-Live, d'Hérodote et surtout de Thucydide, qui rapporte les faits sans les juger, mais qui n'omet aucune des circonstances propres à faire du lecteur un juge. (*Ibid.*).

Epris des anciens historiens que nous venons d'énumérer, Rousseau ne considéra les modernes que comme des écrivains indifférents, méprisables même. Ils font des couleurs, mais ils ne présentent pas les hommes. Voilà le jugement de Rousseau sur les historiens modernes, les plus précis et les plus connus de son temps, d'Avila, Guichardin, Strada, Solis, Machiavel et de Thou à certains égards (*Ibid.*, note de Rousseau).

Mais c'est surtout comme moraliste que Putarque fascine les esprits à cette époque. Ses *Œuvres morales* exercent une autorité incomparable. Nous entrerons dans plus de détails à ce sujet, quand nous aborderons notre chapitre sur l'éducation morale. Ici, bornons-nous à dire que ces œuvres, outre qu'elles témoignent d'une connaissance de toutes les sciences antiques, s'inspirent de toutes les doctrines idéalistes: de celle de Platon qu'il appelle toujours le divin Platon; de celle des stoïciens; de celle même des pythagoriciens. C'est ainsi qu'avec le premier, les *Œuvres morales* renferment une morale ferme et sévère; qu'elles enseignent, avec les seconds, une vertu simple et austère, sans le moindre doute d'une Providence dans le monde; qu'avec l'école italique enfin, des principes de laquelle Plutarque admire la douceur et l'humanité, elles condamnent l'usage de la viande et prescrivent un régime particulier. Enfin disciple du Lycée, Plutarque recherche ardemment, comme Aristote, les sciences naturelles.

Il est évident que Rousseau, admirateur de Plutarque, s'est pénétré, par cet intermédiaire, de toutes ces idées anciennes. Le traité sur l'éducation de Plutarque, par exemple, est une miniature de l'*Émile* de Rousseau. La sagesse et les bons préceptes de l'un trouvent un magnifique écho dans l'autre, tels sont notamment les sentiments de douceur, de bonté et d'indulgence que doit avoir le précepteur envers ses élèves.

Rousseau ne se contente pas de s'initier aux doctrines anciennes par la simple lecture de Plutarque, il va en découvrir lui-même, sans l'aide de cet auteur favori. Il paraît qu'il connaît bien certians dialogues de Platon. Tout d'abord, la *République*, par cette phrase: « Je ne parle point, écrit Rousseau, de cette prétendue communauté de femmes dont le reproche tant répété prouve que ceux qui le lui font ne l'ont jamais lu... » et par cet autre « Voulez-vous prendre une idée de l'éducation publique? Lisez la *République* de Platon. Ce n'est point un ouvrage de politique, comme le pensent ceux qui ne jugent les livres que par leurs titres: c'est le plus beau traité d'éducation qu'on ait jamais fait. »

Selon ces citations, Rousseau a lu la *République* de Platon. D'un côté l'expression que Rousseau emploie en jugeant la *République* comme un bon livre d'éducation, non comme un livre de politique, paraît être celle d'un jugement personnel. Et il a raison. Ceci prouve qu'il l'a lue attentivement et qu'il l'a bien comprise. La *République* est, en effet, un livre qui traite particulièrement, de l'éducation de ceux qui sont les gardiens de l'État. Nous développerons sa théorie et sa méthode à l'égard de cette éducation dans les chapitres suivants. Nous remarquons ici simplement que Rousseau, d'un autre côté, adopte lui-même une formule curieuse et audacieuse de Platon et semble aller jusqu'à en pratiquer une partie. La voici: « Les femmes de nos guerriers, dit Platon, seront toutes à tous; aucune d'elles n'habitera en particulier avec aucun d'eux. Les enfants seront communs, et les parents ne connaîtront pas leurs enfants ni ceux-ci leurs parents. »

Nous disons que Rousseau adopte cette théorie, parce qu'il nous paraît s'en inspirer dans sono « Discours sur l'origine de l'inégalité parmi les hommes », quand il dit comment les mâles et les femelles s'unissent fortuitement, selon la rencontre, l'occasion et le désir, comment la mère allaite d'abord ses enfants pour son propre besoin, et comment une fois grands, les enfants, quittant leur mère, en arrivent bientôt au point de ne pas même se reconnaître les uns les autres.

Il est vrai que Rousseau parle de l'état primitif du peuple, et Platon de celui d'une organisation gouvernementale. Mais où Rousseau a-t-il vu cet état primitif? Dans son imagination ou dans une analogie voulue de l'homme avec les animaux, il l'a appris surtout par la lecture de Platon, comme nous venons de le voir.

Il critique ceux qui reprochent à Platon la communauté des femmes, et les accuse de n'avoir pas lu véritablement la *République*. Pour son compte, il admet cette théorie en principe. Quant à la communauté des enfants, non seulement il l'admet en principe, mais il l'a pratiquée lui-même. Il a mis ses enfants aux « Enfants-Trouvés. » Il a dit qu'il se regardait par cet acte comme un membre de la République de Platon (*Conf.*, t. II, p. 10).

Il en eut beaucoup de regrets plus tard. Mais si son cœur lui a appris qu'il s'était trompé, sa raison ne lui a pas donné le même avertissement.

(*Ibid.*).

Epris de la théorie de Platon, Rousseau veut que la société soit établie dans une égalité parfaite. Ce sont les idées fondamentales de sa politique, ce sont aussi celles de sa morale. Qui veut l'égalité ne peut pas ne pas vouloir la communauté. Ces deux termes sont inséparables. Rousseau a tort envers ses enfants. Mais ses fautes sont excusables. Est-il criminel de vouloir être disciple d'un divin comme Platon? Non, non, Rousseau se trompe, mais il n'est pas dépravé. Il se trompe, parce qu'il veut pratiquer une théorie qui n'est pas praticable à l'époque où il a vécu. Qui sait si un jour cette théorie de Platon ne sera pas réalisée comme celle de la révolution prédite par Rousseau et qui a fini par triompher dans l'humanité?

Rousseau connaît aussi les *Lois* de Platon. A l'*Imitation théâtrale*, il ajoute comme sous-titre: *Essais tirés des Dialogues de Platon* et en forme de note, il écrit: « Voy. notamment le deuxième livre des *Lois* et le dixième de la *République*. » A en juger par l'argument et la conduite de toute cette petite pièce, Rousseau paraît très versé dans les œuvres de Platon. Il est aussi probable qu'il lut le *Banquet*, parce qu'il l'a mentionné dans l'*Émile* (liv. II, p. 126), le *Ménon*, parce qu'il parle de la méthode socratique, consistant à feindre d'ignorer le tout d'une question: ne suppose-t-il pas, lui aussi, son élève complètement ignorant et ne l'amène-t-il pas, peu à peu, à se rendre compte lui-même des choses? Tel dans le *Ménon*, Socrate procède sur la géométrie avec l'esclave de *Ménon* (notre chap. III).

Rousseau ne paraît pas davantage étranger au *Timée*, tout au moins grâce à Plutarque qui traite: « De la création de l'âme d'après le *Timée* de Platon » (œuvres morales). Enfin il connaît peut-être Phédon, car il a écrit ces jolies phrases comme conclusion méditative de tout le dialogue: « La mort de Socrate, philosophant tranquillement avec ses amis, est la plus douce qu'on puisse désirer.... Socrate prenant la coupe empoisonnée, bénit celui qui la lui présente et qui pleure.... Oui, si la vie et la mort de Socrate sont d'un sage, la vie et la mort de Jésus sont d'un dieu. » (*Émile*, t. II, p. 72)

Il n'est pas jusqu'au *Politicus*, appelé aussi le *Règne*, qu'il ignore. (*Du contrat social*, liv. II, chap. VII).

Pour grouper toutes ces œuvres qui viennent directement de Platon, nous pouvons dire que ce philosophe grec suggère à Rousseau par la *République*, les *Lois* et le *Ménon*, la méthode de l'éducation; par le *Phédon*, les idées sur l'âme; par le *Banquet*, les sentiments de l'amour pur, honnête, entre Émile et Sophie, entre Julie et Wolmar; enfin par le *Politicus* ou le *Règne*, quelques traits de conception de la politique.

Si nous passons à Aristote, il n'est pas téméraire d'avancer que notre auteur s'est imprégné de plusieurs opinions péripatéticiennes. Il a dû en lire avec soin quelques ouvrages, et, à coup sûr, la *Politique*.

D'abord il fait d'une phrase d'Aristote, traduite en latin, l'épigraphe de son « Discours sur l'origine de l'inégalité parmi les hommes »: *Non in depravatis, sed in his quæ bene secundum naturam se habent, considerandum est quid sit naturale.* (*Politic*, liv. I, chap. 2).

C'est ensuite une idée péripatéticienne que la preuve qu'il donne de l'existence de Dieu, la nécessité d'un premier moteur. (notre chap. sur l'éducation religieuse).

D'ailleurs, la méthode du Lycée, en matière d'éducation est chère à Rousseau. Dans l'*Émile*, un père, se promenant à la campagne en compagnie de son fils et du précepteur de ce dernier, rencontre des écoliers qui guidaient un cerf-volant. Il a ainsi l'occasion de poser à son garçon la question suivante: « Où est le cerf-volant dont voilà l'ombre? » Sur une réponse judicieuse, due à l'observation autant qu'à la réflexion, ce père manifeste une entière satisfaction, et Rousseau ajoute: « C'est ainsi que l'élève d'Aristote apprivoisait ce coursier célèbre qu'aucun écuyer n'avait pu dompter. » (*Émile*, liv. II, fin)

Comme Aristote, Rousseau se propose d'instruire son élève en se promenant ou en jouant. Il préfère qu'on étudie devant la nature que dans les livres. La nature pour lui comme pour Aristote est le meilleur livre pour l'intelligence humaine. Il veut qu'on observe toujours directement au dehors, et non pas à la maison. (*Émile*, t. I, p. 166, note). Il est ainsi conduit à donner aux sciences exclusivement l'expérience pour fondement. (*Émile*, liv. III, cf. notre chap. sur l'éducation de l'intelligence)

Occupons-nous maintenant des rapports de Rousseau avec le stoïcisme. Il fut amené à le connaître par divers écrits de Plutarque, entre autres par *Les contradictions des stoïciens*. Il sait aussi au moins partiellement les principes d'Epictète. Ce passage en témoigne: « Vous qui savez si bien votre Epictète, lui dis-je, voilà le cas ou jamais de l'employer utilement. Distinguer avec soin les biens apparents des biens réels, ceux qui sont en nous de ceux qui sont hors de nous. Dans un moment où l'épreuve se prépare au dehors, prouvez-lui qu'on ne reçoit jamais de mal que de soi-même, et que le sage se portant partout avec lui, porte aussi partout son bonheur. » (*Julie*, partie 1, lettres 65)

Dans l'*Émile*, Rousseau écrit: « Que gagne Epictète de prévoir que son maître va lui casser la jambe? La lui casse-t-il moins pour cela? Il a par-dessus son mal, le mal de la prévoyance. » (t. I, p. 293)

Ces deux passages nous semblent assez bien exprimer le principe général auquel le stoïcisme ramène toute la conduite: d'une part, le sage seul est heureux parce qu'il sait distinguer les biens qui dépendent de son pouvoir de ceux qui en sont indépendants, et restent indifférents. D'autre part, la résignation joue un rôle prédominant dans la morale stoïcienne.

Il en est cependant un autre aussi important que ces deux précédents, c'est que le sage vit conformément à la nature. A son tour Rousseau ne manque pas de proclamer qu'il faut « Vivre selon la nature », avec quelques variantes: « Suivre la route que la nature nous trace », « Se résigner au sort où la nature nous palce. » (*Émile*, t. I, p. 77).

Si telle est la part du stoïcisme dans la morale de Rousseau, il est naturel que Sénèque y voisine avec Epictète. C'est souvent que son nom est cité. Une de ses phrases sert d'épigraphe à l'*Émile*: « *Sanabilibus œgrotamus malis; ipsaque nos in rectum natura genitos, si emendari velimus, juvat.* » (*De Ira*, liv. II, chap. 13)

Sans en citer d'autres, ce passage suffit à nous prouver que Sénèque n'est pas un auteur sans importance dans les idées de Rousseau. L'*Émile* n'est, en effet, qu'une longue paraphrase de cette pensée de Sénèque.

De plus, Rousseau a fait une traduction de l'*Apocolokyntosis* de Sénèque sur la mort de l'empereur Claude, et inséré des notes dans l'*Histoire de la Vie de Sénèque*. N'est-il pas permis de conclure de là que notre auteur a étudié personnellement Sénèque? Il a évidemment tiré parti de cette étude, comme d'une bonne aubaine.

Rousseau est toujours optimiste. Sa lettre à Voltaire de 1756, divers passages de l'*Émile* et de ses autres ouvrages nous montrent qu'il croit à une Providence pour tout le monde. Indépendamment de sa foi chrétienne souvent prise en défaut, c'est précisément la doctrine de l'antiquité idéaliste. L'idée d'un Providence se fait jour déjà chez Platon, dans son *Timée*, mais elle est surtout développée chez les stoïciens. En ce qui concerne la nature, Rousseau doit également à Platon et aux stoïciens cette conception, que la nature est organisée par un dieu intelligent. L'ordre et l'harmonie qu'on y admire ne sauraient s'expliquer autrement.

Tous ces auteurs ou philosophes anciens que nous venons d'énumérer: Platon, Aristote, les Stoïciens, enfin Plutarque, représentent les sources antiques principales des théories de Rousseau sur l'éducation, comme il en sera traité dans les chapitres suivants.

Mais à ces noms en peuvent être ajoutés d'autres, comme ceux de Favorinus cité par Aulu-Gelle, et de Cicéron, que Rousseau connaît probablement par lui-même ou tout au moins par Montaigne.

Rousseau doit au premier, contemporain des Antonins et disciple de Dion Chrysostome, le principe bien important de l'allaitement des enfants par la mère elle-même. (notre chap. sur l'éducation féminine).

Ce n'est pas que Rousseau avoue cet emprunt; mais la manière de traiter cette question et l'emploi de certaines expressions font présumer qu'il est, sinon certain, du moins très probable que Rousseau n'a pas cette idée en propre, qu'il la tient de Favorinus par Aulu-Gelle, comme l'atteste le passage suivant. « Les grands besoins, disait Favorin, naissent du grand bien, et souvent le meilleur moyen de se donner les choses dont on manque est de s'ôter celles qu'on a » (*Émile*, t. I, p. 74). Cette phrase figure dans Aulu-Gelle (*Nuits attiques*, liv. 9, chap. VIII). Mais il ne faut pas y voir une simple phrase banale, pour Rousseau; c'est bien une maxime, qui a d'autant plus d'importance qu'il en fait comme l'axe autour duquel tourne toute la morale de sa méthode d'éducation. Pour que son élève soit heureux, selon lui, il faut qu'il maintienne toujours l'équilibre entre sa force et son besoin. (*Émile*, t. I, p. 72 et suiv.) Les désirs ne sont pas mauvais en soi. Nous en avons besoin, au contraire, pour que nos facultés restent toujours actives. Notre misère consiste seulement dans les désirs excessifs ou déréglés. Car alors « l'on s'épuise sans arriver au terme; et plus nous gagnons sur la jouissance, plus le bonheur s'éloigne de nous » (*Émile*, t. I, p. 73), comme le juge Rousseau.

Le bonheur humain est subordonné à la condition que la force de ses facultés passe les besoins et les désirs nécessaires. Cela revient au précepte des sages antiques: « Rien de trop » gravé au frontispice du temple de

Delphes. Favorinus en raisonne d'une façon très paradoxale et Rousseau le pratique encore d'une façon plus originale.

A l'âge de trente-huit ans, quand il avait déjà remporté le prix que lui valut son premier discours, devant l'Académie de Dijon, loin de profiter de sa renommée, il se résout à vivre en simple copiste de musique, et, en s'inspirant de quelque chose d'analogue de Favorinus, il quitta la dorure et les bas blancs et il vendit sa montre, en se disant avec une joie incroyable selon ses expressions: « Grâce au Ciel, je n'aurai plus besoin de savoir l'heure qu'il est! » (*Conf.*, t. II, p. 18)

Nous remarquons que Rousseau, comme d'ailleurs il le remarque luimême, est épicurien en apparence et stoïcien au fond. Il a voulu toujours imiter les sages antiques; il est tombé souvent des nues, c'est vrai, mais il les imite toujours. Bien que tout le monde le considère comme fou (*Conf.*, t. II, p. 18), il n'a cure de cette opinion. Brave Rousseau, au XVIIIe siècle, vous voulez vivre comme les sages grecs et romains! Il n'est pas étonnant que le monde vous insulte et vous persécute. Pardonnez aux petites âmes ignorant les grandes âmes de l'antiquité. Pardonnez à ceux qui ne connaissent rien des sages antiques dont vous faites vos modèles.

Pour Cicéron, Plutarque en dévoile à Rousseau la vie et les actions. Mais notre auteur en lut aussi lui-même probablement les œuvres. Les écrits éloquents de l'orateur romain durent être même les lectures préférées du citoyen génevois. En tout cas, Rousseau ne resta pas étranger aux idées éclectiques de Cicéron. Ou par lui-même, ou par Montaigne, encore un de ses écrivains favoris, il s'est initié à la philosophie de la Nouvelle Académie. C'est souvent qu'il invoque l'autorité de Cicéron. Il nous cite un passage des *Tusculanes* dans l'*Émile* à propos de la fortune. Nous l'indiquons plus loin.

Sans avoir besoin de multiplier les exemples, nous rappellerons seulement la théorie du mépris de la fortune, théorie qui occupe une grande place dans la méthode de l'éducation. Émile est riche. Son précepteur le veut ainsi, car il a sa raison: « Nous serons sûrs au moins d'avoir fait un homme de plus, au lieu qu'un pauvre peut devenir homme de lui-même » (Émile, t. I, p. 33). D'ailleurs, le pauvre n'a pas besoin d'éducation, hélas! Émile est riche, mais il n'est pas esclave de sa fortune. Son précepteur veut qu'il soit élevé simplement et modestement, quand il est jeune; qu'il ait un métier honnête pour gagner sa vie, quand il sera grand. Il veut qu'il soit, au cours de sa vie, un honnête homme dans le monde, un bon citoyen dans sa patrie, un bon père dans sa famille. A quoi bon la richesse, quand on n'a pas besoin d'elle? Quand surtout on peut se passer d'elle, quand on a bonne santé et de bons bras, quand on a bon esprit et belle âme, autant de fruits produits par la bonne méthode de l'éducation? Alors on peut vivre partout, et vivre bien, à l'abri du sort.

Cette immunité morale contre les coups de la fortune devient un principe chez Rousseau. On le retrouve également exprimé dans la cinquième *Tusculane*, quand Cicéron combat les péripatéticiens qui rangent la fortune parmi les biens. *Occupavi te, Fortuna, atque cepi omnesque aditus tuos interclusi, ut ad me aspirare non posses.*

Il est vrai que si l'on veut remonter plus haut, on retrouve la même opinion dans le stoïcisme, qui considère les faveurs de la fortune, aussi bien que les richesses, comme des biens indifférents. Sur ce point, Rousseau est certes tout à fait du même avis que les anciens, puisqu'il a dit:

> D'Epictète asservi la stoïque fierté
> M'apprend à supporter les maux, la pauvreté.
> (*Verger des Charmettes*)

Après Favorinus et Cicéron, méritent encore de figurer parmi les anciens étudiés par Rousseau, Xénophon avec la *Cyropédie*, Varron dont l'œuvre immense se réduit au De Re Rustica, à six livres sur vingt-quatre du *De Linguâ latinâ*, à quelques fragments d'autres livres, à un grand nombre de phrases reproduites dans le *De proprietate sermonum* par Nonius Marcellus, grammairien du Ⅲ^e siècle après J.-C., et d'où provient, entre autres, cet aphorisme: *Educit obstetrix, educat nutrix, instituit pœdagogus, docet magister.*

Toutefois, nous concédons volontiers que Rousseau ne connaît pas seulement les doctrines anciennes par une étude directe et personnelle des ouvrages de l'antiquité qui les exposent. Il les aperçut et les comprit aussi par l'intermédiaire de bon nombre d'auteurs modernes, tels que Montaigne et Locke.

Il lui arrive plus d'une fois d'étayer ce qu'il en dit du nom et de l'autorité de ces mêmes modernes. Par exemple, soutient-il qu'il faut avoir un corps robuste pour avoir un bon esprit, il écrit que tous les anciens sont d'accord sur ce point et établit que Montaigne est leur véritable interprète: « Tous ceux qui ont réfléchi sur la manière de vivre des anciens attribuent aux exercices de la gymnastique cette vigueur de corps et d'âme qui les distingue le plus sensiblement des modernes. La manière, dont Montaigne appuie ce sentiment, montre qu'il en était fortement pénétré; il y revient sans cesse et de mille façons. En parlant de l'éducation d'un enfant, "pour lui raidir l'âme, il faut, dit-il, lui durcir les muscles, etc." » (*Émile*, t. I, p. 142. Cf. *Essais,* liv. I, chap. XXV.)

Du reste, il ne se séparait guère des *Essais*, comme il le donne à entendre par ces vers du *Verger des Charmettes*:

Là, portant avec moi Montaigne ou La Bruyère,

Je ris tranquillement de l'humaine misère.

Pour Locke, ce « sage Locke », Rousseau le critique souvent, sans qu'il cesse de le lire et de le relire. Il l'invoque quelquefois. Parle-t-il de l'avantage des exercices physiques d'après la méthode des anciens, il ajoute: « J'ai déjà suffisamment parlé de son importance, et, comme on ne peut là-dessus donner de meilleures raisons ni des règles plus sensées que celles qu'on trouve dans le livre de Locke, je me contenterai d'y renvoyer après avoir pris la liberté d'ajouter quelques observations aux siennes » (*Ibid.*) L'*Essai sur l'Entendement humain* le captive. Il dit quelque part ce vers:

Avec Locke, je fais l'histoire des idées. (*Verger*)

Il croit retrouver Aristote dans Locke, d'après le préjugé, alors assez généralement répandu que le fameux principe: « Il n'y a rien dans l'entendement qui n'ait passé par les sens », est d'origine péripatéticienne. Or rien de semblable n'apparaît dans les écrits du philosophe grec. Seuls quelques passages isolés du *De Anima* en permettent la conjecture.

Quoi qu'il en soit, partant de l'importance accordée aux sens par ces deux penseurs, il leur fait une large place dans l'éducation de l'*Émile*. Les considérant aussi comme le point de départ de l'intelligence, il demande pour eux un soin particulier. On ne saurait trop s'occuper à former chez l'enfant des sens droits, flus, habiles dans l'intérêt de son intelligence. (notre chap. III)

L'admiration de Rousseau pour les anciens se confirme dans le passage suivant: « En général, Émile prendra plus de goût pour les livres des anciens que pour les nôtres, par cela seul qu'étant les premiers, les anciens sont les plus près de la nature, et que leur génie est plus à eux » (*Émile*, t. II, p. 125).

Cet enthousiasme empêche sans doute Rousseau d'aimer comme il conviendrait les œuvres modernes, même celles de Descartes. Il ne les lit que dans l'espoir d'y glaner quelques idées anciennes.

Il préfère les grecs aux latins. Pour lui, Démosthène est un véritable orateur, mais Cicéron n'est qu'un avocat. De tous les genres littéraires en honneur dans l'antiquité, c'est l'histoire qu'il admire le plus. Il tient Thucydide, Hérodote, enfin Plutarque pour des auteurs inimitables. De toutes les théories avancées par les anciens, c'est celle de l'éducation qu'il goûte le mieux. La *République* de Platon, par exemple, lui paraît le plus beau livre sur l'éducation qu'on ait jamais pu composer.

Tout cet engouement de Rousseau pour les anciens nous paraît pouvoir être expliqué par une tendance particulière de l'auteur de l'*Émile*. Il aime passionnément la nature et tout ce qui s'y rapporte. Les anciens ne sont pas moins pénétrés de ce sentiment et excellent à peindre l'homme naturel dans la simplicité ou la complexité de son être moral, mais toujours avec vérité. Aussi pensait-il sincèrement retrouver en eux un autre lui-même.

CHAPITRE II   Théorie et Méthode de l'Éducation en général chez les Anciens et chez Rousseau

Dès le début, Rousseau soutient que la nature de l'homme est bonne. Il écrit: « Tout est bien, sortant des mains de l'auteur des choses » (début de l'*Émile*). Il dit d'autre part: « Si l'homme est bon par sa nature, comme je crois l'avoir démontré, il s'ensuit qu'il demeure tel tant que rien d'étranger à lui ne l'altère. » (Lettre à Monseigneur de Beaumont)

Cette idée ne lui appartient pas en propre. Elle lui vient du *Timée* de Platon et du stoïcisme.

L'ouvrier de ce monde, le Démiurge, Dieu, est souverainement bon: rien n'est plus évident, selon l'exposition du *Timée*. Il est donc logique qu'il préfère l'ordre au désordre et qu'il veuille que le monde soit une copie de sa perfection. L'ouvrage d'un tel artisan ne peut être que le plus beau possible. Cela est vrai surtout pour l'homme, portant dans son âme un trésor de sagesse. Platon tire de ce principe cette conclusion que le monde est vivant et intelligible; que la nature est belle et harmonique; que l'homme, ayant reçu comme une parcelle de la divinité, a une nature bonne: s'il est mauvais, c'est qu'il le devient par sa faute. Tels sont les points principaux du *Timée*, comme le confirme cet extrait: « Le monde est la plus belle des choses produites; son auteur, la meilleure des causes. L'univers ainsi engendré a donc été formé sur le modèle de la raison, de la sagesse et de l'essence immuable; d'où l'on voit par une conséquence nécessaire que l'univers est une copie, etc. » (trad. Dacier et Grou, t. II, p. 180, édit. E. Fasquelle, œuvres complètes de Platon)

Le stoïcisme offre une théorie analogue. Sénèque, dans sa préface du premier livre des *Questions naturelles*, dit que Dieu, architecte de la natrue, ne veut qu'établir de l'ordre dans le monde. Car cela lui plaît et il ne peut pas faire autrement. Tous les stoïciens sont du même avis. Ils admettent tous une Providence dans le monde. « La nature est bonne, disent-ils: vivre conformément à la nature, c'est le meilleur moyen de vivre. »

Rousseau, à qui, comme nous l'avons établi, le platonisme et le stoïcisme sont familiers, ne pouvait pas ignorer cette intéressante doctrine. En effet, comme Platon et les stoïciens, il tire de l'harmonie de la nature la raison première de cet ordre et remonte à l'auteur par l'étude et la contemplation de l'ouvrage. Il dit entre autres choses: « Que d'absurdes suppositions pour déduire toute cette harmonie de l'aveugle mécanisme de la matière mue fortuitemnt!.... Je crois que le monde est gouverné par une volonté puissante et sage. » (*Émile*, t. II, p. 24)

Si de la nature belle et harmonique il résulte qu'il doit y avoir un auteur sage et intelligent, de même de cet auteur sage et intelligent, il résulte que sa créature préférée, c'est-à-dire l'homme, est également bonne. Car à l'exemple de Platon et des stoïciens, qui pensent que Dieu ne veut que des choses qui lui ressemblent, Rousseau soutient dans sa lettre à Voltaire (1756) que: « Si Dieu existe, il est parfait; s'il est parfait, il est sage, puissant et juste; s'il est sage et puissant, tout est bien, etc. »

Une fois ce principe admis que la nature de l'homme est bonne en soi, il s'ensuit qu'il n'y a rien de mieux que de vivre conformément à la nature. C'est encore là, pour le stoïcisme, l'idée primordiale de la moralité. Elle devient pour Rousseau l'idée directrice de son système d'éducation. Il dit maintes fois: « Vis selon la nature »; d'autre part: « Si la bonne morale, écrit-il, est conforme à notre nature, l'homme ne saurait être sain d'esprit ni bien constitué qu'autant qu'il est bon. » (*Émile*, t. II, p. 40) Il ajoute: « Obéissons à la naature: nous connaîtrons avec quelle douceur elle règne, et quel charme on trouve, après l'avoir écoutée, à se rendre un bon témoignage de soit. » (*Ibid*., t. II, p. 42)

Comme Epictète et comme Sénèque, il estime dans l'*Émile* qu'il faut comprendre la nature, non seulement afin de concevoir Dieu, mais encore afin d'apprendre à régler notre conduite. C'est à l'unisson de ces devanciers qu'il proclame que ce qui est bon est conforme à la nature, lorsque tous les hommes s'accordent dans leurs pensées. Car, d'un côté, les *Entretiens* d'Epictète, sont saturés de telles maximes, et, de l'autre, Sénèque, envisageant la question plus spécialement à un point de vue moral, déclare nettement que l'étude de la nature est ce qu'il y a de plus propre à seconder l'élévation de l'âme, parce qu'elle contient les principes les plus simples et les plus salutaires concernant notre conduite.

L'*Émile* n'est pas écrit dans un autre esprit. Suivre la nature, est la condition d'une éducation parfaite. Car la nature est toujours droite. S'il y a des déformations dans l'homme, c'est la faute de l'éducation; c'est surtout la faute de la société. Aussi c'est assurer la sainteté de l'éducation que de conserver la nature primitive de l'enfant; et le meilleur moyen d'atteindre ce but, c'est de mépriser l'opinion d'autrui et de tenir l'enfant éloigné de la corruption de la société.

Quand Rousseau veut qu'on préserve les enfants des mauvais exemples du monde, il se souvient de Plutarque qui avait fait la même recommandation, en s'appuyant sur le vieux proverbe: « On apprend à boîter avec les boîteux. » (Éducation des enfants)

Pour ce qui est du dédain de l'opinion, Rousseau exige que son *Émile* n'obéisse qu'à son précepteur, et fait de cette soumission exclusive la première et même la seule condition du succès de l'éducation. (*Émile*, t. I, p. 33)

Il reproche aux philosophes de son temps de n'avoir pas entrevu la nécessité de ce double préservatif; il les accuse d'avoir des principes qui gâtent tout le monde (*Émile*, t. I, p. 18). Il va jusqu'à les attaquer comme des sophistes, bien qu'il feigne de les en distinguer et, dans ce combat qu'il engage, il met la même âpreté qu'un Socrate, et peut-être plus de haine. Voltaire s'en émeut, après avoir lu la *Profession de Foi*. Il ne pouvait supporter une telle critique, d'autant plus qu'il avait la prétention de compter parmi les philosophes. Il semble, en effet, singulier qu'elle émane d'un admirateur de Platon et des stoïciens.

Il justifie l'ostracisme dont il frappe la société par des raisons toutes stoïciennes, soit qu'il évoque l'image du sage cher au Portique: « le sage trouve la direction de sa conduite en lui-même. Il est heureux parce qu'il se suffit lui-même »; soit encore qu'il distingue les biens réels de ceux qui ne le sont pas, comme dans les lignes suivantes: « Otez la force, la santé, le bon témoignage de soi, tous les biens de cette vie sont dans l'opinion; ôtez les douleurs du corps et les remords de la conscience, tous nos maux sont imaginaires. » (*Émile*, t. I, p. 73)

L'obstacle de la société une fois écarté, l'éducation consiste uniquement à développer la bonne nature de l'homme. Rousseau appuie cette thèse de l'autorité de Platon. Il dit, par la bouche de Wolmar: « Platon, votre maître, ne soutenait-il pas que tout le savoir humain, toute la philosophie ne pouvait tirer d'une âme humaine que ce que la nature y avait mis, comme toutes les opérations chimiques n'ont jamais tiré d'aucun mixte qu'autant d'or qu'il en contenait déjà?... Encore une fois, il ne s'agit point de changer le caractère et de plier le naturel, mais au contraire de le pousser aussi loin qu'il peut aller, de le cultiver, et d'empêcher qu'il ne dégénère; car c'est ainsi qu'un homme devient tout ce qu'il peut être, et que l'ouvrage de la nature s'achève en lui par l'éducation. » (*Julie*, partie V, lettre III)

Après la théorie qui sert de base à l'éducation, examinons la méthode qui y conduit. Dès le début de l'*Émile* apparaissent, sur cette nouvelle question, des idées antiques. Le but de l'éducation, selon lui, est de former des habitudes conformes à la nature et de « modifier », sans l'altérer, cette nature, en vue de son contact ultérieur avec la vie sociale qui l'attend. Il en résulte qu'il y a trois sortes d'éducation: celle de la nature, celle des hommes et celle des choses. L'éducation est bonne quand ces trois parties s'accordent entre elles pour la même fin (*Émile*, t. I, p. 13).

Ces trois sortes d'éducation sont identiques dans Plutarque, quand il dit: « Trois choses concourent à la (vertu) rendre parfaite: la nature, l'instruction et l'habitude. La nature jette dans le cœur des enfants les premières semences de la vertu; l'instruction, c'est-à-dire les préceptes qu'on leur donne, les développe; l'exercice les rend plus familiers, et la perfection résulte de ces trois causes réunies. Si une seule manque à la vertu, elle sera nécessairement imparfaite » (Éducation des enfants, *Œuvres morales* 5 vol., t. I, p. 3, éd. Lefèvre 1844, trad. Ricard).

Rousseau et Plutarque s'accordent, l'un et l'autre, à considérer la nature comme la partie primordiale de l'éducation. L'éducation des hommes chez Rousseau est exactement la même chose que chez Plutarque. Enfin le dernier point paraît ne comporter aussi qu'une différence simplement verbale: ce que l'un appelle l'éducation des choses, l'autre le désigne sous le nom d'exercice ou d'habitude.

Lorsque Rousseau écrit son *Émile*, il semble avoir sous les yeux l' « Éducation des Enfants » de Plutarque. Il est difficile de ne pas reconnaître qu'il y a beaucoup d'analogie entre ces deux livres.

On le voit d'autant mieux qu'on relève chez ces deux pédagogues d'autres idées identiques. Plutarque et Rousseau se préoccupent de l'enfant dès sa conception dans le sein de sa mère. Le premier veut qu'il soit le fruit d'une bonne conduite des parents. Il allègue ce passage d'Euripide:

> C'est une tache ineffaçable
> Que de tenir le jour d'une mère coupable.
> Des vices des parents le honteux assemblage
> De l'âme la plus fière amortit le courage.

Puis, commentant ces vers, il ajoute que: « rien n'inspire plus de confiance et plus d'élévation que l'avantage d'une naissance irréprochable; mais rien aussi ne rabaisse et n'humilie davantage qu'une naissance déshonorée par quelque tache. »

Rousseau, dans l'*Émile*, ne va pas si loin. Se bornant d'abord à se placer au point de vue physique, il enseigne seulement que les femmes grosses doivent rester à la campagne pour obtenir, après un accouchement heureux, un enfant bien formé, vigoureux et sain (*Émile*, t. I, p. 34). Mais il avait touché à la morale dans la *Nouvelle Héloïse*. Il nous y présente une mère douée de toutes les qualités et un père, M. Volmar, orné de toutes les vertus. Il en résulte que de cette bonne mère ne peut naître qu'un bon sujet et que cet excellent père saura pourvoir à la meilleure instruction. Voici le langage qu'il prête à Julie: « Ma première espérance est que des méchants ne seront pas sortis de mon sein; la seconde est d'élever assez bien les enfants que Dieu m'a donnés, sous la direction de leur père, pour qu'ils aient un jour le bonheur de lui ressembler » (*Julie*, lettre III, partie V).

Ce que nous retenons de tout cela, c'est, pour Rousseau, l'influence heureuse que la mère, dès l'état de grossesse, exerce sur l'enfant.

Quand l'enfant est né, Rousseau, comme Plutarque, prescrit à la mère, comme un devoir sacré, d'allaiter elle-même. Il y va d'un intérêt physique aussi bien que moral. (Nous traiterons de cette question dans notre chapitre sur l'Éducation féminine)

Même communauté de vues, chez l'auteur ancien et l'auteur moderne, quand il s'agit des devoirs du père. Rousseau s'écrie: « Celui qui ne peut remplir les devoirs de Père n'a point droit de le devenir », et il en indique de trois sortes: « On doit, dit-il, des hommes à son espèce; on doit à la Société des hommes sociables; on doit des citoyens à l'État. » Il ajoute: « Tout homme qui peut payer cette triple dettte, et ne le fait pas est coupable, et plus coupable peut-être quand il la paye à demi. » (*Émile*, t. I, p. 28)

Il poursuit, en expliquant, après Plutarque, l'inconvenance de confier l'enfant à des personnes mercenaires: par exemple à un valet, dit le premier; à un esclave, avait déjà dit le second. Il est à craindre, écrivent-ils tous deux, que l'enfant, à ce contact, se ravale au niveau de son gardien.

Pour la réfutation de l'opinion de ceux qui prétendent que les occupations du père l'empêchent de veiller lui-même sur ses enfants, Rousseau invoque le témoignage de Plutarque auquel il ajoute, cette fois, celui de Suétone. L'un, dans *les Hommes illustres*, nous montre Caton le Censeur s'occupant, malgré les affaires publiques qui le surmènent, de donner des soins à son fils à peine sorti du berceau; l'autre, dans la *Vie des Douze Césars* raconte qu'Auguste, maître du monde, enseignait lui-même à ses petits-fils l'écriture, la natation, les éléments des sciences.

En recommandant au père de s'occuper lui-même de l'enfant, Plutarque et Rousseau allèguent la crainte que la Société ne le corrompe.

De l'opinion, dont il trouve le germe dans Plutarque, et qui remplit, pour ainsi dire, tout l'*Émile*, à savoir que l'éducation de l'homme commence à sa naissance; qu'avant de parler et qu'avant d'entendre, il s'instruit déjà, Rousseau tire cette conclusion que l'enfant a une langue avant de parler. « Cette langue, dit-il, n'est pas articulée, mais elle est accentuée, sonore, intelligible. »

Il est vrai que Rousseau doit beaucoup à l'observation faite sur les enfants. Mais plus logicien encore qu'observateur, il prend plus de choses dans les livres que dans l'expérience. Nous croyons avoir établi ses nombreux emprunts à Plutarque. Nous conjecturons qu'il a dû mettre de même à contribution la lecture de saint Augustin, soit directement, soit par l'intermédiaire de Fénelon, qui, dans l'*Education des Filles*, n'a pas manqué de s'inspirer de maintes pensées de ce Père de l'Eglise.

D'un côté, saint Augustin signalait chez l'enfant un langage intérieur comme antécédent du langage articulé: « J'ai vu un enfant jaloux; il ne savait pas encore parler, et avec un visage pâle et des yeux irrités, il regardait déjà l'enfant qui têtait avec lui. »

D'un autre côté, Fénelon devait y trouver une base suffisante pour y fonder quelques éléments d'instruction avant que l'enfant sût parler, et même pour en faire un point de départ en vue de la constitution progressive du langage oral. Il transcrit un passage de saint Augustin: « L'enfant, parmi ses cris et ses jeux, remarque de quel objet chaque parole est le signe. Il le fait tantôt en considérant les mouvements naturels des corps qui touchent ou qui montrent les objets dont on parle; tantôt étant frappé par la fréquente répétition du même mot pour signifier le même objet. »

Après avoir mentionné comme condition préliminaire, avant la naissance des enfants, la vertu des parents, et, tout de suite après, l'intervention du père pour commencer l'éducation, toutes idées dont nous avons montré les sources dans l'antiquité, abordons la question de la méthode à suivre dans la formation de l'homme et du citoyen. Il nous est possible encore d'établir chez Rousseau même origine sur ce nouveau point. Il s'est surtout souvenu de Platon, auquel est imputée la célèbre devise traduite en latin par Juvénal: *Mens sana in corpore sano*. Deux parts, également importantes, sont faites à l'éducation, celle du corps et celle de l'âme: la première assurée par la gymnastique, dont il ne sépare pas la musique et qui l'amène à traiter de l'opportunité de la médecine; la seconde, impliquant des procédés de joie et de douceur et toute une culture morale, couronnement de l'œuvre entière.

Rousseau tient compte à peu près de cette même division et en met en valeur presque tous les points. Il n'ignore pas l'influence réciproque des deux êtres qui composent l'homme: « Il faut, dit-il, que le corps ait de la vigueur pour obéir à l'âme: un bon serviteur doit être robuste... Plus le corps est faible, plus il commande; plus il est fort, plus il obéit. Toutes les passions sensuelles logent dans des corps efféminés; et ils s'en irritent d'autant plus qu'ils peuvent moins les satisfaire. » Il dit, d'autre part: « Si le physique va trop bien, le moral se corrompt », etc.

Ainsi Rousseau, sur les traces de Platon, envisage bien l'exercice physique comme propre non seulement à fortifier le corps, mais encore, en rendant l'âme plus saine, à la prédisposer à l'amélioration morale.

Les détails de l'enseignement qui a trait aux exercices physiques peuvent différer dans Platon et Rousseau, chaque maître s'inspirant de son temps; mais il n'en est point qui ne se rapporte, chez l'un et chez l'autre, à un bien de l'âme.

Rousseau veut qu'on exerce les enfants, dès leur naissance, à aller à l'air, sans maillot; quand ils ont un peu grandi, on doit les laisser marcher et agir librement sans négliger la surveillance dans le danger. Un peu plus tard encore, on les soumet à des exercices destinés les uns à donner à tout le corps plus de souplesse et d'habileté, les autres à permettre à certains sens de faire leur apprentissage. Par ceux de la deuxième ctégorie, l'enfant apprend à distinguer même la grandeur des objets pendant la nuit, à estimer la distance qui sépare celui-ci de celui-là ou leur profondeur respective.

Enfin quand Émile devient homme, les exercices servent de préservatif contre le déchaînement trop prompt des désirs déréglés. Pour retarder des passions précoces, il monte à cheval, il va à la chasse, car Diane est l'ennemie de l'Amour.

Avant Rousseau, Platon n'avait pas moins insisté sur la gymnastique, comme bien du corps préparant la santé de l'âme, et à cette gymnastique qu'il recommande répondent assez différents sports remis en honneur par la jeunesse d'aujourd'hui. Mais Platon vise à former, dans le citoyen, un guerrier robuste, naturellement fils de guerrier. Il veut donc, en outre, que le jeune homme s'habitue au spectacle des batailles, afin qu'arrivé à l'âge qu'il faut, il puisse aider son père et sa mère en tout ce qui regarde la guerre (liv. V de la *République*).

L'instruction instituée à Lacédémone par Lycurgue, dont il était lui-même un admirateur, et que Plutarque à son tour a vantée, lui a servi de modèle. A cet exemple, il va jusqu'à s'occuper de la préparation des femmes destinées à épouser des guerriers, comme s'il avait l'intention, par ce tableau des mœurs spartiates, de transformer les mœurs efféminées des Athéniens.

Toutefois il se montre plus Athénien que Lacédémonien. Tout en assujettissant les jeunes gens à des exercices durs et pénibles, il craint que cette méthode forme des gens féroces, cruels et sans cœur. Aussi a-t-il soin de donner à la gymnastique la musique pour contrepoids; il préconise deux éducations concordantes, l'une, d'exercices physiques, la gymnastique proprement dite; l'autre, de mesure, d'ordre et d'harmonie, c'est l'éducation musicale. Il ne leur assigne pas un rôle séparé: il ne veut pas que la musique serve à former l'âme, et la gymnastique le corps. Il veut que l'une et l'autre, par des moyens différents, en étroite coopération, servent principalement à régler l'âme, et l'âme à régler le corps.

Selon la pensée de Platon, exercer le corps sans exercer l'âme, c'est tomber à l'état de sauvage, dans la brutalité. Exercer l'âme sans le corps, c'est supprimer le soutien de l'âme, c'est tomber dans la faiblesse, dans la mollesse et dans la lâcheté même, car un corps faible ne peut pas soutenir une âme forte.

La musique, considérée soit par Platon, comme un complément ou mieux comme un correctif de la gymnastique, soit plus spécialement par Rousseau comme une branche de l'éthique, va nous montrer dans ce dernier d'autres attaches avec l'antiquité.

D'abord, à l'exemple de Pythagore et de Platon, Rousseau y voit une science de l'âme. Il écrit, dans son *Dictionnaire de Musique* à l'article « Musique »: « Hermès définit la musique la connaissance de l'ordre de toutes choses; c'était aussi la doctrine de l'école de Pythagore et celle de Platon, qui enseignaient que tout dans l'unviers était musique... Selon ces philosophes (pythagoriciens), notre âme, n'était pour ainsi dire, formée que d'harmonie, et ils croient rétablir, par le moyen de l'harmonie sensuelle, l'harmonie intellectuelle et primitive des facultés de l'âme. »

Il ajoute: « Platon ne craint pas de dire qu'on ne peut faire de changement dans la musique qui n'en soit un dans la constitution de l'État; et il prétend qu'on peut assigner les sons capables de faire naître la bassesse de l'âme, l'insolence et les vertus contraires. »

Ces citations nous prouvent tout au moins que Rousseau est très familier avec la conception que les anciens se faisaient de cet art. Dans l'enseignement dont la musique est l'objet, Platon et Rousseau se rencontrent encore, comme permettent de s'en apercevoir la *République* et l'*Émile*.

« L'homme a trois sortes de voix, dit Rousseau, à savoir, la voix parlante ou articulé, la voix chantante ou mélodieuse, et la voix pathétique ou accentuée, qui sert de langage aux passions, et qui anime le chant et la parole. » (*Émile*, t. I, p. 177)

Platon distingue deux parties principales: les discours et les fables d'une part, la mélodie et le chant, d'une autre.

Réservons pour un chapitre prochain les discours et les fables, et insistons ici sur la mélodie et le chant.

Platon comprend dans la mélodie trois éléments: les paroles, l'harmonie et le nombre.

Pour les paroles et le chant, Rousseau, comme Platon, exige des enfants qu'ils parlent peu, mais qu'ils aient une diction nette et claire, dans des chansons simples et honnêtes.

Le premier but de la musique doit être de rendre l'âme bonne. L'esthétique est la sœur de la morale. L'une accompagne l'autre. Sinon, ce n'est qu'un art voluptueux, qui amollit le corps et avilit l'esprit. C'est de ce point de vue platonicien que, lors du concours de l'Académie de Dijon, il a condamné les arts comme funestes aux mœurs, si l'on ne les cultive pas en même temps que la vertu, et que, plus tard, il devait écrire la *Lettre à D'Alembert sur les Spectacles*, dans laquelle il s'oppose à l'établissement d'un théâtre à Genève, par crainte de la corruption de la jeunesse.

Platon, avant Bossuet et Fénelon, et par conséquent bien avant Rousseau, avait été catégorique sur la même question. Il est aussi un adversaire déterminé de la tragédie et de la comédie: il allègue que les gardiens de l'État n'ont pas le temps de s'occuper de ce genre de divertissement et accuse le théâtre de corrompre les mœurs. « Nous ne souffrirons pas, fait-il dire à Socrate dans le troisième livre de la *République*, que ceux dont nous prétendons diriger l'éducation et à qui nous faisons un devoir de la vertu, aillent, tout hommes qu'ils sont, représenter, en l'imitant, une femme, jeune ou vieille, querellant son mari, s'égalant aux dieux dans son orgueil, enivrée de son bonheur, ou s'abandonnant, lorsqu'elle est malheureuse, aux plaintes et aux lamentations. Encore moins leur permettrons-nous de la représenter malade, amoureuse ou dans les douleurs de l'enfantement. » (trad. A. Bastien, p. 102 éd. citée).

Cette pensée antique, la préservation des bonnes mœurs, empêchait Rousseau d'être un moderne comme D'Alembert. « Eh quoi! s'écrie-t-il à un moment, Platon bannissait Homère de sa République et nous souffrirons Molière dans la nôtre. » (*Lettre à D'Alembert*)

Pousse-t-il cependant l'austérité à l'extrême? Non? Il admet les jeux et les divertissements à la base de l'éducation; n'y a-t-il pas contradiction? Loin de là: les jeux qu'il tolère sont simples, honnêtes, susceptibles d'être utiles dans l'étude de la morale et même de la physique. Les exercices de l'esprit, suivant des conditions déterminées, n'excluent ni l'agrément ni la joie. Se remémorant cette fois Plutarque plus que Platon, il voudrait jouer comme à Lacédémone. Là, les vieux dansaient en chantant les premiers:

> Nous avons été jadis
> Jeunes, vaillants et hardis.

Venaient ensuite les hommes faits qui chantaient à leur tour, en frappant de leurs armes en cadence:

> Nous le sommes maintenant,
> A l'épreuve à tout venant.

Les enfants s'avançaient enfin, en répondant aux précédents par cette autre stance qu'ils chantaient de toutes leurs forces:

Et nous bientôt le serons,
Qui tous vous surpasserons.

Et Rousseau termine naïvement par cette apostrophe: « Voilà, monsieur, les spectacles qu'il faut à des républiques. »

Tout cela n'est-ce pas antique?

* * *

Platon et Rousseau s'accordent à reconnaître les bienfaits moraux de l'éducation physique. Hobbes appelait méchant un enfant robuste. Rousseau combat cette opinion: « Toute méchanceté vient de la faiblesse; l'enfant n'est méchant que parce qu'il est faible, rendez-le fort, il sera bon, celui qui pourrait tout ne ferait jamais du mal. » (*Émile*, t. I, p. 55).

Sénèque avait dit, avant Rousseau « que la force est compagne de la douceur; toute méchanceté part d'une faiblesse » (*Vita beata*, chap. 3).

D'autre part, d'après Platon, le déploiement de certaines vertus agit heureusement sur le corps et aide aux bienfaits de la gymnastique en favorisant et leur acquisition et leur durée.

Pour avoir et conserver un corps robuste, déclare-t-il, il faut être tempérant, prudent; pour avoir une grande âme, il faut être courageux et juste. Rousseau utilise cette formule platonicienne dans son *Émile*.

Il est un autre point de contact avec le chef de l'Académie. Dans une lettre qu'il écrit à M. Bordes, Rousseau commentant l'éducation des Perses d'après Platon et sur un texte de Montaigne, enseigne, comme ce même Platon, que si la vertu est théoriquement indivisible, il vaut mieux, dans la pratique, en donner l'idée à l'enfant par une sorte d'analyse, en l'exerçant à l'accomplissement de chaque vertu, prise séparément. Il écrit par exemple: « Une première remarque est que celui qui veut élever un enfant ne commence pas par lui dire qu'il faut pratiquer la vertu; car il n'en serait pas entendu: mais il lui enseigne premièrement à être vrai, et, et puis à être tempérant, et puis courageux, etc., et enfin il lui apprend que la collection de toutes ces choses s'appelle vertu. »

A ce sujet, pour Rousseau, nouvelle inspiration venue des anciens. Il nous montre donc un Émile tempérant, parce que son gouverneur ne lui permet pas d'être en rien démesuré; un Émile prudent, parce qu'on prévient et qu'on évite tous les dangers et toutes les erreurs le mieux possible; un Émile surtout courageux. Il brave la douleur. Il supporte les misères: même il n'a guère cure de la maladie.

La question de maladie en suscite une autre, celle des médecins, et c'est l'occasion d'un nouveau rapprochement de vues, entre Platon et Rousseau.

Ils ont une égale aversion de la médecine. Rousseau l'appelle un art mensonger et la condamne en ces termes: « Cet art mensonger, plus fait pour les maux de l'esprit que pour ceux du corps, n'est pas plus utile aux uns qu'aux autres. » (*Émile*, t. I, p. 36)

Il représente les médecins comme des charlatans habiles à tromper le monde: qu'ils tuent ou sauvent le malade, dit-il, ils ont toujours raison. Mais ils le tuent plus souvent qu'ils ne le guérissent. Et ce que Rousseau leur pardonne moins, c'est de tuer surtout le courage. D'où ces lignes qu'il écrit: « Voulez-vous trouver des hommes d'un vrai courage? Cherchez-les dans les lieux où il n'y a point de médecins, où l'on ignore les conséquences des maladies, et où l'on ne songe guère à la mort. » (*Ibid.*)

Avant Rousseau, Platon avait exalté le courage. Est-il rien de plus nécessaire que le courage pour les guerriers de l'État? C'est la vertu par excellence pour eux, et celle qui occupe le plus Platon. Il a retenu les vers d'Homère que nous traduisons ainsi: « Ulysse, frappant sa poitrine, parla ainsi à son âme: Courage, ô mon âme! tu as déjà supporté de plus grands maux. »

Pour conserver ce courage constant, il faut supporter toutes les douleurs et mépriser toutes les craintes. Il s'ensuit que Platon considère que ceux qui ont recours aux médecins commettent une lâcheté. C'est pourquoi, comme on peut en juger par le troisième livre de la *République*, il vilipende les médecins avec non moins de virulence que Rousseau. Mais alors comment suppléer à la médecine? Par quoi la remplacer?

La réponse est identique chez l'un et chez l'autre, Platon la transmettant à Rousseau. Il est deux vertus, enseignent-ils, la tempérance et le travail, qui suffisent à guérir les maladies, parce qu'elles les préviennent. En effet, d'après Platon, la gymnastique ne peut-elle pas seule rendre le corps sain, et la sobriété seule éviter les maux physiques?

De son côté, Rousseau écrit: « La seule partie utile de la médecine est l'hygiène; encore l'hygiène est-elle moins une science qu'une vertu. La tempérance et le travail sont les deux vrais médecins de l'homme: le travail aiguise son appétit, et la tempérance l'empêche d'en abuser. » (*Émile*, t. I, p. 37)

De plus, Platon et Rousseau remarquent que chaque citoyen a des devoirs à remplir et que ce n'est pas vivre que de vivre enlisé dans la maladie. Platon raille Hérodicus qui, à force de soins médicaux, parvint jusqu'à la vieillesse, mais en traînant une vie languissante, ce qui n'était bon ni pour lui ni pour l'État. Il vaut mieux mourir promptement, mais tranquillement, que souffrir pendant toute son existence (liv. III de la *République*).

Rousseau écrit à son tour: « Un homme qui vit dix ans sans médecins vit plus pour lui-même et pour autrui, que celui qui vit trente ans leur victime. » (*Émile*, t. I, p. 38)

Qu'on n'objecte pas que la prévention de Rousseau contre les médecins s'explique uniquement par l'impuissance où ils se trouvèrent de le tirer d'une maladie qui l'affligea toute sa vie et qui nécessitait pour lui l'usage périlleux de la sonde. Elle lui vint, avant tout, de la lecture de Platon. La persistance incurable de son état maladif vint la confirmer tout au plus, et la fortifier.

* * *

Après le courage, la vertu qui donne lieu à Rousseau d'avoir commerce avec les anciens, c'est la tempérance. Comme eux, il en reconnaît toute l'importance, et, comme eux, il y voit la maîtrise du soi en face des appétits sensuels. Il prend Platon pour guide, sans ignorer probablement le *De Officiis* de Cicéron.

Le fondateur de l'Académie a toujours manifesté son dégoût pour les excès de table, en leur opposant une nourriture simple et frugale. Il nous montre Socrate désapprouvant certains vers d'Homère:

« Ivrogne, qui a les yeux d'un dogue et le cœur d'une biche. »

« Sont servis des mets délicieux, et un échanson puise dans le cratère »

« Un vin généreux qu'il porte et verse dans les coupes... » (liv. III de la *République*, trad. A. Bastien, p. 93, éd. citée).

Il estime que de tels tableaux incitent les jeunes gens à se livrer à la débauche.

Rousseau, s'occupant du goût des enfants, recommande qu'on leur donne des mets simples et communs, d'éviter les saveurs vives et des assaisonnements compliqués. Il préfère qu'on leur donne des fruits, du laitage, quelque pièce de four. Il rejette l'usage de la viande, comme contraire à la santé et à la morale.

Il prétend que la cruauté humaine est le propre des grands mangeurs de viande. Il invoque, à l'appui de son affirmation, l'exemple des Anglais. (*Émile*, t. I, p. 185)

Il dit qu'Homère peint dans les Cyclopes des mangeurs de viandes, des hommes affreux, et qu'il leur oppose un peuple doux et aimable, les Lotophages. (*Ibid.*)

Cette répugnance de Rousseau vient tout droit de la doctrine de Pythagore, mais par le canal de Plutarque. C'est, en effet, dans un chapitre sur « l'usage des viandes » que Plutarque développe, non sans éloquence, la thèse pythagoricienne.

Il dépeint l'horreur des corps sans vie des animaux:

>   Les peaux rampaient sur la terre écorchées,
>   Les chairs mugissaient embrochées;
>   L'homme ne peut les manger sans frémir,
>   Et dans son sein les entendit gémir.

Puis il déclare qu'on peut suppléer facilement à ce genre d'alimentation par une nourriture végétale, les céréales et les fruits affluant en abondance.

Enfin, il plaide, en termes émouvants, la cause des animaux, pour les défendre contre la voracité humaine. Il leur prête ce langage attendrissant: « Si c'est la nécessité qui vous force à nous traiter ainsi, nous ne nous plaindrons pas, nous ne réclamons que contre une violence injuste. Avez-vous besoin de nourriture? Égorgez-nous. Ne cherchez-vous que des mets plus délicats? Laissez-nous vivre, et ne nous traitez pas avec tant de cruauté. »

Plutarque va jusqu'à se retrancher derrière une raison morale, pour justifier l'obligation d'une telle abstention. La cruauté mise à se nourrir de la chair animale nous porte insensiblement à égorger nos semblables, à les massacrer sans pitié et à entreprendre des guerres féroces.

Sur cette question qui est d'une actualité toujours renaissante, et qui, dans les temps présents, a mis, plus d'une fois, aux prises les végétariens et les carnivores, Rousseau partage l'opinion de Plutarque, mais en la renforçant par des arguments tirés de l'hygiène et du cœur.

D'une part il dit, par exemple: « La substance animale en putréfaction fourmille de vers, ce qui n'arrive pas de même à la substance végétale. » (*Émile*, t. I, p. 41) Et de cette remarque, il conclut que la nourrice doit vivre de légumes ou d'aliments farineux et s'abstenir de viande.

D'autre part, il fait appel à la pitié que justifie la sensibilité des animaux. « La pitié qu'on a du mal d'autrui ne se mesure pas sur la quantité de ce mal, mais sur le sentiment qu'on prête à ceux qui le souffrent. »

Il dit que si l'on n'a pas pitié d'un mouton, bien qu'on sache qu'il va être égorgé, cela tient à ce qu'on croit qu'il ne prévoit pas son sort. Il termine ainsi: « Voilà, je pense, une des causes qui nous endurcissent plus aux maux des animaux qu'à ceux des hommes, quoique la sensibilité commune dût également nous identifier avec eux. »

Le mot « sensibilité » chez lui est synonyme d'intelligence (v. chap. suivant). C'était aussi l'avis de Plutarque qui a écrit: « C'est toujours un être qui sent, qui voit et qui entend, qui a de l'imagination et de l'intelligence, facultés que chaque animal a reçues de la nature pour se procurer ce qui lui convient et éviter ce qui peut lui nuire. »

Nous voilà loin de l'opinion des Cartésiens qui prétendent, comme on sait, que les animaux ne sont que des machines ou des automates!

* * *

Ce qui concerne la prudence, autre vertu fondamentale de l'antiquité, nous permet de démêler d'autres analogies entre Rousseau et quelques moralistes anciens. Pour Platon et bien d'autres, elle se confond avec la science ou le développement intellectuel (sens usuel du mot latin *prudentia*) en même temps qu'avec une certaine circonspection qui nous fait éviter les erreurs et prévenir les vices.

Rousseau, sans nommer la prudence, adapte sa méthode d'éducation à cette double interprétation. Il fait d'abord précéder l'acquisition du savoir d'une première éducation toute négative. Elle consiste, dit-il, non point à enseigner la vertu ni la vérité, mais à garantir le cœur du vice et l'esprit de l'erreur. (*Émile*, t. I, p. 92-93)

Selon Rousseau, l'enfant jusqu'à 12 ans ne comprend pas plus la vertu que la vérité. L'intérêt seul peut le toucher.

L'éducation, avant cet âge, doit donc laisser l'âme de l'enfant en liberté et dans l'oisiveté. On ne doit guère s'occuper que de rendre le corps robuste et les sens délicats.

Cette méthode a deux avantages: 1° Elle permet à l'enfant d'apprendre bien, une fois qu'il arrive à l'âge de l'étude; 2° Elle permet au maître d'observer à loisir la nature de l'enfant et, par conséquent, d'y adapter mieux la culture dont il est chargé.

Dans ce premier moment de l'éducation, on n'importune pas l'enfant. On le laisse jouer, sauter et employer tout son temps à toute sorte de jeux convenables.

Cette éducation par le jeu nous remet en plein platonisme. Quand il en parle, Rousseau se retranche presque toujours derrière l'autorité de Platon. A ceux qui seraient tentés de lui faire un reproche de ces amusements, il répond ainsi d'avance: « Vous êtes alarmés de le (enfant) voir consumer ses premières années à ne rien faire! Comment! N'est-ce rien que d'être heureux? N'est-ce rien que sauter, jouer, courir toute la journée? De sa vie il ne sera si occupé. Platon, dans sa *République*, qu'on croit si austère, n'élève les enfants qu'en fêtes, jeux, chansons, passe-temps; on dirait qu'il a tout fait quand il leur a bien appris à se réjouir.... » (*Émile*, t. I, p. 113)

Il est bien vrai que, dans la *République* et dans les *Lois*, Platon s'occupe de cette question de jeux pour les jeunes gens, et qu'il en propose plusieurs espèces. A côté de la gymnastique, la musique y a naturellement sa part, même pour l'enfance. Car « être bien élevé, dit-il, et être suffisamment versé dans les chœurs de chant, est, selon nous, la même chose ».

Posant en principe que l'enfant n'est susceptible que de plaisir et de douleur, et que son bonheur dépend du plaisir le plus parfait, il a recours aux jeux pour éveiller en lui les premières notions des choses. Il veut donc que, par eux, il reçoive les éléments du calcul, et par eux aussi, les idées générales de grandeur et de petitesse, d'égalité, de hauteur ou de profondeur.

Rousseau suit presque à la trace l'éminent philosophe grec sur le terrain non seulement des jeux en général pour exercer et former le corps, mais encore des jeux instructifs pour amorcer dans le jeune âge l'intelligence: il estime que l'enfant ne doit pas toujours jouer uniquement pour jouer.

Après avoir indiqué que la musique, le premier des jeux instructifs et le plus propre à impressionner la sensibilité, doit être apprise de bonne heure, il recommande d'exercer, en jouant, chaque sens, chez l'enfant: le toucher, par un amusement de nuit; la vue, par la traversée d'une rivière, ce qui suggérerait l'idée de largeur, par la cueillette de cerises sur l'arbre, ce qui éveillerait l'idée de hauteur. On excitera l'enfant indolent et paresseux, en lui promettant des gâteaux au terme d'une promenade à la course. Comme le petit Spartiate, il gagnera son repos et satisfera son goût en prenant la peine de se procurer l'objet de sa convoitise. C'est encore là un moyen de trouver toujours tous les aliments dont on fait usage. Là-dessus est reproduit un trait conté par Hérodote. Les Lydiens, souffrant d'une extrême disette, inventèrent des jeux pour tromper leur faim.

Quant à l'odorat, si on exerçait l'enfant à éventer son dîner, comme le chien évente le gibier, on parviendrait peut-être un jour à développer, en lui, l'odorat au même degré.

Reste la question de discipline. Convient-il d'employer, à l'égard des enfants, la douceur ou la sévérité? On sait que cette dernière primait par tradition en France, surtout dans les familles et dans les écoles de l'ancien régime.

Les plus accommodants pédagogues condescendaient à une distinction: sévérité pour les enfants audacieux, opiniâtres et rebelles; douceur pour les enfants timides, dociles et obéissants.

Mais, comme Platon et Plutarque, Rousseau préconise exclusivement la douceur. Il se souvient, à n'en pas douter, de la devise du second, en matière d'éducation: « douceur, indulgence, absence de rigidité. » Il se charge de l'appliquer dans un sens absolu.

D'abord, pour Rousseau, il n'y a pas de mauvaise nature: tous les enfants sont bons, quand on sait bien les conduire. Leurs écarts trouvent, auprès de lui, une explication, c'est-à-dire une excuse. Un enfant casse-t-il et brise-t-il tout? N'imputez pas ce méfait à une méchanceté, mais à un instinct d'activité et de vie, qui pousse l'enfant à manifester sa force et à se prouver à lui-même son propre pouvoir.

S'agit-il d'un timide? Il mérite notre pitié. Y a-t-il rien de plus digne d'être aimé qu'un enfant faible?

Et Rousseau de conclure qu'on ne saurait employer la sévérité envers les enfants, dont la vie est si gaie, si riante, si active. Dans un transport lyrique, il s'écrie: « Aimez l'enfance; favorisez ses jeux, ses plaisirs, son aimable instinct. Qui de vous n'a pas regretté quelquefois cet âge où le rire est toujours sur les lèvres et où l'âme est toujours en paix? Pourquoi voulez-vous ôter à ces petits innocents la jouissance d'un temps si court qui leur échappe, et d'un bien si précieux dont ils ne sauraient abuser? Pourquoi voulez-vous remplir d'amertume et de douleur ces premiers ans si rapides, qui ne reviendront pas plus pour eux qu'ils ne peuvent revenir pour vous, etc. » (*Émile*, t. I, p. 70).

L'étude de la justice nous offre d'autres points de ressemblance dans ce qu'en ont dit les Anciens et Rousseau; mais réservons cette question pour le chapitre où nous traiterons de la morale en général, puisque cette vertu, mise pourtant, à Rome et à Athènes, sur le même rang que le courage, la tempérance et la prudence, est appelée dans les temps modernes à jouer un rôle prépondérant.

* * *

Nous ne pouvons terminer ce chapitre, sans songer que l'éducation a deux aspects: elle est publique ou commune; elle est aussi particulière ou domestique. De laquelle s'agit-il chez les auteurs dont nous sommes occupé?

Les anciens et particulièrement Platon se sont proposé la première. Dans l'*Émile*, Rousseau ne nous paraît traiter surtout que de la seconde. Non que nous ignorions certains passages du Ve livre dans lesquels l'auteur reproduit quelques grands traits *Du contrat social* et annonce qu'il se propose d'en pénétrer l'esprit de son élève pour en faire un bon citoyen. Mais ces passages se rapportent, d'après nous, à l'éducation politique, et rentrent dans le chapitre que, sous ce titre, nous lui consacrons plus loin.

D'ailleurs, la circonstance de l'origine de l'ouvrage en explique assez le caractère domestique. Madame de Chenonceaux, que l'éducation de son mari faisait trembler pour son fils, avait prié Rousseau de lui en tracer une qui pût conjurer tout péril. Pour répondre à cette demande, après de longues méditations, l'écrivain, au lieu d'édifier sa pensée en quelques lignes, en élargit le cadre et composa l'œuvre que nous possédons. Visant à faire d'un homme de condition privée un homme en général, il met sur pied un personnage abstrait, exposé à tous les accidents de la vie humaine.

Du reste, il ne s'en cache pas: « Vivre, nous avoue-t-il, est le métier que je veux lui apprendre. En sortant de mes mains il ne sera, j'en conviens, ni magistrat, ni soldat, ni prêtre: il sera premièrement homme. »

A cet idéal de Rousseau pourraient s'appliquer ces paroles de Sénèque: « Celui qui s'est armé pour la vie entière, a fait son éducation complète; il n'a pas besoin qu'on lui dise comment il doit vivre avec sa femme, avec ses enfants; il doit vivre comment il vivra en homme de bien. »

En réalité, l'écart est-il si grand, entre ces deux éducations? Elles nous paraissent, au contraire, offrir des rapports assez étroits. Tout d'abord, nous croyons que l'éducation domestique est l'auxiliaire de l'éducation publique, mais non l'opposé. Car un honnête homme est un bon citoyen. La vertu de la tempérance est à la base des repas communs. Un homme juste, généreux, désintéressé, peut devenir facilement, dans la cité rêvée par Platon, un membre de la communauté des biens, des femmes et des enfants.

Quoiqu'on puisse dire que le dialogue de la *République* est un livre d'éducation publique, combien de fois Platon n'imagine-t-il pas, dans cet ouvrage, que l'on doit être tout d'abord tempérant, courageux, prudent, dans la vie privée!

Toutes ces raisons en faveur du rayonnement de l'éducation domestique, n'empêchèrent pas Rousseau, en 1772, de toucher franchement, à son tour, à l'éducation publique. Déjà dans l'*Émile*, il se plaint que, de son temps, elle n'existât pas: il enviait les institutions de Lacédémone qui produisaient des citoyens comme Pédarète et des citoyennes comme cette femme plus soucieuse de la victoire de sa patrie que contristée de la mort de ses cinq fils.

Bien plus, en 1758, dans l'article « Economie politique » écrit pour l'*Encyclopédie*, il avait effleuré, d'un point de vue général et politique, la même question.

L'occasion de s'occuper plus sérieusement encore de vie publique et de gouvernement, fut offerte à Rousseau par un Polonais. Le Comte de Wielhorski lui ayant soumis un livre, qu'il venait d'écrire sur le gouvernement de Pologne, lui avait demandé ensuite quelles réflexions la lecture lui avait suggérées. Rousseau répondit par un opuscule en quinze chapitres, les *Considérations sur le gouvernement de Pologne*. C'est dans cet ouvrage qu'il nous est possible de recueillir quelques éléments d'éducation publique, où passe encore un souffle de l'antiquité.

Au malheureux pays, déchiré par des divisions intestines, affaibli par sa propre constitution, voisin de peuples puissants qui le convoitent comme une belle proie, l'année du premier partage, il indique quelques remèdes pour le guérir de ses maux, non sans se douter un peu de leur inefficacité, parce que trop tardifs. Ce qu'il sait des mœurs des anciens, ce qu'il a lu de la *Bible*, en tant que protestant, ou de Platon et de Plutarque, en tant qu'érudit, entre pour beaucoup dans la panacée qu'il propose.

Dans les nations modernes il voit force faiseurs de lois et pas un législateur. Qu'on lui parle de Moïse, de Lycurgue et de Numa. A la bonne heure. En voilà qui méritent une attention particulière, parce que « tous trois ont mis leurs soins à des objets qui paraîtraient à nos docteurs dignes de risée ».

Moïse institue en corps de nation un essaim de malheureux fugitifs, qui jusque-là n'avaient fait qu'une troupe étrangère sur la face de la terre. « Pour empêcher que son peuple ne se fondit parmi les peuples étrangers, il lui donna des mœurs et des usages inalliables avec ceux des autres nations. »

Lycurgue, voulant tirer les Spartiates de la servitude et des vices qui les dégradaient, leur imposa un joug de fer, mais en leur montrant sans cesse la patrie dans leurs lois, dans leurs jeux, dans leurs maisons, dans leurs festins.

Le mérite de Numa consiste moins dans l'institution de rites et de cérémonies religieuses, comme on le croit communément, que dans l'union qu'il fit de brigands en un corps indissoluble, que dans leur transformation en citoyens non pas tant par des lois que par des institutions douces qui les attachaient les uns aux autres et tous à leur sol, par des rites frivoles et même superstitieux qui rendaient leur ville sacrée.

Ces trois législateurs sont guidés par le même esprit: ils cherchent des liens qui attachent les citoyens à la patrie et les uns aux autres et ils les trouvent dans les moyens les plus simples, agissant le mieux sur le cœur de l'homme. Tels sont des usages particuliers, des cérémonies religieuses, des exercices physiques, des spectacles, des prix dont, aux acclamations de tout un peuple, on couronne des vainqueurs de luttes pacifiques, et qui entretiennent l'émulation, portant le courage et toutes les vertus au degré le plus haut.

L'ensemble de ces pratiques contribue à affermir l'idée de nation, parce qu'il donne à un peuple une physionomie propre, qu'il en solidarise entre elles toutes les amitiés, qu'il développe en lui l'instinct de vivre et qu'il lui procure la force nécessaire pour se défendre.

Voyons maintenant comment Rousseau utilise, au profit des Polonais, ces aperçus d'origine antique.

En souvenir de la manière de Moïse, il veut qu'un Polonais, dès l'âge de vingt ans, ne soit pas un homme quelconque, mais un Polonais. Qu'il ait, ajoute-t-il, des mœurs nationales, des institutions nationales, une âme nationale pour avoir du goût à les maintenir et à les protéger contre tout agresseur.

Il faut rétablir les anciens usages, dont une grande nation, comme la Pologne, ne doit pas manquer: ils auront pour le moins l'avantage de lui donner une répugnance naturelle à se mêler avec l'étranger.

Rousseau conseille de ne porter jamais d'autre vêtement que celui de la nation: il y a là un devoir pour le roi, les sénateurs et tout homme public.

Ajoutez une âme fière, indépendante, une âme antique, et les voisins pourront assaillir la Pologne, l'engloutir peut-être, mais non la digérer. Ce trait nous remet en mémoire ce qu'il a dit déjà des Hébreux: « C'est par là que cette singulière nation, si souvent subjuguée, si souvent dispersée, et détruite en apparence, mais toujours idolâtre de sa règle, s'est pourtant conservée jusqu'à nos jours éparse parmi les autres, sans s'y confondre, et que ses mœurs, ses lois, ses rites, subsistent et dureront autant que le monde, malgré la haine et la persécution du reste du genre humain. » (*Ibid.*, chap. II)

Avec Numa, il ne va pas, pour concilier entre eux les diverses parties de la Pologne, recourir à l'organisation sociale établie à Rome par le législateur pour concilier les Romains et les Sabins. Il ne distribue pas les Polonais en divers corps de métier. Il s'arrête à une idée générale, en conseillant des institutions particulières, d'un caractère national, qui forment le génie, les goûts et les mœurs d'un peuple, qui lui donnent de l'originalité et de la cohésion, qui lui inspirent un ardent amour de la patrie fondée sur des habitudes impossibles à déraciner (*Considérations*, chap. III).

Rousseau sait, d'après Plutarque, quelle importance Lycurgue attache à l'éducation des enfants pour qu'ils deviennent plus tard de bons citoyens: c'est là le plus beau et le plus précieux ouvrage d'un législateur. A Lacédémone, le soin de cette éducation n'incombait pas à la famille. La loi se chargeait, à la place du père, d'élever l'enfant. Dès sa naissance, on portait l'enfant dans un lieu appelé « Lesché. » On l'examinait, pour s'assurer s'il était capable de vivre et s'il était robuste. Si oui, on le conservait. A partir de sept ans, on distribuait les enfants en différentes classes, pour qu'ils fussent élevés en commun, sous la même discipline, et qu'il s'accoutumassent à jouer et à travailler ensemble.

A son tour, Rousseau n'admet pas pour l'éducation des enfants des collèges distincts: « Tous étant égaux par la constitution de l'État doivent être élevés ensemble et de la même manière. » Il est vrai qu'il ajoute pour son compte: « Si l'on ne peut établir une éducation publique tout à fait gratuite, il faut du moins la mettre à un prix que les pauvres puissent payer, ou fonder aux frais de l'État des places purement gratuites, en faveur des enfants pauvres, dont les pères auront bien mérité de la patrie. »

Rousseau, sur ces divers points, dans les *Considérations*, cite avec complaisance ces trois grandes autorités Moïse, Numa, Lycurgue, mais il va sans dire qu'au-dessus d'elles en plane une autre, celle de Platon qu'il ne nomme pas. Notre écrivain du XVIIIe siècle connaissait assurément l'étendue du rôle que le philosophe grec assignait à la loi. Le Ve livre de la *République* établit des règles sur le mariage et la sélection des enfants. Le livre VIIe des *Lois* prescrit que les dépositaires de la législation choisissent douze femmes pour garder les enfants âgés de trois ans et que des maîtres soient chargés de donner les leçons.

De son côté, Rousseau fait intervenir la loi dans le règlement de la matière, de l'ordre et de la forme des études. Pas d'étrangers ni de prêtres pour les diriger, pas de pédagogues de métier. Tout homme public ne doit avoir d'autre état permanent que celui de citoyen.

Comme Platon qui voulait instituer, par l'éducation, de bons et de vigilants serviteurs de l'État, il signale des stages par lesquels doit s'acheminer l'instruction de l'enfant pour aboutir à la formation d'un citoyen aimant sa patrie: « Je veux qu'en apprenant à lire, il lise des choses de son pays; qu'à dix ans il en connaisse toutes les productions, à douze toutes les provinces, tous les chemins, toutes les villes; qu'à quinze il en sache toute l'histoire, à seize toutes les lois; qu'il n'y ait pas eu dans toute la Pologne une belle action ni un homme illustre, dont il n'ait la mémoire et le cœur pleins et dont il ne puisse rendre compte à l'instant. »

L'influence de Platon, unie à celle de Lycurgue, se fait surtout sentir chez Rousseau quand il s'agit de la question des jeux.

Il estime qu'ils ne sont pas nécessaires seulement pour les enfants et les simples particuliers, mais qu'ils tiennent une grande place dans l'éducation publique. On peut préparer par eux les hommes aux affaires de l'État. Il les veut en plein air, publics, communs à tous et il en donne la raison. « Il ne s'agit pas seulement ici de les (les enfants) occuper, de leur former une constitution robuste, de les rendre agiles et découplés, mais de les accoutumer de bonne heure à la règle, à l'égalité, à la fraternité, aux concurrences; à vivre sous les yeux de leurs concitoyens et à désirer l'approbation publique. »

Les jeux doivent être, en outre, érigés en spectacles solennels, avec une certaine décoration publique; les victorieux y recevront pompeusement des honneurs et des récompenses.

N'est-ce pas ainsi, nous demandons-nous (et Rousseau y pensait certes autant que nous), que les choses se passaient en Grèce, dans les fameux Jeux Pythiques, Olympiques, Isthmiques et Néméens, à la gloire desquels s'est ajoutée celle du poète Pindare qui les a chantés? Point de ce clinquant, de ce papillotage de décoration, qui sont d'usage dans les cours. « Les fêtes d'un peuple libre doivent toujours respirer la décence et la gravité. » Point de cruauté comme dans les cirques romains, mais des exercices où la force et l'adresse aient seules part. « Le maniement des chevaux est, par exemple, une exercice très convenable aux Polonais, et très susceptible de l'éclat du spectacle. »

Les jeux, ainsi compris et pratiqués, auront un dernier avantage, celui de faire régner, à l'intérieur, la paix et la douceur par la concorde qu'ils assureront entre les citoyens. Comme pour renforcer ce qui avait lieu chez les anciens, Rousseau donne en exemple aux Polonais un exercice bien singulier qui existe à Berne, pour les jeunes patriciens à leur sortie du collège et qu'on appelle « l'état extérieur »: « C'est une copie en petit de tout ce qui compose le gouvernement de la république: un sénat, des avoyers, des officiers, des huissiers, des orateurs, des causes, des jugements, des solennités. »

Le reproduire, en jouant, c'était se préparer de bonne heure à diriger un jour les affaires publiques. « L'état extérieur » devenait ainsi, grâce au jeu, une véritable pépinière d'hommes d'État.

Le souvenir de Lycurgue et de Platon amène Rousseau à s'occuper de la richesse et de l'influence pernicieuse qu'elle peut avoir dans l'État. « S'il faut être riche pour briller, la passion dominante sera toujours d'être riche. Grand moyen de corruption qu'il faut affaiblir autant qu'il est possible. »

Il faudrait voir substituer à l'attrait de la fortune d'autres marques de distinction honorables, celles du mérite et de la vertu. Mais faut-il réfréner le luxe? Rousseau se déclare peu partisan des lois somptuaires. « C'est du fond des cœurs qu'il faut l'arracher en y imprimant des goûts plus sains et plus nobles. »

Le meilleur moyen d'empêcher le mal, c'est de le faire haïr et mépriser. « La simplicité dans les mœurs et dans la parure est moins le fruit de la loi que celui de l'éducation. L'ambition des vertus patriotiques doit être pour tous la grande affaire. On songera, par elle, moins à s'enrichir et davantage à rechercher un autre bonheur que celui de la fortune. Voilà l'art d'ennoblir les âmes et d'en faire un instrument plus puissant que l'or. »

Un Lycurgue, un Platon, un Chrysippe, un Sénèque n'auraient pas mieux parlé. Cela revient à dire, comme l'avaient pensé plus particulièrement Lycurgue et Platon, que la richesse, le luxe et l'âpreté au gain, funestes à l'État, doivent en être bannis; ils paralysent toute bonne éducation.

Enfin, de même que Platon, en écrivant surtout pour les Athéniens, supposait avoir à faire à un peuple libre, Rousseau fonde l'éducation sur la liberté: « L'éducation nationale, dit-il, n'appartient qu'aux hommes libres; il n'y a qu'eux qui aient une existence commune et qui soit vraiment liés par la loi. » Pour jouir de ce bien, il faut s'affranchir soi-même de ses préjugés et de ses passions. Les Polonais doivent se rendre vraiment hommes et ne rien garder des vices et de la lâcheté des serfs.

* * *

Tels sont les rapprochements qu'il nous semble légitime d'établir entre Rousseau et certains anciens, Moïse, Lycurgue, Numa, Platon. Il est certain que l'éducation publique qu'ils proposent ne devait servir qu'à un État oligarchique et plus ou moins aristocratique. C'est particulièrement le cas de Sparte avec Lycurgue; c'est même celui d'Athènes, telle que la conçoit la *République* de Platon, bien que, en fait, dans la cité athénienne; l'agora et le démos occupent dans la conduite des affaires une place considérable. Seulement dans la *République* de Platon, l'aristocratie change de nature: elle devient l'aristocratie de l'intelligence et de la moralité. Platon a reconnu lui-même que, pour la réalisation de sa politique, il faudrait que les philosophes fussent rois ou que les rois fussent philosophes.

Rousseau, de son côté, est amené par la situation même de la Pologne à travailler pour un État essentiellement oligarchique et aristocraitique. L'autorité, dans ce pays, se partage entre plusieurs pouvoirs, un roi, le Sénat, la Diète et les diétines; mais elle reste toujours entre les mains des nobles dont le nombre s'élève à cent mille, et Rousseau a pu écrire lui-même: « La république de Pologne, a-t-on souvent dit et répété, est composée de trois ordres, l'ordre équestre, le sénat et le roi. J'aimerai mieux dire que la nation polonaise est composée de trois ordres: les nobles, qui sont tout; les bourgeois, qui ne sont rien; et les paysans, qui sont moins que rien. » C'est donc aux nobles que s'adressent plus ou moins ouvertement les instructions de Rousseau; « car il importe, dit-il, plus qu'on ne pense, que ceux qui doivent un jour commander aux autres se montrent, dès leur jeunesse, supérieurs à eux de tout point, ou du moins qu'ils y tâchent. »

Un autre caractère décèle l'origine antique des moyens d'éducation publique que signale Rousseau dans ses *Considérations*, c'est qu'il leur assigne aussi pour but la formation d'une nationalité exclusive, sans qu'il s'inquiète de la solidarité politique et surtout économique qui existe nécessairmeent entre les nations: c'est si bien son sentiment qu'il avait déjà dit dans l'*Émile*. « Au dehors, le Spartiate était ambitieux, avare, inique. »

Et il écrit, à l'appui de sa thèse: « Tout patriote est dur aux étrangers: ils ne sont qu'hommes, ils ne sont rien à ses yeux. Cet inconvénient est inévitable, mais il est faible. L'essentiel est d'être bon aux gens avec qui l'on vit. »

Le disciple, pas plus que ses maîtres, ne s'aperçoit que cet exclusivisme absolu aboutit à un nationalisme dangereux et propre à troubler, à tous moments, la paix avec les peuples voisins, à dessein méprisés, tenus à l'écart, quand ils ne sont pas provoqués. L'éducation publique nous paraît donc devoir se compléter par une autre, par une « éducation sociale ou humaine », tout en visant à la formation de la nationalité. Platon avait peut-être le projet d'en traiter dans l'étude d'un troisième gouvernement après la *République* et les *Lois*. Un pareil ouvrage n'a pas vu le jour. L'abbé Saint-Pierre y avait pensé dans son « projet de paix perpétuelle », Rousseau, qui cependant avait fait un extrait de cet ouvrage, pour ne pas sortir du cadre d'idées des anciens, n'en a pas tenu compte dans les *Considérations*. Sans cette fidélité qui le lie étroitement à ses devanciers, il eût pu voir qu'il n'y a pas d'antagonisme radical entre l'éducation humaine ou, comme ont dit aujourd'hui, internationale, et l'éducation nationale. Il est facile de les départager et de les concilier.

Si l'individu est membre d'une société particulière qu'on appelle État, les États, à leur tour, considérés dans leur ensemble, forment une société plus étendue, qui représente l'humanité. Jusqu'à présent, cette société impliquait des devoirs, dont quelques-uns tacites, et d'autres avoués par le droit des gens. Mais au moment où s'écrivent ces lignes, ils sont à la veille de prendre une forme concrète dans notre monde par l'organisation de la société des nations, heureuse conséquence de la terrible guerre d'où nous sortons. Le particularisme qui entache l'éducation publique conçue par les penseurs les plus illustres les a toujours empêchés de prévoir cette éventualité.

CHAPITRE III   Éducation de l'intelligence

Un traité sur l'éducation tel que l'*Émile*, si étendu, si médité, ne pouvait pas faire abstraction d'une étude sur l'intelligence humaine, siège du jugement et foyer de lumière.

Rousseau n'a pas hésité à s'y livrer: il entreprend d'élucider le double problème que comporte l'exercice de cette faculté, et par l'explication de l'origine et du développement en nous de la connaissance, et par l'indication de certains moyens qui permettent à notre esprit de découvrir la vérité: il expose, tout à la fois, une théorie et une méthode.

Mais, dans la solution de ces deux questions, derrière Rousseau, nous apparaissent encore des anciens, Aristote par l'entremise de Locke, Socrate par celle de Xénophon et de Platon.

Occupons-nous d'abord de ce qui est théorie. Nous prévoyons une objection: l'inspiration, sur ce point, vient surtout de Locke. Nous ne nions pas l'ascendant du philosophe anglais sur le nôtre. Nous admettons même qu'il a dû contribuer beaucoup, tout en l'abusant sur un point essentiel de doctrine, à lui faire comprendre Aristote; et, en réalité, il y a beaucoup d'Aristote dans l'*Essai sur l'Entendement humain*. Du reste, une confrontation immédiate des idées exprimées, de part et d'autre, concernant l'élaboration de la connaissance, nous paraît devoir rendre évidente une étroite parenté de la pensée de Rousseau avec la pensée d'Aristote.

Rousseau montre l'éveil de l'intelligence dans celui des sens: la sensation lui paraît être le point initial de la connaissance, et, par conséquent, la passivité l'état primitif de l'espirt. Il le déclare formellement: « Comme tout ce qui entre dans l'entendement humian y vient par les sens, la première raison de l'homme est une raison sensitive; c'est elle qui sert de base à la raison intellectuelle. »

Aristote, de son côté, considérant, à l'origine, l'âme comme une table rase par opposition aux « idées » de Platon, insiste, dans le *Traité de l'âme*, sur la sensation: il la montre comme condition indispensable du général.

Il est ainsi amené à proclamer l'existence d'une passivité primordiale, qu'il nomme intellect passif. Cet intellect reçoit, subit les sensations et les images, s'en souvient même, mais ne sort pas du particulier.

Mais Aristote et Rousseau ne limitent pas la connaissance à cette première donnée. Ils admettent tous deux l'intervention d'un principe actif. En l'absence de tout objet extérieur, la faculté de sentir n'est qu'en puissance: mue par un objet du dehors, elle passe à l'acte. La sensation a pour dernier résultat l'image ou la représentation d'une chose particulière. Mais est-ce la pensée? Non; il n'y a que la matière de la pensée. Car, suivant un axiome de la philosophie antique, il n'y a pas de science du particulier; il n'y a véritablement de pensée que de ce qui est général. Les deux philosophes sont d'accord là-dessus.

Pour Aristote, après la sensation et l'image, intervient un intellect actif comme il l'expose dans le livre II, chapitre Ier du *Traité de l'âme*, où, après avoir dit que l'âme est une entéléchie, c'est-à-dire l'acte d'un corps naturel ayant la vie en puissance, il ajoute: « L'intellect au moyen duquel l'âme connaît ne possède pas certaines idées, mais il est en puissance de les posséder toutes. » D'autre part, il dit encore: « L'acquisition de la connaissance n'est que le passage de cette puissance à l'acte, sous l'influence de l'intellect agent. » Quand au particulier succède le général, l'universel, alors existe véritablement la pensée.

Rousseau nous fait assister à une pareille évolution de l'intelligence et arrive à établir contre les sensualistes et les matérialistes de son temps que ce qui caractérise l'intelligence humaine, c'est l'union intelligible et rationnelle de deux choses: l'idée d'un objet et l'idée de ce que l'on affirme de cet objet: « Apercevoir, dit Rousseau, c'est sentir, comparer, c'est juger; juger et sentir ne sont pas la même chose. Par la sensation, les objets s'offrent à moi séparés, isolés, tels qu'ils sont dans la nature; par la comparaison, je les remue, je les transporte, pour ainsi dire; je les pose l'un sur l'autre pour prononcer sur leur différence ou sur leur similitude, et généralement sur tous leurs rapports. Selon moi, la faculté distinctive de l'être actif ou intelligent est de pouvoir donner un sens à ce mot *est*. Je cherche en vain dans l'être purement sensitif, cette force intelligente qui superpose et puis qui prononce; je ne la saurais voir dans sa nature. Cet être passif sentira chaque objet séparément, ou même il sentira l'objet total formé des deux; mais n'ayant aucune force pour les replier l'un sur l'autre, il ne les comparera jamais, il ne les jugera point. »

Nous pourrions ajouter à cette condition du jugement si magistralement indiquée que c'est seulement avec la perception et l'affirmation des rapports que commence la possibilité de l'erreur comme la possibilité de la vérité. Supposez un être réduit à la simple vue ou intuition des objets tels qu'ils se présentent aux sens, il n'y aurait pour lui ni vérité ni erreur.

Le rapprochement que nous venons de tenter ne suffit-il pas à démontrer que Rousseau procède plus d'Aristote que de Locke? Ils arrivent tous deux à induire la croyance à une vérité universelle commune à tous les esprits, par conséquent antérieure et supérieure à chacun d'eux.

Le mode du fonctionnement de la pensée une fois déterminé, il reste à savoir comment il convient de meubler l'intelligence ou de s'instruire. Tenant compte de l'importance initiale de la sensation qu'il se plaît à reconnaître, après Aristote et comme nous venons de le voir, Rousseau fait une première part à notre être physique. Il écrit: « Pour apprendre à penser, il faut exercer nos membres, nos sens, nos organes qui sont les instruments de notre intelligence. » Il dit d'autre part: « Les premières facultés qui se forment et se perfectionnent en nous sont les sens: ce sont donc les premières qu'il faudrait cultiver; ce sont les seules qu'on oublie, ou celles qu'on néglige le plus. »

Il en infère ce principe, c'est que la méthode de l'éducation de l'intelligence doit, avant tout, se fonder sur la perception des choses, sur l'expérience, sur des idées exactes et claires.

Il n'a plus maintenant qu'à s'occuper des moyens de connaître. Mais avec cette question de méthode, son inspiration change de camp. Ce n'est plus d'Aristote, c'est de Plutarque, de Platon et surtout de Socrate qu'elle procède.

En premier lieu, il condamne la mémoire qu'il accuse d'empêcher l'esprit de se mettre en contact direct avec les choses, condition essentielle pour apprendre, et de substituer à la science qu'on pourrait acquérir soi-même celle d'autrui, comme si celle-ci était celle-là.

Il proscrit ensuite les produits de l'imagination, cette maîtresse d'erreur: la rhétorique et ses discours, la poésie et ses fictions, les fables enfin. Il veut que son élève n'ait qu'un langage simple, net et peu figuré. Il n'admet, en fait de rhétorique, qu'une « langue de signes », une mimique expressive; voilà qui parle à l'imagination! Avec cette langue, on a plus de persuasion, parce qu'elle traduit mieux les passions de l'âme et qu'elle est toute action. C'est une manière propre aux anciens: Rousseau l'admire et engage à l'imiter. Il ne tarit pas d'exemples. Il cite Thrasybule et Tarquin le Superbe coupant des têtes de pavots; Alexandre appliquant son sceau sur la bouche de son favori; Diogène marchant devant Zénon. « Ne parlaient-ils pas mieux, s'écrie-t-il, que s'ils avaient fait de longs discours? » Il est non moin ravi des traits suivants: Darius, en guerre avec les Scythes, reçoit des mains de l'ambassadeur de ce peuple un oiseau, une grenouille, une souris et cinq flèches, et s'empresse de retourner chez lui. Antoine, après la mort de César, malgré son éloquence, ne dit pas un mot; il fait apporter le corps de la victime. Et Rousseau de trouver dans tout cela un modèle de rhétorique! C'est pousser sans doute un peu loin. Mais son goût s'explique par sa prédilection pour les anciens.

Ces faits anecdotiques, tirés de l'antiquité, viennent corroborer l'opinion de Rousseau sur la Rhétorique! Mais ils ne suffisent pas à la lui suggérer. Elle lui est dictée par Plutarque et par Platon.

Il a lu dans le premier que Lycurgue, à propos du langage, recommande « d'habituer les enfants à parler d'une manière vive et piquante, assaisonnée de grâce et qui renferme beaucoup de sens en peu de mots. » Il a pu y noter beaucoup d'exemples fournis par les Spartiates qui tiennent un langage bref, simple, mais toujours piquant.

Il la vu, dans les *Lois*, que le second loue les Lacédémoniens de parler peu et de beaucoup agir, tandis que les Athéniens, tous orateurs, n'aiment qu'à discuter.

Les fictions poétiques et les fables ne trouvent pas grâce auprès de Rousseau. Il reproche aux unes de tromper l'esprit de l'enfant, en le berçant d'illusions, et aux autres de dépasser la portée de cet âge: l'enfant n'en comprend pas encore le sens figuré, ni la poésie, ni la tournure, ni maints détails. Tout au plus est-il bon de permettre l'accès des fables aux jeunes gens.

Platon n'a presque pas écrit autre chose dans la *République* touchant la poésie et les fables; il examine aussi leur adaptation à l'éducation de la jeunesse.

D'après lui, les conteurs de fables et des poètes emploient trois sortes de récits: imitatif, simple ou composé. « L'un est tout à fait imitatif, dit Socrate, et comme tu dis, il appartient à la tragédie et à la comédie. L'autre se fait au nom du poète; tu le trouveras employé le plus souvent dans les dithyrambes. Le troisième est un mélange de l'un et de l'autre. On s'en sert dans l'épopée et dans beaucoup d'autres poèmes. »

Platon déclare que de ces trois façons le récit simple convient seulement aux jeunes gens. Malheureusement, ajoute-t-il, le récit mélangé a bien de l'agrément et le récit imitatif plaît infiniment à la jeunesse, et surtout au peuple.

Il se plaint, par la bouche de Socrate, qu'Homère et les autres poètes se servent de l'imitation pour faire leurs récits. Or le récit imitatif est funeste en ce qu'il prétend tout imiter, « le tonnerre, le bruit des vents, de la grêle, des essieux, des roues, le son des trompettes, des flûtes, des chalumeaux, de tous les instruments, et le cri des chiens, des brebis, des oiseaux; son discours ne sera presque tout entier qu'une imitation par la voix et par les gestes, et il y entrera à peine quelque chose du récit simple. »

Il conclut en bannissant de sa *République* la poésie et les fables, quitte à couronner de fleurs les poètes proscrits. On taxe couramment de paradoxales les idées de Rousseau sur la poésie, la fable et le théâtre. Qu'est-ce que cela prouve, sinon que mêmes ses paradoxes ont des sources antiques?

De la critique des moyens qu'il juge pernicieuse pour l'éducation, Rousseau passe à l'exposé de la méthode qu'il préconise comme féconde en bons résultats et d'un emploi universel, dans l'ordre scientifique et dans tout autre. Elle consiste à supposer d'avance qu'on ne sait rien et, en partant de cette ignorance, à élever, peu à peu, tantôt à l'aide de l'observation et de l'expérience, tantôt à l'aide de la réflexion, l'édifice de la connaissance personnelle. On commence par l'ignorance, on finit par l'invention.

L'enfant, habilement conduit par des interrogations successives et bien ordonnées, d'investigation en investigation, éprouve la joie de découvrir lui-même le vrai et ne le comprend que mieux. Divers passages de l'*Émile* nous révèlent comment Rousseau tient à ce procédé: « J'enseigne à mon élève un art très long, très pénible et que n'ont assurément pas les vôtres; c'est celui d'être *ignorant*. Car la science de quiconque ne croit savoir que ce qu'il sait se réduit à bien peu de chose. »

Ailleurs: « Que l'enfant ne sache rien parce que vous le lui avez dit, mais parce qu'il l'a compris lui-même; qu'il n'apprenne pas la science, qu'il l'invente. »

Rousseau nous montre enfin l'opération inventive, pour ainsi dire, en action, quand il nous cite l'exemple suivant: un jour, il prend une corde, puis attachant son extrémité, il s'en sert comme d'un rayon, la faisant tourner pour former un cercle; après quoi, il demande à l'enfant de lui dire le rapport de grandeur des rayons. L'enfant se met à rire, se moque de Rousseau et répond que tous les rayons sont égaux, puisque la grandeur de la corde est toujours la même.

Mais cette ignorance voulue au point de départ, cette marche lente, par degrés et par tâtonnements, vers la vérité, la découverte au bout, principe, procédé et fin, tout cela nous rappelle une vieille connaissance, « c'est la maïeutique » ou l'art d'accoucher les esprits, la méthode de Socrate, telle que Platon l'a reproduite dans ses dialogues, surtout dans le *Ménon*, en la complétant quelquefois par cette autre, « l'ironie socratique », suivant que le maître avait affaire avec ses disciples ou avec les sophistes, ses adversaires.

Socrate, en effet, n'enseigne-t-il pas « qu'on doit commencer par l'ignorance? car l'homme croit savoir ce qu'il ne sait vraiment... S'il connaît son ignorance, il est plus propre à s'instruire ».

Socrate ne dit-il pas aussi: « Mon discours diffère de celui des autres en ce qu'il rend ceux qui écoutent laborieux et inventifs. »

Rousseau convient franchement de l'origine et du caractère socratique de sa méthode, quand il écrit: « Celui à qui, pour sa plus importante leçon, l'on apprend à ne vouloir rien savoir que d'utile, interroge comme Socrate; il ne fait pas une question sans s'en rendre à lui-même la raison, qu'il sait qu'on lui en va demander avant que de la résoudre. »

Dans la *République*, Rousseau a vu Platon passer en revue les sciences et en établir l'enchaînement, en remontant jusqu'à la Dialectique, la plus haute et but suprême de toutes les autres.

Dans le *Ménon*, il a vu Socrate employant la maïeutique pour amener l'esclave de Ménon à trouver la géométrie. L'usage que fait Rousseau de la corde pour déterminer l'égalité des rayons du cercle, et dont nous avons parlé dans un exemple ci-dessus, peut venir tout droit du *Ménon*. Il y a pourtant une différence entre Platon et notre philosophe, c'est que pour le premier la science n'est que réminiscence et qu'on ne trouve pas trace d'une pareille doctrine chez le second. Ce dernier se borne à un apprentissage, dont les faits simples constituent la base et l'objet, et à une acquisition ou à un redressement d'idées dans l'intelligence de l'enfant, « ce qui fait qu'il finit par comprendre. »

Mais Platon et Rousseau s'accordent à dire qu'il ne faut pas apprendre les sciences par vanité, par vaine curiosité ni par cupidité; mais en vue de la vertu, du bien, du beau et du vrai. Le premier, dans son livre VII de la *République*, dit que l'étude de l'Astronomie a pour but d'élever l'âme en nous faisant passer des choses sensibles, terrestres, visibles à la contemplation des choses intellectuelles, célestes et invisibles.

Le *Discours sur les sciences et les arts* paraîtrait moins surprenant, moins audacieux et moins paradoxal, si l'on songeait à l'opinion platonicienne.

Rousseau veut simplement que l'on cultive la vertu en même temps que la science. Il ne considère pas, non plus, l'étude de l'astronomie comme une fantaisie destinée à satisfaire seulement la curiosité humaine, il veut que cette science nous permette de mieux contempler et de nous faire mieux sentir et, par là même, de mieux épurer notre âme.

Nous sommes parvenus à deux facteurs importants de la méthode d'enseignement, le jugement et le raisonnement.

Rousseau, comme on sait, n'accorde pas le jugement aux enfants. Contre l'opinion de Locke, il soutient que « de toutes les facultés de l'homme, la raison, qui n'est, pour ainsi dire, qu'un composé de toutes les autres, est celle qui se développe le plus difficilement et le plus tard, et c'est de celle-là qu'on veut se servir pour développer les premières! Le chef-d'œuvre d'une bonne éducation est de faire un homme raisonnable; et l'on prétend élever un enfant par la raison! C'est commencer par la fin, c'est vouloir faire l'instrument de l'ouvrage », etc.

Mais avant Rousseau, Platon ne permettait l'étude de la Dialectique qu'aux hommes de trente ans. Voici pourquoi: « il craint que les jeunes gens, apprenant cet art si subtil et si difficile, n'en abusent sans cesse dans les disputes et les contestations, et qu'à la longue ils hésitent à discerner la vérité de l'erreur. »

Raisonner avec l'enfant, prétend Rousseau plusieurs fois dans l'*Émile*, c'est lui apprendre la vérité à tort et à travers. Il semble que Platon n'est pas loin de cet avis, quand il veut instruire d'abord les enfants sur les choses sensibles et, après seulement, sur les choses intellectuelles.

* * *

Il est vrai, comme nous l'avons établi en rapprochant Rousseau d'Aristote, que l'enfant connaît le monde premièrement par les sensations. Mais sa faculté ne s'arrête pas là. Quand il devient jeune homme, il a besoin de juger. Auparavant, il n'avait que des sensations, maintenant il a des idées. Cette transformation des sensations en idées ne doit pas être brusque. La méthode de l'éducation consiste ici à progresser insensiblement, par degrés.

En dehors d'Aristote, Rousseau accepte la théorie des Epicuriens sur la sensation considérée comme le premier instrument nécessaire de la connaissance humaine. Lucrèce le déclare clairement dans ces vers:

Invenies primis ab sensibus esse creatam
Notitiam veri, neque sensus posse refetti.
Quid majore fide porra quam sensus haberi
Debet?

Quand Rousseau écrit: « Je dis qu'il est impossible que nos sens nous trompent. Car il est toujours vrai que nous sentons ce que nous sentons; et les Epicuriens avaient raison en cela», il est tout à fait d'accord avec les Epicuriens. Pourtant il n'est pas Epicurien à outrance. Il ne dit pas, comme certains Epicuriens, que le soleil n'est pas plus grand que ce que notre vue le juge. Sur ce point, Rousseau réfute les Epicuriens en soutenant que le jugement est un fait actif susceptble de se tromper. Il se place alors à côté de Socrate et de Platon, en considérant que le jugement est un acte intellectuel et que nous nous trompons, parce que nous voulons juger. « Tout jugement, dit Platon, contient un peu d'être et une infinité de non-être. »

CHAPITRE IV   Éducation morale

Si nous envisageons, en particulier, l'éducation morale proposée par J.-J. Rousseau, nous relevons, en cette nouvelle matière, quantité de sources antiques, qu'il s'agisse de notre activité volontaire et libre, de la fin de nos actions et de notre être, ou de la conception du Bien, idée fondamentale.

On sait quelle importance Aristote et, après lui, le stoïcisme, reconnaissaient à la volonté comme agent moral.

Aristote a profondément analysé la nature de ce pouvoir et a fait dépendre la vertu d'une série d'efforts déployés pour contracter des habitudes raisonnables, et pour maintenir un juste milieu entre le défaut et l'excès dans le développement de chacune de nos facultés.

Les Stoïciens voyaient dans l'âme une force vivante, parcelle de ce feu divin qui, par une tension perpétuelle, entretenait l'ordre et l'harmonie dans le monde. Ils lui assignaient pour but de tendre aussi sans cesse à réaliser dans la vie l'ordre et l'unité dont la nature fournit le modèle; à mettre de l'accord dans les actes pour en former un tout suivi, comme les phénomènes du monde; à sacrifier son bien personnel au bien général; et par conséquent à comprimer toutes ses passions, à rejeter tout plaisir et à ne tenir aucun compte de la douleur. La vertu n'est qu'au prix de l'effort. On ne saurait mieux établir l'action de la volonté. Les Stoïciens, d'ailleurs, n'ont guère aperçu que ce pouvoir dans l'homme, au point qu'ils en ont fait tout l'homme. Ils reconnaissent une nécessité ou fatalité dans la nature, mais ils ne comprennent pas l'homme autrement que doué de liberté.

Rousseau n'a garde de négliger cette force intérieure contre les matérialistes de son temps, il en soutient énergiquement à son tour l'existence. « Le principe de toute action est dans la volonté d'un être libre; on ne saurait remonter au delà. Ce n'est pas le mot de *liberté* qui ne signifie rien, c'est celui de *nécessité*. Supposer quelque acte, quelque effet qui ne dérive pas d'un principe actif, c'est vraiment supposer des effets sans causes, c'est tomber dans le cercle vicieux. Ou il n'y a point de première impulsion, ou toute première impulsion n'a nulle cause antérieure; et il n'y a point de véritable volonté sans liberté. »

Rousseau peut ainsi, comme les anciens que nous venons de citer, conclure que le bien moral ou la vertu et que le mal moral ou le vice sont notre œuvre.

Quand il parle du bien moral, et cela lui arrive souvent, ou qu'il discute sur les autres biens, sur le bonheur, sur le devoir, sur la destinée de l'homme, il laisse encore mieux entrevoir l'influence qu'il subit.

Dans une lettre de 1755-1756 sur la vertu, Rousseau écrit: « Ouvrez Platon, Cicéron, Plutarque, Epictète, Antonin... Faites mieux encore: étudiez la vie et les discours du juste et méditez l'Evangile. »

Ces quelques lignes permettent déjà de préjuger que sa morale est imprégnée d'idées anciennes. C'est, du reste, le trait commun des moralistes du XVIIIe siècle, si l'on en croit M. Brochard, qui dit: « De même encore, le XVIIIe siècle tout entier s'est inspiré de la morale antique. Malgré le célèbre passage de Rousseau sur la conscience, même dans Rousseau, c'est toujours de vertu qu'il s'agit, non d'obligation. Et quand les philosophes du siècle dont est Rousseau abusaient du mot de vertu au point de l'avoir sans cesse à la bouche, ils étaient l'écho de Sénèque et de Plutarque. »

La morale ancienne a pour principe de vivre conformément à la nature. Cette formule stoïcienne bien connue est celle que Rousseau répète mainte et mainte fois dans son *Émile*. De plus, pour les anciens Grecs, le bien et le bonheur sont identiques, chercher le bien, ce n'est autre chose que chercher le bonheur. Cette idée est très développée chez Platon: Rousseau se l'approprie.

Examinons le premier point: « vivre conformément à la nature. » Rousseau écrit: « Le bonheur de l'homme naturel est aussi simple que sa vie; il consiste à ne pas souffrir: la santé, la liberté, la nécessité le constituent. »

La santé n'est pas un bien pour les Stoïciens. Elle n'est pas un mal non plus. Mais pour Platon, c'est un bien. Nous avons constaté, dans un chapitre précédent, combien il tenait à l'exercice physique pour avoir une âme saine dans un corps robuste.

La liberté, pour les Stoïciens, consiste à permettre à l'homme d'obtenir le bonheur quand il veut. C'est la pensée d'Epictète dans cette distinction célèbre: « Les choses qui dépendent de nous et les choses qui ne dépendent pas de nous. » Rousseau, comme nous l'avons vu plus haut, adopte cette formule dans la *Julie*. Dans l'*Émile*, il écrit: « L'homme vraiment libre ne veut que ce qu'il peut, et fait ce qu'il lui plaît. Voilà ma maxime fondamentale. »

Cette définition qu'il donne de la liberté est tout à fait analogue à celle des Epicuriens et des Stoïciens. La liberté, dans la conception que s'en font les anciens, hormis Aristote, signifie que la félicité ne dépend pas des conditions extérieures soustraites à notre vouloir, mais qu'il est en notre pouvoir de l'obtenir.

En ce qui concerne la nécessité, Rousseau l'entend dans le sens de la nécessité qui découle de la nature. De même que Diogène a pour maxime:

« L'homme se suffit lui-même », et que Sénèque dit: « Le bonheur du sage est en lui-même; tout autre bonheur est superficiel », de même, Rousseau écrit: « Dans tous pays les bras d'un homme valent plus que sa subsistance. S'il était assez sage pour compter ce superflu pour rien, il aurait toujours le nécessaire, parce qu'il n'aurait jamais rien de trop. »

D'un autre côté, vivre selon la nature, c'est s'attacher à tout ce qui est naturel et mépriser tout ce qui tient de l'opinion des hommes. Rousseau dit: « Nos maux moraux sont tous dans l'opinion, hors un suel qui est le crime; et celui-là dépend de nous; nos maux physiques se détruisent ou nous détruisent. »

Arrien fiat dire à Epictète dans son *Manuel* (chap. V): « Ce qui trouble les hommes, ce ne sont pas les choses elles-mêmes, ce sont les opinions qu'ils en ont. Ainsi, par exemple, la mort en soi n'a rien de terrible, car elle eût paru redoutable même à Socrate. »

Rousseau nous parle, à son tour, de deux sortes de dépendances: « Celle des choses qui n'ayant aucune moralité, ne nuit point à la liberté et n'engendre point de vices, et celle des hommes qui, étant désordonnée, les engendre tous. »

D'après tout ce que nous venons de citer, l'homme heureux est celui qui vit selon la nature, c'est-à-dire qui conserve, en bonne santé, l'âme et le corps; assure sa liberté naturelle; équilibre sa nécessité et sa force, afin que ses facultés puissent satisfaire ses désirs, et qui, enfin, compte, dans ses actions, avec lui-même et non avec l'opinion d'autrui. Telles sont les premières conditions de la moralité pour un homme qui veut vivre conformément à la nature.

Chose encore plus importante, c'est que vivre selon la nature, suivant les Stoïciens, c'est savoir se résigner aux lois que la nature nous prescrit. La résignation joue un rôle des plus importants dans la morale des Stoïciens.

Vivre, c'est suivre la nécessité naturelle qui nous entraîne. Nous sommes par rapport à la nature comme un chien attaché à une voiture, selon Sénèque; quand la voiture marche, il arrive nécessairement que le chien la suit. Qu'il le veuille ou ne le veuille pas, il doit en être aisnsi. Mieux vaut suivre la voiture que résister. L'opposition coûterait plus de peine au chien. Car enfin, il est forcé de la suivre malgré lui. C'est une fatalité naturelle, non humaine. C'est à la Nature qu'on obéit. Donc il est plus avantageux de lui obéir que de la contrarier, si l'on veut vivre conformément à la nature, c'est-à-dire si, selon la conception stoïcienne, l'on veut bien vivre.

Rousseau, dans l'éducation morale, observe fidèlement cette règle stoïcienne. Il écrit: « O homme! Resserre ton existence au-dedans de toi, et tu ne seras plus misérable. Reste à la place que la nature t'assigne dans la chaîne des êtres, rien ne t'en pourra faire sortir; ne regimbe point contre la dure loi de la nécessité, et n'épuise pas, à vouloir lui résister, des forces que le ciel ne t'a point données pour étendre ou prolonger ton existence, mais seulement pour la conserver comme il lui plaît et autant qu'il lui plaît. Ta liberté, ton pouvoir, ne s'étendent qu'aussi loin que tes forces naturelles, et pas au-delà; tout le reste n'est qu'esclavage, illusion, prestige», etc.

De ce principe de résignation, les anciens sages et Rousseau tirent cette règle morale: il faut jouir de la vie présente, des moments heureux que la nature nous offre, c'est en un sens condamner la *prévoyance*.

Avec quelle vivacité, Rousseau ne s'exprime-t-il pas à ce sujet: « La prévoyance! La prévoyance! qui nous porte sans cesse au delà de nous, et souvent nous place où nous n'arriverons point, voilà la véritable source de toutes nos misères. »

Cette méfiance de la prévoyance est également soutenue par les Stoïciens, comme conséquence de leur doctrine. On en a la preuve dans cette phrase de Sénèque que transmet Montaigne: *Calamitosus est animus futuri anxiux*. Montaigne ajoute: « Ce grand précepte est souvent allégué en Platon: "Fay ton faict et te congnoy". Chacun de ces deux membres enveloppe généralement tout nostre devoir, et semblablement enveloppe son compagnon... Epicure dispense son sage de la prévoyance et soucy de l'avenir. »

Malgré la grande différence qui sépare en morale les Epicuriens et les Stoïciens, ils sont unanimes à réclamer la vie heureuse du présent et à supprimer les soucis de l'avenir. Montaigne ne pense pas autrement et Rousseau adopte la même maxime pour sa méthode d'éducation.

Se résigner à la place et aux circonstances que nous devons à la nature; jouir du présent sans se soucier de l'avenir incertain; se tenir en garde contre l'imagination infinie et persévérer dans notre action actuelle et comprise, ce ne sont pas là seulement des formules vaines pour les anciens. Ils en font une application continuelle dans la conduite de la vie, comme les Epicuriens et les Stoïciens en témoignent.

La méthode de l'éducation conçue par Rousseau en est inséparable. En effet, il veut que l'enfant, dès sa naissance, profite de sa vie actuelle. Quand il est homme, il veut qu'il jouisse de son état présent. « L'homme sage sait rester à sa place. » « Tout homme qui ne voudrait que vivre, vivrait heureux. » « Nous n'existons plus où nous sommes, nous n'existons qu'où nous ne sommes pas. » Ces phrases expriment toute la pensée de Rousseau, et par suite, toute sa méthode de l'éducation morale suit cette impulsion. La formule épicurienne et stoïcienne peut les résumer: « vivre heureusement selon la nature et vivre joyeusement dans le présent. »

Il en résulte que, dans ces systèmes de morale, l'obligation et le devoir ne sont pas invoqués comme un agent essentiel de moralité. M. V. Brochard le constate aussi et nous en donne la raison: « ... Ainsi, nulle idée de devoir, ni de ce que nous appelons obligation, dans la morale de la philosophie grecque. D'ailleurs, il n'en pouvait être autrement: la chose est facile à comprendre. En effet, le but que l'on se propose expressément dans toutes les écoles de philosophie anciennes, aussi bien dans l'école stoïcienne que dans celle d'Epicure ou de Platon, c'est d'atteindre à la vie heureuse. Et le bonheur dont il s'agit est le bonheur de la vie présente. »

D'autre part, M. Chabot dit: « Les anciens n'ont guère séparé le bien de la loi, le contenu de la forme, l'idéal ou la perfection du devoir qui commande de le réaliser: le bien a en lui-même toute l'autorité nécessaire pour déterminer l'action. Il suffit de le démontrer pour l'imposer, de le voir clairement pour le préférer à tout le reste. »

La morale des anciens, en effet, diffère de celle des modernes. Ceux-ci définissent la morale la science du devoir, lui donnent la forme d'une loi ou d'un commandement. Ceux-là, au lieu d'en faire des lois ou des règles, y tracent des modèles à imiter, en dehors de tout commandement.

De même, en matière d'éducation morale, Rousseau exclut l'obligation. Il dit: « Nul n'a le droit, pas même le père, de commander à l'enfant ce qui ne lui est bon à rien. »

Pour Rousseau, il est suffisant de montrer la bonne route à l'enfant et de l'y conduire, mais non de l'y obliger.

Il veut choisir plutôt un gouverneur jeune, compagnon de son élève qu'un vieux et autoritaire. Il dit: « Ne lui (enfant) commandez jamais rien, quoi que ce soit au monde, absolument rien. » Il soutient que l'enfant ne sait pas ce que c'est que le devoir. Il ne sait que la nécessité naturelle.

Ce n'est pas seulement à l'enfant que Rousseau s'adresse en parlant ainsi. Il a la même théorie pour l'adolescent.

Quand Émile est grand, son précepteur veut lui montrer les tableaux de l'histoire pour que l'élève soit porté à imiter les grands hommes. Le mot employé est celui de « guider » ou de « montrer », mais non celui de commander, parce qu'on ne prétend pas imposer l'imitation de tel ou tel personnage de l'histoire.

Cette idée apparaît encore plus nettement, quand Rousseau dépeint un curé savoyard bon et simple, qui n'use jamais de son autorité, auprès de son prosélyte, ni n'impose aucun devoir. Rousseau dit simplement: « Il lui (prosélyte) montrait un avenir plus heureux dans le bon emploi de ses talents; il ranimait dans son cœur une ardeur généreuse par le récit des belles actions d'autrui; en lui faisant admirer ceux qui les avaient faites, il lui rendait le désir d'en faire de semblables. »

Chez les Anciens et chez Rousseau il y a donc même manière de comprendre la morale. Rousseau veut aussi que l'on recherche une vie heureuse dans le présent, une vie conforme à la nature. Lui aussi demande qu'on nous offre des sages pour modèles, en nous conviant à les imiter, afin que nous vivions heureux comme eux; mais non qu'on nous impose une loi, des devoirs, des commandements pour nous importuner, nous tourmenter et nous forcer à faire ce qui ne vient pas de la nature, mais des hommes.

* * *

Le moment est venu d'aborder un sujet très important dans la morale: les idées du Bien, de la Justice et du Beau.

M. Brochard dit que, chez les Anciens, le Bien n'est pas séparé du bonheur. Il le soutient ainsi: « Sans doute, les divers systèmes se distinguent par la façon de définir le souverain bien. Tous le cherchent. Mais nulle part, il ne vient à l'esprit de le séparer du bonheur. Car que serait un bien qui n'offrirait à son possesseur ni agrément ni avantage? »

Il s'ensuit que chercher le bien, c'est chercher le bonheur.

La question de souverain bien a reçu plusieurs solutions. Il a été notamment ramené ou à la volupté, comme par Calliphon et Dinomaque; ou à l'absence de la douleur, comme par Diodore; ou aux premiers dons de la nature, comme par les anciens fondateurs de l'Académie et par les Péripatéticiens, ou à la vertu, au bien moral, comme par les Stoïciens.

Les Epicuriens plaçaient le bonheur suprême dans le plaisir. Les sages seuls étaient heureux, d'après Zénon, parce qu'ils aimaient la vertu. Platon admettait un Bien idéal, un Bien en soi, que Cicéron appelait les premiers dons de la nature. Quiconque aime le Bien reçoit ces dons de la nature, partout il est heureux; et, dans sa *République*, Platon nous montre combien ceux qui aiment le Bien sont heureux.

Cherchons quelle est la solution qui se rapproche le plus de Rousseau. Rousseau place aussi le bonheur dans le Bien. Il dit: « C'est en faisant le bien qu'on devient bon. » Il continue: « Oh! Soyons bons premièrement, et puis nous serons heureux. » Tous ces passages nous montrent que Rousseau ne voit le bonheur que dans le bien. Il se rapproche de Platon plus que de tout autre moraliste. Car contrairement aux Epicuriens et à Diodore, il n'attache pas d'importance au plaisir ni à l'absence de la douleur, pour le bien ou le bonheur.

Mais c'est surtout en prenant pour guide la nature, que l'on doit pratiquer le Bien et chercher le bonheur. Rousseau n'est pas tout à fait d'accord avec les Stoïciens sur la question de la santé. On sait que les Stoïciens considèrent la santé comme indifférente à notre bonheur. Or, pour Rousseau comme pour les fondateurs de l'Académie, ce qui est appelé les premiers dons de la nature n'est autre chose que des avantages du corps et de l'âme.

Pour le corps, c'est la conservation de tous les membres, la santé, l'énergie des sens, l'éloignement de la douleur, la vigueur, la beauté et le reste; pour l'âme, il y a les premières impressions, analogues à celles que la nature a mises, en nous, comme des étincelles et des semences de vertu.

* * *

La Justice vient naturellement à la suite du Bien. Il y a une différence entre le Bien et la Justice; le sage cherche le Bien principalement pour sa conduite personnelle, tandis que la Justice, sans cesser de s'imposer à l'individu, est par excellence une vertu sociale. Rousseau écrit: « ... Alors on ne s'y livre qu'autant qu'elle (pitié) est d'accord avec la justice, parce que, de toutes les vertus, la justice est celle qui concourt le plus au bien commun des hommes. » (*Émile*, t. I, p. 334)

La Justice occupe une place si considérable dans la *République* de Platon, qu'on peut dire que ce livre ne traite que de la justice. Platon nous y montre que l'injustice ferait naître entre les hommes des séditions, des haines et des combats; tandis que la justice entretient la paix et la concorde. Il nous montre également que le juste est plus heureux que l'injuste.

M. Brochard dit encore: « Les anciens ne bâtirent pas la moralité sur la vie future. Ils ne s'occupent que du présent. »

Le juste est heureux parce qu'il croit que la justice est une vertu, un bonheur. Il est juste non parce qu'il espère une récompense en ce monde ou dans l'autre, mais parce qu'il croit que la vie du juste est plus agréable, plus tranquille que celle de l'injuste. C'est l'idée essentielle du dixième livre de la *République* de Platon. Il est vrai que ce philosophe parle autrement dans le *Phédon*, où il traite de l'immortalité de l'âme; mais ce dernier ouvrage nous semble, avant tout, un livre de consolation pour les disciples dont le maître est sur le point de mourir. C'est pourquoi Platon soutient qu'il y a une vie future, où le bon sera récompensé et le méchant puni. Ce dogme n'ébranle pas la théorie fondamentale de Platon qui considère le Bien en soi, la Justice en soi, sans qu'il soit nécessaire de recourir à un autre monde pour goûter une vie heureuse, puisque le Bien nous en offre une actuellement.

M. Brochard dit que c'est sous l'influence du christianisme que cette notion de vie future s'est introduite dans la moralité. Car le christianisme regarde notre nature comme corrompue, et le monde actuel comme misérable, etc.

Examinons si Rousseau a sur ce point la croyance d'un ancien ou celle d'un chrétien. « Mais quelle est cette vie, écrit-il, et l'âme est-elle immortelle par sa nature? Je l'ignore. »

Cette réponse: « Je l'ignore » est très caractéristique. Rousseau fait trancher par le vicaire savoyard dans le sens de l'affirmative, la question de la vie future. Mais, peut-on objecter, il n'est pas étonnant qu'un prêtre soutienne cette immortalité. C'est pourquoi Rousseau affirme plusieurs fois qu'il y a une vie future. Mais l'hésitation qu'il montre égale sa croyance. Il commente son « Je l'ignore » en ces termes: « Je ne puis concevoir une destruction pareille de l'être pensant; et n'imaginant point comment il peut mourir, je présume qu'il ne meurt pas. Puisque cette présomption me console et n'a rien de déraisonnable, pourquoi craindrais-je de m'y livrer? »

En somme, Rousseau est très embarrassé pour résoudre cette question; il se contente de dire qu'il présume et que cette idée est propre à consoler.

Rousseau développe ensuite cette pensée: « Je ne dis point que les bons seront récompensés; car quel autre bien peut attendre un être excellent que d'exister selon sa nature, etc. »

Après nous avoir fait le tableau des tourments des méchants déchirés par l'envie, l'avarice et l'ambition, il s'écrie: « Qu'est-il besoin d'aller chercher l'enfer dans l'autre vie? Il est, dès celle-ci, dans le cœur des méchants. »

De tout ce que nous venons de dire, il résulte que Rousseau se montre hésitant, au point de vue métaphysique, dans la question de l'immortalité de l'âme. Mais il n'en est pas de même au point de vue moral. Partout il soutient énergiquement qu'il doit y avoir une autre vie pour assurer la moralité. Cette conception, commune à divers philosophes, notamment à Socrate et à Platon chez les Grecs, à Kant et à Renouvier chez les modernes, s'étaye sur les deux points suivants: 1° Les postulats moraux ne sont pas déraisonnables, ils restent rationnellement possibles; 2° La conscience les exige, donc il faut y croire.

Mais Rousseau, tout en admettant cette vie future, compte poutôt sur la vie présente comme auxiliaire de la moralité. Cette opinion concorde avec son système d'éducation, condamnant ceux qui sacrifient le présent à l'avenir, ainsi qu'avec l'opinion des anciens sur le monde.

* * *

Comme le Bien et la Justice, le Beau dans la morale peut revendiquer sa place, puisque, d'après Rousseau, l'éducation morale est de chercher une vie agréable et heureuse. Or, « Le beau est nécessairement agréable, comme dit M. Chabot, et par là, le plaisir retrouve son rôle dans l'action morale, qui ne peut se passer de lui... Il faut que nous prenions plaisir à l'action, mais un plaisir désintéressé, un plaisir esthétique. »

Cette indication du rôle auquel le beau est destiné répond assez à l'opinion que s'en formait Rousseau, quand il écrit: « Otez de nos cœurs cet amour du beau, vous ôtez tout le charme de la vie. »

D'ailleurs, Rousseau, comme Platon, distingue deux sortes de beauté: l'une sensible, l'autre intellectuelle; l'une est en action, comme dans la musique et le dessin; l'autre réside dans la contemplation du spectacle de la nature; la première procure l'agrément du corps et de l'esprit, la seconde va plus droit à l'âme, mais elle a besoin de la première pour être complète.

Dans cette théorie, Rousseau se souvient des Dialogues de Platon, surtout du deuxième livre des *Lois* et du dixième de la *République*. Il a, du reste, écrit un petit livre intitulé: *De l'imitation théâtrale*, avec un sous-titre « Essai tiré des Dialogues de Platon ». Il s'en inspire spécialement, quand il dit: « ... Ainsi Dieu, l'architecte et le peintre sont les trois auteurs de ces trois palais. Le premier palais est l'idée originale, existante par elle-même; le second en est l'image; le troisième est l'image de l'image, ou ce que nous appelons proprement imitation. D'où il suit que l'imitation ne tient pas, comme on croit, le second rang, mais le troisième dans l'ordre des êtres, et que, nulle image n'étant exacte et parfaite, l'imitation est toujours d'un degré plus loin de la vérité qu'on ne pense. »

Telle est la conception de Rousseau sur la peinture. Il veut que son élève, dans l'*Émile*, peigne devant la nature, et que, par exemple, il dessine une maison d'après une maison, un arbre d'après un arbre, un homme d'après un homme. Néanmoins il croit que la peinture est une imitation imparfaite et ne lui attribue que le troisième rang dans l'expression de la vérité.

C'est le même jugement que celui qu'il porte sur l'imitation théâtrale. Il critique Homère comme le faisait Platon.

Quant à l'harmonie musicale, il n'y voit qu'une convention, une habitude des oreilles charmées. (Nous avons vu que Rousseau considère la musique comme l'étude de l'âme par excellence. S'il dit maintenant que la musique est une imitation imparfaite, il ne se contredit pas au fond. Dans le *Dictionnaire de la Musique*, il définit cet art une science de l'âme; mais dans l'*Imitation théâtrale*, il vise particulièrement la musique populaire.)

Tous les arts sont des imitations imparfaites. Ils sont loin de réaliser la beauté et la vérité; ils nous avilissent, au contraire, dans notre corps et dans notre âme. Puisque ces arts humains ne peuvent pas élever convenablement notre âme, il faut chercher un autre genre de beauté, et c'est une beauté naturelle, une beauté divine, pour ainsi dire, qu'il propose.

La nature, pour Rousseau comme pour Platon, est très harmonieuse. Elle a partout de l'ordre. Contempler la beauté de la nature, est le vrai moyen de l'élever. Cet amour de l'ordre naturel nous permet d'établir de l'ordre dans la conduite et dans la société. « J'acquiesce à l'ordre qu'il établit, sûr de jouir moi-même, un jour, de cet ordre et d'y trouver ma félicité; car quelle félicité plus douce que de se sentir ordonné dans un système où tout est bien. »

De son côté, Platon, dans le *Banquet*, par la bouche de Pausanias, félicite la Vénus populaire, c'est-à-dire la beauté populaire. Et il finit par un discours de Socrate, disant que ceux qui aiment le beau aiment le bon. La beauté et la bonté son inséparables.

Ainsi aimer à contempler l'harmonie de la nature, la beauté céleste, arriver par cet amour à réaliser l'ordre moral, sont des traits communs à Platon et à Rousseau.

* * *

Après la mise en valeur des idées de Justice, de Bien et de Beau, deux autres sujets restent à traiter dans cette étude de morale: la conscience et l'amour de soi. Telle est l'importance qu'ils prennent dans le système de Rousseau, que nous ne pouvons les passer sous silence.

Quand il s'occupe de la conscience, exprime-t-il des idées personnelles? M. Brochard croit que le mot grec *suneidesis* ou le latin *conscientia* ne correspond pas au mot « conscience » de Rousseau. Il parle ainsi: « Ce n'est jamais en regardant en lui-même, par l'étude des faits intérieurs, que le

Grec cherche à gouverner sa vie. Ses regards se portent toujours au dehors. C'est dans la nature, c'est dans la conformité à la nature, nullement dans une loi interne et dans la conformité à cette loi que la philosophie grecque cherche le bien. »

Cela est vrai. Mais si nous approfondissons un peu plus la notion de conscience chez Rousseau, nous verrons que l'idée qu'il en a, n'est pas aussi opposée qu'on le croit à celle des Grecs. Tout d'abord, sans doute, Rousseau considère la conscience comme « juge infaillible du bien et du mal », et semble bien ainsi attacher à ce terme le sens de conscience morale. Mais il y a chez lui quelque chose de plus. D'une part, Rousseau considère la conscience comme une vision intérieure. Il dit à ce sujet que la « conscience est à l'âme ce que l'instinct est au corps ». C'est comme pour les sages anciens; le « connais-toi toi-même » et comme pour Socrate; le bon démon.

D'autre part, la conscience pour Rousseau, c'est la nature en petit, une miniature de nature dans l'homme. Suivre la conscience, c'est suivre la nature. Il dit: « Qui suit la conscience obéit à la nature, et ne craint point de s'égarer. »

* * *

La question de l'amour de soi joue un rôle très important dans la morale de l'*Émile*. L'amour de soi est bon, parce qu'il vient de la nature. L'amour-propre est mauvais, parce qu'il vient de l'homme. L'éducation morale consiste à bien développer le premier sentiment et à combattre le second. On retrouve partout dans l'*Émile* la même idée. De l'amour de soi sortent l'amour familial et l'amour social. Rousseau écrit: « L'amour des hommes, dérivé de l'amour de soi, est le principe de la justice humaine. »

La notion de « L'Amour de soi » est bien observée et indiquée par les Anciens. Cicéron dit qu'elle est le lien commun des Stoïciens et des nouveaux Académiciens. Il signale comme un fait que « tout animal s'aime lui-même: sentiment incontestable, parce qu'il est inhérent à notre nature; vérité dont l'adversaire ne trouverait pas un auditeur. » Il en conclut que toute l'amitié est un dérivé de l'amour de soi, et par là il y rapporte toute la morale. Il écrit: « Il serait même absurde d'affirmer que l'amitié, en général, n'a pas pour principe l'amour de soi. Aussi, lorsqu'on applique ce langage à l'amitié, au devoir, à la vertu, quels que soient les temres que l'on emploie, nos auditeurs en saisissent le véritable sens. Oui, nous sommes dans l'impossibilité de comprendre que notre attachement pour un objet quelconque ne se rapporte pas à nous-mêmes. »

CHAPITRE V   Éducation religieuse

L'idée de la religion naturelle a une origine fort lointaine. Puisque M. Masson l'a cherchée parmi les modernes, cherchons-la chez les anciens.

Le naturalisme existe déjà sous une forme assez complexe chez les Stoïciens. Pour eux, en effet, la nature n'est autre chose que l'œuvre de Dieu. Adorer la nature, c'est une contemplation ravissante. C'est par là aussi qu'on peut connaître son Auteur, qui gouverne le monde avec une sagesse suprême.

« Dieu a fini son œuvre, dit M. Picavet en parlant du Stoïcisme; il ne lui reste plus qu'à maintenir l'ordre et à gouverner avec prévoyance le monde qu'il a formé: le Démiurge devient le Dieu, la providence. »

Il semble que Rousseau, très versé dans les idées des Stoïciens, admet comme eux que la nature est gouvernée par Dieu avec une harmonie parfaite. L'ordre, y régnant sans chaos, en rend le spectacle magnifique et la beauté incomparable. L'ouvrier (Dieu) se cache, mais l'ouvrage (la nature), se montre clairement aux yeux de tous les gens sensés.

Dieu est, au fond, la notion la plus abstraite. Il faut avoir des idées synthétiques, des pensées générales et des jugements serrés pour le connaître. Est-ce facile pour tout le monde? Quant à la nature, c'est autre chose. Ceux qui ont les yeux peuvent la contempler et l'aimer. Et cet amour pour l'ouvrage, il est naturel de le transporter à son Ouvrier. Cette raison, avancée également par les Stoïciens, est une de celles qui font concevoir à Rousseau la religion naturelle.

Rousseau s'exprime très clairement sur ce point: « Vous ne voyez dans mon exposé que la religion naturelle: il est bien étrange qu'il en faille une autre! Par où connaîtrai-je cette nécessité? De quoi puis-je être coupable en servant Dieu selon les lumières qu'il donne à mon esprit, et selon les sentiments qu'il inspire à mon cœur? Quelle pureté de morale, quel dogme, utile à l'homme et honorable à son auteur, puis-je tirer d'une religion positive que je ne puisse tirer sans elle du bon usage de mes facultés?... Voyez le spectacle de la nature, écoutez la voix intérieure: Dieu n'a-t-il pas tout dit à nos yeux, à notre conscience, à notre jugement », etc. (*Émile*, t. II, p. 52)

En dehors des Stoïciens, Rousseau a subi d'autres influences anciennes, celles de Platon et d'Aristote, du moins dans les traits principaux.

Dans sa profession de Foi de l'*Émile*, Rousseau donne plusieurs preuves de l'existence de Dieu: 1° l'existence d'un premier moteur; 2° l'intelligence de la nature; 3° la Providence qui fait régner l'ordre dans la nature.

On sait que la première est empruntée à Aristote. Il semble que Rousseau s'est décidé à l'admettre, après l'avoir comprise et méditée dans les écrits de Clarke, le théologien qui lui est le plus cher.

En effet, Clarke, après avoir établi solidement l'inertie de la matière, conclut de ce que la matière est en mouvemnt, la nécessité d'un premier moteur, c'est-à-dire l'existence de Dieu.

Le raisonnement de Clarke rappelle, à n'en pas douter, celui d'Aristote. Ce dernier enseigne qu'il y a deux espèces de mouvements: celui qui meut et celui est est mû. Celui qui est mû a besoin d'un premier moteur, que l'on conçoit en remontant de cause en cause, et ce premier moteur est Dieu.

Par l'intermédiaire de Clarke, ou peut-être directement, Rousseau continue les idées d'Aristote, quand il dit: « Les premières causes du mouvement ne sont point dans la matière; elle reçoit le mouvement et le communique, mais elle ne le produit pas. Plus j'observe l'action et réaction des forces de la nature agissant les unes sur les autres, plus je trouve que d'effets en effets il faut toujours remonter à quelque volonté pour premiière cause; car, supposer un progrès de causes à l'infini, c'est n'en point supposer du tout... Voilà mon premier principe. Je crois donc qu'une volonté meut l'univers et anime la nature. Voilà mon premier dogme, ou mon premier article de foi. »

Rousseau explique ensuite l'existence de Dieu par l'intelligence de la nature. Il dit: « Si la matière mue me montre une volonté, la matière mue selon de certaines lois me montre une intelligence: c'est mon second article de foi. Agir, comparer, choisir, sont les opérations d'un être actif et pensant; donc cet être existe. »

Nous avons déjà dit que Platon, dans son *Timée*, considère Dieu comme architecte du monde et comme intelligence infinie. Mais ce sont surtout les Stoïciens qui proclament l'intelligence divine. Sénèque, par exemple, dans ses *Questions naturelles*, nous montre avec quelle intelligence supérieure et parfaite la nature est construite. C'est cela, pense-t-il, qui doit nous amener à croire à l'existence de son auteur, Dieu.

Rousseau a lu Descartes et Leibniz. Le premier croit qu'en Dieu, c'est la volonté qui occupe la première place; le second que c'est l'intelligence. Descartes serait aussi un écho de saint Augustin, et, Leibniz, de Platon et des Stoïciens. Rousseau se range à l'opinion de Descartes dans sa première preuve et à celle de Leibniz dans sa seconde.

Nous savons que Rousseau connaît bien lui-même Platon et quelques Stoïciens. Si nous parlons ici de Descartes et de Leibniz, c'est pour montrer que ces théories anciennes sont renouvelées par les philosophes modernes et qu'il n'est pas étonnant que Rousseau, à son tour, se les approprie.

Nous arrivons à la Providence et à la preuve qu'en offre l'ordre qui règne dans la nature.

La Providence, pour Rousseau comme pour les anciens philosophes, est prouvée par l'ordre et l'harmonie de la nature, c'est-à-dire par le fait qu'une chose existante a sa raison d'être et n'est pas impubtable au hasard. Il faut donc supposer une bonne volonté qui ne veut que le bien, une intelligence suprême qui dirige le monde et une bonté qui conserve ce monde avec son ordre parfait.

Rousseau écrit: « Dieu est intelligent... Dieu peut, parce qu'il veut, sa volonté fait son pouvoir. Dieu est bon, rien n'est plus manifeste. Mais la bonté dans l'homme est l'amour de ses semblables et la bonté de Dieu est l'amour de l'ordre. »

La question de la Providence avait déjà été abordée par Platon, puis développée par les Stoïciens et reprise par Cicéron. Rousseau, paraît-il, connaît bien directement cette théorie ancienne: témoin sa note que nous discutons plus loin.

Examinons tout de suite ce que dit Platon sur la Providence. Il explique dans le *Timée* que Dieu, par son intelligence, fait régner l'ordre dans le monde et qu'il établit ainsi sa Providence. Voici comment il se résume: « En conséquence, Dieu mit l'intelligence dans l'âme, l'âme dans le corps et ordonna l'univers de manière à en faire un ouvrage de nature excellent et parfaitement beau. De sorte que la vraisemblance nous oblige de dire que ce monde est véritablement un être animé et intelligent, produit par la Providence divine. »

Voici maintenant, sur le même sujet, l'opinion des Stoïciens d'après Cicéron. Dans le *De natura deorum*, l'auteur, par la bouche de Balbus, Stoïcien, nous dit: « Telle est donc l'intelligence de l'univers, et par conséquent le nom de Providence (en grec, *pronoia*), lui convient, puisque sa plus grande étude, son premier soin est de pourvoir à ce qu'il soit toujours bien constitué, à ce qu'il ne manque de rien, et à ce qu'il rassemble toutes les beautés, tous les ornements possibles. »

Nous citons ce passage de Cicéron au lieu d'en citer un autre des Stoïciens proprement dits, parce qu'il nous semble que Rousseau a lu le *De natura deorum*. Témoin cette similitude de pensée sur la même question de Providence, entre Cicéron et Rousseau. Celui-ci dit: « Cependant, si l'on venait me dire que des caractères d'imprimerie projetés au hasard ont donné l'*Émile* tout arrangée, je ne daignerais pas faire un pas pour vérifier le mensonge. »

Et Cicéron, par la bouche de Balbus dit aussi: « ... Pourquoi ne s'imagine-t-il pas que si l'on jetait à terre quantité de caractères d'or, ou de quelque manière que ce fût, qui représente les vingt et une lettres, ils pourraient tomber arrangés dans un tel ordre, qu'ils formeraient lisiblement les Annales d'Ennius? Je doute que le hasard puisse rencontrer si juste pour un seul vers. »

Tout à l'heure, nous disions que, d'après une note, Rousseau était initié aux théories anciennes sur la religion. Voici ce qu'elle contient: « Quand les anciens appelaient », écrit Rousseau, « *optimus maximus* le Dieu suprême, ils disaient très vrai; mais en disant *maximus optimus* ils auraient parlé plus exactement, puisque sa bonté vient de sa puissance: il est bon parce qu'il est grand. »

Sur ce point, Rousseau paraît éloigné des opinions anciennes. Selon Brochard, la conception de Dieu pour les Anciens est basée sur « l'intelligence » et non sur « la toute-puissance » et « l'infini » comme la conception des modernes. Rousseau, chrétien évangélique dans le fond, préfère appliquer le mot « puissance » à Dieu. Mais il n'admet pas la notion de l'« infini ». Il dit: « Mon entendement borné ne conçoit rien sans bornes: tout ce qu'on appelle infini m'échappe. »

* * *

D'après tout ce que nous venons de voir, la théologie de Rousseau se rapproche de celle des Anciens. S'il ajoute lui-même la notion de puissance, il admet le premier moteur d'Aristote, la providence, c'est-à-dire la notion de l'intelligence divine de Platon et des Stoïciens.

En effet, il voit l'intelligence dans le monde absolument comme un Stoïcien. Il écrit: « Où le (être intelligible) voyez-vous exister, m'allez-vous dire? Non seulement dans les cieux qui roulent, dans l'astre qui nous éclaire; non seulement dans moi-même, mais dans la brebis qui paît, dans l'oiseau qui vole, dans la pierre qui tombe, dans la feuille qu'emporte le vent. »

La Providence fait régner l'ordre dans le monde, il en résulte nécessairement que tout va bien, comme dit Leibniz. Mais comment expliquer qu'il y a des maux dans le monde?

Rousseau soutient que ces maux viennent de nous-mêmes. « Dieu n'est pas l'auteur du mal, c'est nous mêmes. » Mais en s'exprimant ainsi, ne se souvient-il pas peut-être d'Aulu-Gelle, auteur connu de lui? Chrysippe, au rapport de cet Ancien, dit que les pythagoriciens ont adopté cette maxime: « Sachez que les hommes ne doivent s'en prendre qu'à eux-mêmes de leurs maux. Ils pensaient, en effet, que chacun est l'auteur de ses maux. » etc.

* * *

Nous avons indiqué les traits principaux de la théorie de Rousseau sur la religion, il est temps de parler de la part qu'il lui fait dans la méthode de l'éducation.

Rousseau ne veut pas qu'on donne l'éducation religieuse aux enfants. D'où vient cela? C'est, selon Rousseau, pour deux raisons: la première, c'est que l'enfant ne peut pas comprendre les idées abstraites comme celles d'esprit, d'infini, de création, d'éternité, de toute-puisssance, etc.

Rousseau professe là-dessus l'opinion d'Euripide, telle que la rapportent Plutarque et Montaigne et que traduisent ces vers:

O Jupiter! car de toi rien sinon
Je ne connais seulement que le nom.

La seconde raison, c'est que l'enfant comprend mal l'idée de Dieu. Et, une fois qu'il a mal compris Dieu, il l'outrage. Rousseau s'appuie sur ces paroles de Plutarque: « J'aimerais mieux, dit le bon Plutarque, qu'on croit qu'il n'y a point de Plutarque au monde, que si l'on disait que Plutarque est injuste, envieux, jaloux, et si tyran, qu'il exige plus qu'il ne laisse le pouvoir de faire. »

CHAPITRE VI   Éducation politique

L'homme naturel que Rousseau nous présente dans ses deux *Discours de l'Académie de Dijon*, dans son *Émile* ou dans ses autres œuvres, est heureux, heureux de vivre dans la nature, sans loi ni contrainte. Nos chapitres précédents ont sommairement montré la source de cette idée.

L'homme civil de Rousseau est autre chose. « L'homme est sociable par sa nature ou, du moins, fait pour le devenir. » Dès qu'il sort de son état naturel, il est forcé, par l'accroissement de ses besoins, d'avoir une société. Comment la former? Rousseau pose le problème en ces termes: « Trouver une forme d'Association qui défende et protège, de toute la force commune, la personne et les biens de chaque associé, et par laquelle chacun, s'unissant à tous, n'obéisse pourtant qu'à lui-même et reste aussi libre qu'auparavant. » *Du Contract social* donne la solution.

Mais d'où vient elle-même la théorie du *Contrat*? De fictions fabuleuses? D'une imagination poétique? D'une pensée romanesque? Soit; puisque Rousseau a lu beaucoup de romans.

Il faut y voir surtout une solution logique, et mieux encore, une solution historique.

C'est une solution logique qui est dérivée de ce principe stoïcien: l'égalité naturelle et l'égalité juridique. Chacun est fils de Dieu, selon le stoïcisme; donc tous sont égaux par nature, ils doivent l'être aussi devant les lois. Rousseau en tire cette conclusion: « Tous, étant nés égaux et libres, n'aliènent leur liberté que pour leur utilité », ce qui l'amène à combattre le droit du plus fort et la légitimité de l'esclavage. Il cherche en vain comment les hommes, étant nés égaux et libres, peuvent s'emmêler pour établir une société. Il ne trouve qu'un moyen, la convention ou le contrat.

Ainsi la logique conduit bien Rousseau à soutenir cette théorie de convention sociale. On est d'accord sur ce point. Mais la majeure de ce syllogisme: « les hommes naissent égaux et libres » vient particulièrement du stoïcisme, doctrine éminemment sociale et fraternelle. Cette doctrine, introduite par les jurisconsultes romains, joue un rôle considérable dans le monde politique. Le résultat en est la condamnation de l'esclavage et l'acheminement à une démocratie fondée sur l'égalité des droits des citoyens.

Nous disons aussi qu'il y a une solution historique dans l'opinion adoptée par Rousseau. En effet, du pacte social il fait dépendre la souveraineté du peuple qui dirige les affaires. Or les Romains et les Grecs n'ont pas connu ou pratiqué autrement la souveraineté. Chez ces deux peuples, les citoyens, réunis fréquemment sur la place publique, traitaient et décidaient des affaires importantes. Rousseau dit par exemple, du peuple romain: « Non seulement il exerçait les droits de la souveraineté, mais une partie de ceux du gouvernement. Il traitait certaines affaires, il jugeait certaines causes, et tout ce peuple était sur la place publique, presque aussi souvent magistrat que citoyen. »

Il dit de même des Grecs: « Chez les Grecs, tout ce que le peuple avait à faire, il le faisait par lui-même: il était sans cesse assemblé sur la place. »

Ce tableau de la vie publique des Grecs et des Romains, probablement suggéré par la lecture de Plutarque, a dû séduire Rousseau. On croit que ce sont les hommes primitifs qui se sont rassemblés pour faire des

Conventions et des Contrats. Mais contrairement à cette opinion commune, l'idée du Contrat social de Rousseau n'est pas puisée chez les sauvages, habitant au fond des forêts. Elle vient des peuples policés, tels que les Grecs et les Romains.

* * *

Nous ne l'exposerons pas en détail, nous en noterons seulement les traits fondamentaux.

Plutarque, parlant des repas publics chez les Lacédémoniens, nous apprend que chaque convive apportait par mois une médimne de farine, huit mesures de vin, cinq livres de fromage, deux livres et demie de figues et un peu de monnaie pour acheter de la viande; la cuisine était commune; on mangeait en commun ce qu'on avait porté. -Cette manière de vivre en communauté ne correspond-elle pas allégoriquement à la définition *Du Contrat social* de Rousseau, quand il s'exprime ainsi? « Enfin, chacun, se donnant à tous, ne se donne à personne, et, comme il n'y a pas un associé sur lequel on n'acquière le même droit qu'on lui cède sur soi, on gagne l'équivalent de tout ce qu'on perd, et plus de force pour conserver ce qu'on a. »

Un tel fait atteste incontestablement que le pacte social existait, chez les Lacédémoniens, même dans les repas publics. Nous ne saurions trop répéter que Rousseau, sur la foi de Plutarque, tint Lycurgue pour un législateur incomparable. Il l'admire, il en adopte les idées, en ce qui concerne l'éducation politique non moins que toute autre. La question de la « volonté générale » lui donne encore l'occasion de le mettre en avant: « Il importe donc, pour avoir bien l'énoncé de la volonté générale, qu'il n'y ait pas de société partielle dans l'État, et que chaque citoyen n'opine que d'après lui: telle fut l'unique et sublime institution du grand

193

Lycurgue. »

　　Devant la volonté générale qui est inaliénable et indivisible, la volonté particulière disparaît. Cette absorption des individus dans l'État suprême, conception la plus singulière et la plus importante de Rousseau après celle *Du Contrat social*, suppose aussi une source ancienne: Lycurge à Sparte.

CHAPITRE VII   Éducation féminine

L'éducation féminine à laquelle Rousseau consacre plus d'une page, permet, comme l'éducation de l'homme, de relever quelques sources antiques.

L'auteur ne manque pas de reconnaître qu'en raison de la différence de constitution entre les deux sexes, il doit y avoir aussi deux éducations différentes. Cet avis est contraire à celui de Lycurgue et, par suite, à celui de Platon, qui veulent instruire les femmes de la même façon que les hommes: « si la fin des travaux des deux sexes est commune, les travaux sont différents. »

La différence d'éducation des deux sexes porte non seulement sur les exercices physiques, mais encore sur la nature des connaissances. L'homme doit avoir pour objet principal les choses utiles, la femme, les choses agréables.

Une autre différence, d'un caractère plus strictement moral, c'est que, si l'homme ne doit pas tenir compte de l'opinion d'autrui, pour la femme, il en est tout autrement. Rousseau dit à ce propos: « Le sentiment sans l'opinion, ne leur (femmes) donnera point cette délicatesse d'âme qui pare les bonnes mœurs de l'honneur du monde, et l'opinion sans le sentiment n'en fera jamais que des femmes fausses et déshonnêtes, qui mettent l'apparence à la place de la vertu. »

De telles réflexions de Rousseau se complètent par des idées que lui suggèrent les mœurs grecques. Le passage suivant, que nous ne pouvons résister au désir de transcrire, en rend l'influence évidente: « Je trouve qu'en général l'éducation grecque était très bien entendue en cette partie. Les jeunes filles paraissaient souvent en public, non pas mêlées avec les garçons, mais rassemblées entre elles. Il n'y avait presque pas une fête, pas un sacrifice, pas une cérémonie, où l'on ne vît des bandes de filles des premiers citoyens couronnées de fleurs, chantant des hymnes, formant des chœurs de danses, portant des corbeilles, des vases, des offrandes, et présentant aux sens dépravés des Grecs un spectacle charmant, et propre à balancer le mauvais effet de leur indécente gymnastique. » « ... Sitôt que ces jeunes personnes étaient mariées, on ne les voyait plus en public; renfermées dans leurs maisons, elle bornaient tous leurs soins à leur ménage et à leur famille. Telle est la manière de vivre que la nature et la raison prescrivent au sexe. Aussi de ces mères-là naissaient les hommes les plus sains, les plus robustes, les mieux faits de la terre; et, malgré le mauvais renom de quelques îles, il est constant que de tous les peuples du monde, sans en excepter même les Romains, on n'en cite aucun où les femmes aient été à la fois plus sages et plus aimables, et aient mieux réuni les mœurs à la beauté, que l'ancienne Grèce. »

Enfin, à l'éducation féminine se rattache la question de l'allaitemnt des enfants par la mère. M. Picavet nous dit que Rousseau a utilisé toutes les observations de Favorinus sur cette partie. « Par conséquent, ajoute-t-il, le XVIIIe siècle se relie directement au second siècle par cette question, sur laquelle il a cru parfois faire œuvre entièrement originale. »

Le passage de Favorinus que nous trouvons chez Aulu-Gelle et que M. Picavet traduit dans son *Essai* exprime, en effet, les mêmes idées que Rousseau. Non seulement les idées sont les mêmes, mais encore les arguments, et, souvent, les expressions sont identiques.

Tous les deux soutiennent que la nature a donné les mamelles aux femmes comme de gracieuses protubérances, destinées non pas tant à orner la poitrine qu'à nourrir les enfants.

Ce n'est pas seulement par nécessité physique que la femme doit allaiter ses enfants elle-même, mais par besoin moral. On ne doit pas donner son enfant à une nourrice bête, féroce même, ignorante, quelquefois ivrogne et imbécile. Si l'on donne son enfant à cette espèce de gens, véritables esclaves par leur manière de vivre, l'enfant deviendra esclave, à son tour, par l'imitation.

Si une femme, quand elle n'est pas malade, ne veut pas élever ses enfants, c'est contre la nature. C'est vouloir préparer et favoriser tous les mauvais services que les enfants reçoivent de la société. Une telle femme ne peut pas avoir un bon mari ni de beaux enfants.

Ces mêmes idées ne sont pas étrangères à Plutarque, contemporain et même ami de Favorinus: le passage ci-après en témoigne: « ... Vient maintenant la question de la nourriture. Il faut, selon moi, que les mères elles-mêmes nourrissent leurs enfants et leur présentent le sein; car elles allaiteront avec plus d'amour, avec plus de sollicitude, puisque leur tendresse pour leurs enfants part du cœur et, comme on dit, du fond même de leurs entrailles. Les nourrices et leurs gouvernantes n'ont qu'une tendresse factice, attendu qu'elle est toute mercenaire. La nature demande elle-même que les mères allaitent et nourrisent les petites créatures qu'elles ont mises au monde. »

Plutarque a-t-il d'abord inspiré Favorinus, puis Rousseau? Ce dernier a-t-il puisé dans les deux? Peu importe: il reste établi que ces idées de Rousseau ont une origine ancienne et cela suffit.

CONCLUSION

Nous croyons avoir montré suffisamment les sources antiques auxquelles a puisé J.-J. Rousseau: bornons-nous, pour conclure, à nous résumer.

Nous avons présenté d'abord, comme dans une galerie, tous les Anciens qui, surtout dans l'antiquité grecque et latine, semblait avoir été les précurseurs de notre philosophie; et parmi ces devanciers, nous avons eu soin de mettre en relief plus particulièrement Platon, Aristote, les Stoïciens et Plutarque. Nous avons déterminé différents ordres d'éducation, et, dans chacun d'eux, relevé des traces bien marquées d'influence de ce lointain passé.

Pour la thorie et la méthode de l'éducation en général: inspiration de Platon, des Stoïciens et de Plutarque; mêmes principes: bonté naturelle de l'homme, nécessité d'écarter l'enfant de la société, heureuse action de la mère. Mêmes moyens de former l'homme et le citoyen: exercices physiques prédisposant à l'amélioration morale; musique et, en général, esthétique, base de la morale, à l'exclusion du théâtre, idées essentiellement platoniciennes; puis, pour diverses raisons dont le charme des enfants n'est pas le moindre, emploi de la douceur de préférence à celui de la sévérité; rapports étroits entre l'éducation publique et l'éducation privée; culte du nationalisme dans la première: encore autant de vues platoniciennes.

Dans l'éducation de l'intelligence: théorie suggérée par Aristote plutôt que par Locke; union rationnelle de l'idée d'un objet et de l'idée de son concept ou de ce que l'on affirme de cet objet; méthode fondée sur la perception des choses, sur des idées exactes et claires: d'où guerre à la mémoire, à l'imagination; recours aux procédés de Socrate vivifiés par certains dialogues de Platon; ajournement de l'usage du jugement et du raisonnement: autant de prescriptions de Platon.

Dans l'éducation morale, sources surtout stoïciennes: importance de la volonté, considérée comme le véritable artisan du bien et du mal; liberté entendue comme pouvoir d'obtenir le bonheur, indépendamment des conditions extérieures, d'où nécessité de ne pas compter avec l'opinion, mais avec soi-même; se résigner aux lois de la nature, vivre heureusement selon la nature et vivre joyeusement dans le présent, sans souci du passé, sans prévoyance de l'avenir; remplacer le devoir ou l'obligation par l'exemple et le modèle, au lieu de se borner à le considérer comme agent essentiel de la moralité.

En outre, idées fondamentales de la morale ramenées au bien, au juste et au beau, identification du bien, en tant que bien moral, avec le bonheur; justice, source de la paix et de la concorde; moralité bâtie sur le présent plutôt que sur la vie future, ce qui, loin d'exclure la croyance à l'immortalité de l'âme, la renforce et la purifie; beau réalisé imparfaitemnt par les arts, mais allant plus droit à l'âme, quand il est contemplé dans la nature, autant de souvenirs laissés par la lecture des *Lois* et de la *République* de Platon; conscience interprétée à la fois comme « juge infaillible » et comme « vision intérieure »; conformité à la nature suppléant la loi morale; amour de soi, expliquant les meilleurs sentiments, même de l'amitié: autant d'idées antiques où se mêlent celles de Platon et celles de Cicéron.

Pour l'éducation religieuse, sont mis à contribution les Stoïciens, Platon

199

et Aristote, et de ces sources découle une religion naturelle comportant la croyance à l'existence de la divinité et à celle d'une Providence; l'organisation du monde suppose un architecte et le mal qui s'y montre n'y vient que de nous-mêmes. Mais, pensée de Plutarque, l'éducation religieuse est peu accessible et même dangereuse dans l'enfance.

Dans l'éducation politique, les Stoïciens et Plutarque prennent une place importante. La société s'explique par un contrat dont l'origine admet deux solutions: l'une d'ordre logique, impliquant le principe de l'égalité des hommes; l'autre d'ordre historique, suggérée par le spectacle de la république à Rome et en Grèce.

Dans l'éducation féminine enfin, ni Platon, ni Lycurgue ne sont plus suivis. Rousseau fait valoir l'éducation grecque et s'autorise de Favorinus et de Plutarque, c'est de là qu'il tient, en effet, la nécessité d'envisager la différence des deux sexes, l'obligation de la réserve pour la femme, dépendant du jugement de l'opinion; l'importance physique et morale de l'allaitement maternel, toutes choses imposées par la nature et par la raison.

Cette analyse à grands traits de l'œuvre de Rousseau nous permet de constater que, dans chacun des ordres d'éducation auxquels on peut la réduire, affluent des idées premières et parfois maints détails d'origine ancienne. Les emprunts, certes, sont fort nombreux. S'ensuit-il pourtant qu'ils effacent la personnalité du penseur, comme l'ont prétendu certains pamphlétaires? qu'ils compromettent son originalité au point de l'annuler?

Tel n'est pas, à notre avis, le cas de Rousseau. Sans doute, il est une originalité qui consiste à avoir des conceptions nouvelles et entièrement personnelles, des systèmes ou des procédés entièrement nouveaux. Mais il s'agit là d'une originalité idéale: nous doutons qu'elle existe aussi absolue, même dans le domaine des sciences où, les connaissances et les découvertes, par une continuelle superposition, en assurent le progrès quotidien. A plus forte raison, elle est contestable dans les sciences philosophiques et morales, où il arrive, plus facilement qu'ailleurs, que les générations qui précèdent lèguent des traditions, des idées, des enseignements à celles qui suivent et cherchent à en profiter. C'est dans ce domaine que nous semble particulièrement s'appliquer le mot célèbre d'Auguste Comte: « Les vivants sont toujours, et de plus en plus, gouvernés nécessairement par les morts: telle est la loi fondamentale de l'ordre humain. »

Toutes ces considérations n'empêchent pas la personnalité de Rousseau de s'accuser à plus d'un titre.

D'abord, comme bien d'autres, en travaillant sur des matériaux déjà connus, il parvient à leur donner, avec une forme nouvelle, un cachet original: c'est affaire au génie.

Mais il y a mieux, et, c'est surtout de lui que l'on peut dire que « son imitation n'est pas un esclavage ». Quoiqu'il reçoive de toutes mains, il ne prend pas aveuglément et au hasard, sans discernement, sans critique; au contraire, il juge, il pèse, il commente, il limite, il complète ou rejette au besoin: il ne choisit et ne garde que ce qu'il trouve de lui-même dans les Anciens, que ce qui répond moins à son esprit qu'à son cœur. C'est au point que les théories des Anciens ne sont souvent pour lui qu'une occasion de greffer sur elles ses propres théories et ses propres sentiments.

Divers exemples vont justifier une pareille opinion.

Pour Platon et Socrate, la bonne éducation consiste à développer les facultés que l'enfant reçoit de la nature. (nos chapitres II et III.) Rousseau se rallie à ce principe; mais il ne s'en tient pas là. Il ajoute qu'il faut laisser la nature, d'abord, agir toute seule. Puis, il nous recommande de bien observer et de bien étudier les enfants, parce qu'on ne les connaît vraiment pas. (préface de l'*Émile*.) Il est ainsi amené à formuler les quatre maximes suivantes, d'un caractère bien personnel:

1° « Loin d'avoir des forces superflues, les enfants n'en ont pas même de suffisantes pour tout ce que leur demande la nature, il faut donc leur laisser l'usage de toutes celles qu'elle leur donne et dont ils ne sauraient abuser. »

2° « Il faut aider les enfants et suppléer à ce qui leur manque, soit en intelligence, soit en force, dans tout ce qui est du besoin physique. »

3° « Il faut, dans les secours qu'on leur donne, se borner uniquement à l'utile réel, sans rien accorder à la fantaisie ou au désir sans raison, car la fantaisie ne les tourmentera point, quand on ne l'aura pas fait naître, attendu qu'elle n'est pas de la nature. »

4° « Il faut étudier avec soin leur langage et leurs signes, afin que, dans un âge où ils ne savent point dissimuler, on distingue dans leurs désirs ce qui vient immédiatement de la nature et ce qui vient de l'opinion. »

Ces quatre maximes ont bien leur importance. L'éducation des enfants, telle qu'on la concevait avant Rousseau, se proposait d'élever les enfants comme s'ils étaient des hommes et non des enfants. Faute d'étudier la nature des enfants, faute de la connaître, on entrave le développement de leurs facultés au lieu de les développer. Les deux premières maximes remédient à cet inconvénient. La troisième assure le bonheur de l'enfant et prélude à la morale qui lui conviendra plus tard. La quatrième fonde tout l'art pédagogique.

En somme, ces quatre maximes résument toute la méthode d'éducation de Rousseau et laissent bien loin derrière elles, par leur précision et leur netteté, les vues un peu vagues, par suite de leur généralité, de Socrate et de Platon. Plus d'un pédagogue, ultérieurement, devait s'en inspirer, entre autres Pestalozzi, quand il dit: « L'éducation est l'art du jardinier, sous la surveillance duquel fleurissent et croissent des milliers d'arbres. Il n'ajoute rien à l'essence de leur croissance; l'essence de leur croissance se trouve en eux-mêmes. »

Rousseau s'est complu dans la lecture de la *Cyropédie* de Xénophon; il a admiré les soins dont l'enfant était entouré chez les Perses. Mais, à l'encontre de Xénophon, il ne veut pas que l'éducation se fractionne: elle est une, dit-il, comme la morale. Il n'admet pas davantage une opinion analogue de Varron qui sectionne l'éducation en trois tronçons; éducation, institution, instruction, en alléguant que ces choses sont aussi différentes dans leur objet que la gouvernante, le précepteur et le maître. Rousseau trouve que ces distinctions sont mal entendues: pour être bien conduit, l'enfant ne doit suivre qu'un seul guide.

Les anciens philosophes, en particulier, Socrate, Platon, les Stoïciens, les Epicuriens, avaient placé l'idéal de la vie dans la spéculation et la contemplation. Rousseau le place dans l'action. Déjà, en 1751, il avait eu l'occasion d'exprimer son sentiment à ce sujet, lorsque l'Académie de Corse avait mis au concours cette question: « Quelle est la vertu la plus nécessaire aux héros et quels sont les héros à qui cette vertu a manqué? » Rousseau y avait répondu en disant que le signe caractéristique de l'héroïsme, c'est l'action; il était parti de là pour attaquer Socrate et Platon; Socrate, « parce qu'il vit et déplora les malheurs de sa patrie, et qu'il laissa à Thrasybule la gloire de les finir; Platon, parce qu'il était éloquent à la cour de Denis, et que ce fut Timoléon qui délivra Syracuse du joug de la tyrannie. »

Ce goût pour l'action devait reparaître onze ans plus tard dans l'*Émile*, sous forme d'un principe d'éducation, et suggérer à Rousseau la « méthode active ». Agir, agir, c'est tout le fond de son système.

Lorsque, dans le discours de 1749, sur la question: « Si le rétablissement des sciences et des arts a contribué à corrompre ou à épurer les mœurs? » il se révèle implacable ennemi de la civilisation et condamne les sciences et les arts comme émanant d'une source impure; il triomphe d'avoir découvert, il le croit du moins, que Socrate faisait l'éloge de l'ignorance, dans ce passage du *Gorgias* dirigé contre les Sophistes: « Il n'est pas nécessaire que la rhétorique s'instruise de la nature des choses, et il suffit qu'elle invente quelque moyen de persuasion, de manière à paraître aux yeux des ignorants, plus savante que ceux qui savent. » Il tire avantage de certaines lignes du *Phédon*: Socrate a entendu raconter que près de Naucratis, en Egypte, il y avait un dieu, l'un des plus anciennement adorés dans le pays, qui s'appelait Theuth. On disait que ce Dieu avait inventé, le premier, les nombres, le calcul, la géométrie et l'astronomie, les jeux d'échecs, de dés et l'écriture. « Theuth vint donc trouver le roi de l'Egypte, lui montra les arts qu'il avait inventés, et lui dit qu'il fallait en faire part à tous les Egyptiens. Celui-ci lui demanda de quelle utilité serait chacun de ces arts et se mit à disserter sur tout ce que Theuth disait au sujet de ses inventions, blâmant ceci, approuvant cela... Quant à l'écriture, Theuth dit au roi: "Cette science, ô roi, rendra les Egyptiens plus savants et soulagera leur mémoire; c'est un remède que j'ai trouvé contre la difficulté d'apprendre et de savoir." Le roi répondit: "Industrieux Theuth, tel homme est capable d'enfanter les arts, tel autre d'apprécier les avantages ou les désavantages qui peuvent résulter de leur emploi; et toi, père de l'écriture, par une bienveillance naturelle pour ton ouvrage, tu l'as vu tout autre qu'il n'est: il ne produira que l'oubli dans l'esprit de ceux qui apprennent, en leur faisant oublier le nécessaire... Tu n'as donc point trouvé un moyen pour la mémoire, mais pour la simple réminiscence, et tu n'offres à tes disciples que le nom de la science, sans la réalité; car, lorsuqu'ils auront lu beaucoup de connaissances sans maîtres, ils se croiront beaucoup de connaissances, tout ignorants qu'ils seront pour la plupart, et la fausse opinion qu'ils auront de leur science les rendra insupportables dans le commerce de la vie." » Non, le procès que Rousseau fait aux sciences, aux arts et à la littérature n'est pas un procès nouveau. Est-ce à dire que cette haine qu'il voue à la civilisation est un effet de l'imitation de quelques Anciens? Assurément non. Il s'efforce de l'étayer, tout au plus, sur ce qu'il sait des ouvrages de quelques-uns. Elle lui vient en réalité de sa fameuse théorie sur l'intériorisation de la vie. Loin que le bonheur soit un fruit du dehors ou de tout ce qui pare la vie, il est tout entier et seulement en nous, dans notre vie intérieure. Il le subordonne à la conscience et proscrit l'intellectualisme: il en montre le chemin dans le sentiment et non dans la raison, et cette prépondérance reconnue à notre sensibilité ne devait pas être étrangère à l'éclosion du Romantisme contemporain.

Arrêtons cette série d'exemples à une idée saillante de l'œuvre de Rousseau, l'amour de la nature. Rousseau en a trouvé l'expression dans l'école stoïcienne, où ce sentiment était aussi érigé en véritable culte. Mais les Stoïciens étaient de vrais panthéistes. Ils ne voyaient, dans la nature, qu'une extension du principe divin, animant tout et s'identifiant partout avec les choses mêmes. A son tour, Rousseau éprouve une vive admiration pour la nature; son ravissement atteint même parfois les transports de l'enthousiasme et de l'extase. Il la spiritualise, en quelque sorte, et se sent, devant elle, saisi presque d'une émotion religieuse. Mais Rousseau, est-il besoin de le dire, n'est pas panthéiste. Il distingue fort nettement, sans embarras, sans hésitation, l'œuvre et le créateur. (notre chapitre V.)

La personnalité de Rousseau ne perce pas seulement dans les idées et les doctrines qu'il expose tout en s'inspirant de l'antiquité. En même temps que le fond, la forme en porte l'empreinte. A ce nouveau point de vue, l'originalité de notre philosophe tient à la manière dont il étend les questions, dont il fait intervenir quelques idées maîtresses de sa philosophie, dans telle circonstance où il lui faut tout dire, s'il en est cru, pour dire assez. Son esprit s'attache fortement à un peitt nombre de principes, mais pleins de conséquences; il se sert moins de ces principes, pour les appliquer au besoin, que des applications auxquelles ces principes se prêtent pour éclairer ceux-ci d'un nouveau jour, et les implanter dnas la croyance de ses contemporains aussi profondément qu'il y croit lui-même.

D'autre part, ennemi des opinions courantes, il est toujours conduit à remonter très haut pour expliquer l'origine de son désaccord avec elles, et, ainsi chaque fois qu'il signale l'une des sciences, c'est un point de doctrine qu'il développe et approfondit.

Enfin, il a un style à lui, un style riche de qualités nouvelles, un style dont on a pu dire qu'il fait rentrer l'éloquence dans la littérature. Plus de phrases hachées et rapides, mais une période large; plus de froideur, mais une parole chaude et enflammée, sincère jusque dans les paradoxes. La passion, qui parle toujours dans son œuvre, la soutient et la fait vivre. Qu'importe donc que Rousseau mette largempent à contribution plusieurs Anciens! Il n'en garde pas moins une physionomie propre, et des qualités d'écrivain qui expliquent non seulement le succès foudroyant qu'il eut en son temps, mais l'influence qu'il a exercée dans le nôtre.

普遍的逻辑

张竞生编(哲学系用)

第一章

第一节 发 凡

名学——因明——论理学——普遍的逻辑

（一）若照孔子之正名，墨翟之辩论等一类的学说研究起来，叫他作为"名学"，本也未尝不可。但把西文 logic 译为名学[1]（严复等），似难免却"张冠李戴"之诮了。究竟，"逻辑"（logic，下同）与名学所用的格式和学理，彼此两两各不相同。以格式论，欧洲自亚里士多德后，"三段式"（syllogism，用法详后）的应用已认为逻辑的正宗。我国治名学者，毫不以此为重要。畸形偏式，不循法度。一事的判断，以及一理的推求，或缺前提，或欠中段，或无结论。虽西人也有这样的方法（名为 enthymene，译作意会的格式），但在彼为特例，其仅用于文字语言上头；在我国则为常例，老实不知有三段式一回事的。

三段式的应用，于"演绎法"上固有重要的价值。如无这个规矩，则合理的推演似甚难望成功了。但此外，在逻辑上的方法尚多。今单就比三段式或许更重要的"归纳法"来说，我人也是不配与欧人

---

[1] 严复曾将19世纪英国的逻辑学家穆勒的《逻辑体系》和杰文斯的《逻辑初级读本》分别译为《穆勒名学》《名学浅说》。

比较的。试一抽绎宋儒格物致知的见解。堪叹他们无异蝇钻纸窗，误认透明，便有出路。终日呆打，了无觉悟。返观贝根（F. Bacon）[1]、穆勒（S. Mill）[2]的方法（详后），条理整然，事半功倍。始知中西人的聪明才力原非有大相异处。只缘起初所认识的方向不同。遂致南北分途，愈离愈远。这个不单是受了方法上的影响便如此的。即学理方面上，也未尝无如此的影响呢。

人知孔子一生所注意的是正名。所谓《春秋》一书，辞严义正。每个字的褒贬，操在素王[3]笔尖，好似有极大权力者。究其实际，也不过咬文嚼字而已。例如"死"字，仅含一义，竟有崩、薨、卒、死、终等的分别。这些分别，都是凭个人主观去武断的。希腊的苏格拉底便不如是了。他对于正名的见解，是在归纳各种物件的具有同样性质者，抽象起来成为一个同类的"概念"（略似文法上的"公名"，与罗素在哲学问题所说的"共相"一样）。纯以物观为主体的。后来科学的公例，所以能成立的缘故，即是依此法去做的。反之，我国科学不能成立，或是为孔子式的正名主义所累也未可知（孔子的正名，仅在旧时伦理，或许占有相当的价值）。

更可怜的是，墨派以"辩，为争彼"，即争胜的利器。少不免把推理的逻辑（logic）误认做"辩学"（rhetoric）去了。（今日尚有许多人误认这二个学问呢。须知要会辩学，不可不略知逻辑。但辩家不是同时必为逻辑家。如我认为墨子等是辩家，不是逻辑家之类。）无怪庄子后头就提出"辩，无是非胜败"的主张来抵抗。假使墨派与老庄诸人知道逻辑的能事，乃在推求事理的所以然，不是仅为学会辩驳的工具。那么，他们当然不致有这样的误会。

在先秦诸子中，名学家杰出的，当然是孔墨老庄诸人。顾其所得

---

[1] 即弗朗西斯·培根，英国哲学家、作家。
[2] 穆勒（S. Mill，1806—1873），英国近代哲学家、政治学家、逻辑学家和经济学家，19世纪影响力很大的古典自由主义思想家，代表作品有《论自由》《逻辑学体系》等。
[3] 这里指孔子。汉王充《论衡·定贤》：孔子不王，素王之业在《春秋》。

不过诸此。格式上既无可观，学理上更不足取。以这些最不讲逻辑的名学家为引导人，无怪后来养成我国一班"无逻辑"（alogic）的学者。以这样最无逻辑的名学二个字，自然不可去译 logic 一个名词。（凡对一种学说的判断：各人各为主观的奴隶。我对名学的批评，或者不免有许多不实不尽之处。但彼等抬高名学声价的，岂能免却犯下与我同一样的毛病吗？我主张我的意见罢了。有不妥当的地方，甚望与人作详细的商榷。）

（二）与逻辑及名学并立而三的，为印度的"因明"，所以因明不特与名学异，即与逻辑也不相同。因明的宗、因、喻，虽与逻辑的三段式有合［例如：声是无常（宗），所作性故（因），譬如瓶等（喻）］。余外格式，远不如逻辑的详备。还不止此，两家学问最不同处，是在学理上头。《因明》及《成唯识论》等书，全为佛说的成见所蒙蔽。所推论处，仅有令人疑惑迷惘，毫无新鲜的智识可得。故学因明之人，愈学愈成呆子。最灵敏的，也不过养成了一个佛教徒，说下许多似是而非的禅偈。（如来处来，去处去。色即是空，空即是色。幡不动，风也不动，唯有心自动，等等。）所谓因明入正理，乃入他们佛说的正理，不是入我们人生的、科学的、哲学的正理。学者不可不知此中利弊，才免陷入一偏的谬解去了。

我在上头，说我国的名学是"无逻辑的"（alogic）。无逻辑的人凭恃聪明与感情的作用，有时尚能见得清楚的道理。至于因明，简直是"不逻辑的"（illogic）。它是犯了逻辑根本的禁条，永久不能得到真实的见解呵。

（三）逻辑既不可与名学及因明混为一路。那么，应当有别种解义之必要了。前时日本人把它译为"论理学"，至今尚多为我国人所演用[1]。但这个译名的缺点处，在看逻辑仅为 reasoning（推理）的

---

[1] 1902 年出版了汪荣宝译的日人高山林次郎《论理学》、林祖同译的清野勉《论理学达旨》，随后几年还有多种日人所著的"论理学"方面的书籍被翻译出版。

一件事。忘却定名、造句、命题、演式及各种方法在逻辑上的位置去了。更从别方面说，依逻辑的方法去推求，自然可得一切的"理论"。但不是由"论理"，就可得到一切逻辑的方法。故论理为逻辑的结果，不是为它的因由。所以用"论理"去译 logic，又是犯了意义颠倒的毛病。那么依上二个理由，《论理学》的译名，也是不可能采用的了。（日人于西学甚肤浅，于中文的意义多误解，所以译名上，往往失却本来的真义。尤以关于政治社会诸项为甚。例如译 Bolchevism 为过激主义。译 anarchism 为无政府主义。余外类此者不可胜计。都是把原文最好的意义，改译为至堪惊人的名词，使普通人一望生畏。）我想我人现时考求真学问的条件，第一，不可做日本的奴隶；第二，不可做印度的奴隶（如佛说及甘地说等）；第三，又不可做白人的奴隶；第四，更不可做本国的奴隶（主张国粹派等）。若能先铲除这四层奴隶的障碍，又再避免贝根的四魔，然后才能有独立的思想和新鲜的见识。［贝根四魔：（1）Idola tribus 译为民族习惯魔；（2）Idola specus 个人妄执魔；（3）Idola fori 舆论风说魔；（4）Idola theatri 党见宗派魔。］

（四）凡要研究一种学问，当要认识它本来的真面目和真意义。所以 logic 应当直译为"逻辑"。于音于义两俱佳妙。使人知这个逻辑，是从 logic 字而来，是希腊的 logic，是思想的导源，是立言的模范。他不是印度的因明，又不是我国的名学，更不是日本译的论理学。

（五）自亚里士多德创造 logic 后，凡关于这个学理与格式上，都已具有坚固的基础了。及到近世，哲学方法与科学方法日加精良。逻辑的内容，自然不能不生了许多变化。就哲学方法一面上说，有笛卡尔（Descartes）、来尼士（Loibnitz）及康德（Kant）的妙论。从科学方法一面上说，有贝根、穆勒与罗素等的高见。当此诸家名说争雄之时，我们若要提出一个新的意见出来比赛，当然不是容易之事。可是，譬如处在百花尽艳的地方，小小的游蜂儿，也有相当的效用。它自知了不能与群花争胜。但只乐得此采彼啜,制成为一种美的蜜和黏的蜡;这些贡献也属不可少的。今我所希望者,也只愿做思想界的一个小小的蜂儿呢。(恐怕是变成为玩耍的蝴蝶,但终胜于花蚤的只知蹂躏。)果能如此,那么,我这个"普遍的逻辑",纵然不是美的蜜,或许是黏的蜡,横竖是有一种用处。横竖不是拾取他人的牙慧,贩卖他人的货物哪。假设这个"普遍的逻辑"为有用。不特由它可以纠正名学和因明的错误。并且,从它,可以扩张论理学的范围,补助旧有的逻辑所不及;尤其要的,是得它后,可望在思想上,求一组织的方法,得一整个的智识。

第二节　普遍的逻辑

认识的——知识的——意识的——普遍的逻辑

(六)人类一切的智识,分起来虽有认识、知识、意识的不同。但它们总有一种互相关系上的表象记号,可以用逻辑的方法去考求出来的。所以各种智识各有一种逻辑。组合成这些特别的逻辑,为一个普遍的逻辑;即是组合各种零碎的智识,为一个整个的智识。

就次序先后论,"认识"之事,当然为一切智识的根源。故今先说认识与它的逻辑的意义。举凡由耳目口鼻以及内体外肤所得到的感觉,都是一种认识。例如:我眼见了一朵玫瑰花,认识它是粉红色。这是我自己一个人所知道的。因为颜色反射于花瓣,直入我眼帘,此中的关系恰到好处,才发生了这样的现象。所以不特他人不能见我所见的一样颜色。即我自己一时前,一时后,一步近,一步远,也不能有同样的观感。虽则是,外人也或许说这花是粉红色的,或我自己于别时再看花,另说它是粉红色的。但这不过是肉眼粗拙,未能辨别于千一的差似罢了。实则,从精微说,断然无二个人同看一物,彼此均能见出是同一样的颜色。也断无一个人能在不同的空间与时间,另然看了一样的颜色依然不变的。

因此理由,所以前人说这些认识是个人的、元知的、心理的,不是逻辑的,因为它们是直觉,不是由推论所得到的缘故。(参观穆勒《逻辑》绪论第四节)依我意见,这些认识虽是个人的,但不是元知的;虽是本人所直觉,但是他人也可以推知的。譬如上例所说,当我看见这朵玫瑰花是粉红色,乃是眼官与玫瑰花所距离的位置,及光线的影射相关系而来。假设我眼有病,或所视之物的距离,及所射的光线不同,那么,此遭所见的颜色,必与从前的不同了。由是可知由感触所得到的认识,不是元知的,乃是个人与外物相关系上所合成的一种现象而已。若说"元知的、直觉的",是说一个人的情况有他自己知道的意思,依照这样提论,于心理学上本无可辩驳的地方。但主张一个人所能知道的,他人就不能知道的,在此层上则极有纠正的必要了。因从绝对方面论,即本人也无清晰的界限,能去断定自己所认识的程度到何点。(即是本人自己也不能切实知道他所见的,是属于哪一类确切的粉红色。)从关系方面谈,彼此眼官若生来无大相异,假设所处的位置又不相远,那么,甲与乙二人所视的颜色,虽有些少不相同,但大端处"极相似"。故甲所见的,也可断定乙所见必所此。幸能如此,人类情感所以彼此才能交通呢。由此可知认识的事,语其精微,虽是个人所独有的现象,可是,这样的"精微"乃是玄学上的问题。我人原可不必去过问它。从逻辑上而论,认识的事,是可以彼此交通的,由甲的主观可以推论到乙的主观去的。

即以心内所感触的悲欢苦乐来说。骤然看去,这类的情感,似属更是个人所独知的事。所谓个中情况不能向外人道的。纵向外人道,他人亦懂不得的。但从情思所表现的情境说,他人由表象记号所推知的,常较发生情思的本人所知道的更为清晰。例如犯"盲肠炎"的人,只觉得腹中有奇痛罢了。他实不能知怎么样痛一回事。及医生来,以指按在脐与右大腿关节的中间,而问痛否?病者答痛。再按腹的他处,知病者不觉痛苦。及问前此曾受过同样痛苦否?如受过的,似是有一定的时候，必来一次的；又如痛时是继续的忽好忽恶。诸如此类的问话，如答者有了具体的认许，那么，医生就能断定为盲肠炎，应该把那段盲肠割去，以免生命危险的主张。就此说来，个人腹内的痛苦，也有一定的表象。局外人由这个表象，可以推论它的原因与结果的，这就是一种广义的逻辑了。

因为逻辑所考求的，即是由记号而推求事理相关系上的所以然。恰好是心理一切的动作，须与生理相关联，所以心理的表象必定给予生理上一种相当的记号。那么，由生理上直接的记号，而能间接上判断心理的内容了。例如见人有愁容忧色或泪堕声哀，遂可断定其人心里必痛苦之类。故新式的心理学，即在研究一切的状态（behaviorism）。新式的"感情逻辑"的成立，即由生理上的表象而推求心理的作用。心理与生理学所以能成为科学，因为这二个学问皆有一种相关系的记号，可用逻辑的方法去推论。至于医学，更是一部研究生理与心理的逻辑书。医生就是一个病理的逻辑家了。（有一类的神经病，医生对此，不用药料，唯以语言情意引导病者思想上的错误处，即能见效。这样医法，更是病理逻辑的特别者。）

（七）继续认识而来的，为一切的"知识"。原来一个官骸所认识的已极繁杂；加以诸官并用，其繁杂的当然比前更甚。知识的成立，即在把这些繁杂的认识上做下分析与综合的功夫。今单以眼官一事为喻：平常之人类能分别七色，且能判别距离的远近与及各物的形状（如方、圆等）及质料（如金、木等）。知识的发生，一面，把这样官骸所认识的现象，假定彼此现象不同中，有种种比较的记号；使逻辑得了这些记号，能够实行分析的手续，与推论的方法。例如由分析与比较的推论，可以知道各种颜色不是简单的东西。牛顿的分光说及物理学的光线波动律，即是这样推论的结果。至于判别距离远近与及物形方圆，乃从算学及几何学所推论而来。若论眼光能够判断物质的异同，又显然是化学知识的基础。故我人若要探本求源，可以说是一切科学皆已包藏在五官感觉之中。普通人则视这些认识为当然，不肯再去深求。科学与哲学家对此，不过肯用逻辑上分析及比较的功夫罢了。此外，知识所以成为完全的知识，乃在利用综合的逻辑方法。例如把各种所认识的颜色，如白、红、青、赤等的繁杂的、分离的、彼此不并容的感触，组合起来做成为一个公共的、整个的、彼此和谐的观念，即语言上所叫的普通名——"颜色"。这个从繁杂不相统属的现象之中，而去求得一个共同性质的所在，就是一切科学上"公例"的基础。也即人类思想上最重要部分的作用；例如在哲学上的"概念"与逻辑上的"定名"，皆是从这个综合的方法求出来的。

由上可知认识与知识不同处：认识是回顾过去，知识是注视未来。例如由腹痛的表象，而推论从前的病症与此相同，遂得断定为盲肠炎，这是认识的作用。由一公例已成立之后，而推论将来如有一现象与此公例的条件相合时，则必受此公例所支配。这是知识的作用。总之，知识所以比认识更为深一层的智识，即因它推论的范围比较认识更为广大的缘故。

（八）由知识再进一步为"意识"。意识与知识不相同的地方：知识乃从凡事的偶然而推论它们的常然；意识乃从常然而推论一事的或然。在前的为归纳法。在后的为演绎法。还不止此，知识是承受感觉上的材料，做下炮制的功夫。所以知识的推论是介在被动与自动之间。若论意识，虽以知识为基础，但它不会受彼所束缚。因为意识最大的效用是组织与创造的。它常给下模型，使知识照样去做的。例如以时间空间说，本是空洞无物的，只因意识有了极大的创造力，由时间上创造几个数的基本观念，由空间上创造几种形的基本观念。由此，遂得用下逻辑的组织方法，组织成了一切算学与几何学的种种智识。更就社会学一方面说，举凡宗教、政治、法律、美术及行为论等，也都由意识依住环境及人生所需求，去组织和创造许多信仰的条件、行政的方针、律法的成文、美感的表示、行为的范畴，等等。可见意识的效用，在此方面更属广大无边了。

（九）统照上三节所说而论，人类先必有认识，则一切感触上，才有切实的着落。有知识，科学的发明，始成为可能。有了意识，遂得显出人类组织与创造的能力。由此知道认识是智识的第一层，知识为第二层，意识则属于第三层。由认识到意识，此中层级的递变与构造的情状，似有一个活动力做线索。这个即是"思想"。因无思想就无认识。假如有眼而无神经，那么眼帘所得到的物影，最多不过如影相机所照的片片死形而已。幸而有思想做主脑，才把这些零碎的影像，演成为一幅联属的活动电片呢。至于知识的成功，乃是由思想把记忆力所存留的影像，缀合会通，成为一种有系统的"因果律"罢了。若论意识，它更是全靠思想做主干，采取认识和知识的材料，创造为一种新鲜作用的。可是，思想不是一件神秘的东西，乃是一种心理与物理相关上的作用。所以它是普遍逻辑上一件紧要的工具，由它为线索，贯串认识的、知识的、意识的逻辑为一体，遂成了一个"普遍的逻辑"。故就普遍逻辑的眼光看，认识、知识、意识，不是纯粹认识的、知识的、意识的东西。认识中有知识及意识做引导；知识中有认识与意识做后援；意识中有认识及知识做基础的。但当这三种智识组合成为普遍识之时，思想上更有一种特别的作用，即有许多不用经验的"普遍识"随此而生了（普遍识或作为先天识，a priori）。举凡数与形的问题，都是有了一种极普遍的意义，但举其一，就可以概括其余，不须一一去试验才能知道呢。（如二加二等于四。这些二的数，不管它是人的、狗的、现在的、将来的、亚洲的、非洲的。但凡若二加二，我们即可由此断定必等于四。）

（十）由下头普遍的智识表：

可得普遍的逻辑表如下：

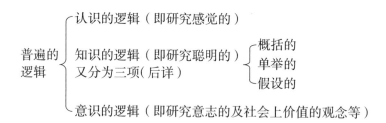

（十一）那么依上诸说及上二表，普遍逻辑的定义也极容易做成了。即：普遍的逻辑，乃是研究如何用记号，把思想托出去断定外界关系上的事情。

这个定义应注意处，是在融合记号、思想、与事情三者为一致的作用。例如一切认识、知识及意识的研究，皆必具有一种记号做标志，再由思想把这些记号加以一定的意义，排以一定的次序，使它临时随地足以代表外界关系上的事情。如上所引的盲肠炎一例来说，腹痛本是个人自己的事情。但医者就外头的记号，可以断定内头为什么病。又以数学为喻：数的意义至为虚泛。但借用些记号则可以推演至于无穷而皆准。代数成功，人皆知是全靠记号的作用了。再以社会学说，群众心理本极复杂，只缘有宗教仪式、法制典型，以及各种统计表的记号，遂得成了各种有系统的社会学。总之，必须记号、思想、和事情三者组合起来，而后普遍逻辑的施用，才成为可能。如无记号，则思想不能施。无思想，则散漫的事情，不能概括为种类，为公例，而各种科学不能成立。但有思想与记号了，若不求与外界的事情相符合，无异自己个人闭门乱行杜撰一样。所以记号、思想、事情三件事，均为普遍逻辑上不可少的条件。此外，在这个定义中尚有一件应注意处，则在"断定外界关系上的事情"句里头的"关系"二个字，即是相关相对的意思。因为一个物如自己独立不与他物相关系，当然不是逻辑的事所能过问了。所以逻辑的研究，纯粹是在关系上的现象。若看以下诸节的说明，自更可以了解的。

第三节　思想的公例

相同——相灭——不中立——相关

（十二）人类思想与外界事情本是二件事的。至于记号，更与思想和事情不相干。但我们在上头说过，因为有了记号的作用，所以才把思想托出去断定外界关系上的事情。今特在下三节，把思想、事情及记号的公例研究一下，便可见出这三件事的本身虽不相同，但它们彼此实有一个相同的所在。因为一方面，它们均不过是一种现象（phenomena）。别方面，它们彼此现象上，又是均具有一个同样的意义，即是皆以"相关的公例"一项为基础的。（公例原本无物，不过是一种相关系的现象而已。）故除相关的公例外，我人不知什么叫做思想、事情和记号。可是从相关的公例看起来，自然是分之，虽有思想、事情、记号三件事，实是一整个的相关现象。必要如此看去，才免偏重思想（主观），事情（观物）或记号（怀疑派等）之弊。必要看它们做一种相关的现象，才能融合主观、物观，与第三者（记号）为一体。（这个原是哲学上的大问题，惜我不能在此多说了。）

现因便于陈述起见，不能不把思想、事情、记号的公例逐项分论。今先说思想的第一公例。

（十三）（一）为相同公例。"The Law of Identity. What ever is, is." 这是说无论何事何物皆是你自己与自己相同的。例如：我便是我；尔便是尔；这只狗便是这只狗；那个人便是那个人。断不会我和尔是一样，也不会狗与人是一样的。但相同的意义约有三种：（1）是感觉的，如我见这花与那花同颜色，觉这次同前次同痛苦之类。这种相同，不过仅有"相似"的意义罢了。（2）是知识的，如二与二相同；这是"相等"的解释。在此层上，相同二字的意义最为真切。（3）是意识的，如某人所犯罪，与某条律文相同。这是"相比"的意思，相同本义，至此遂变成极含糊了（例如杀人者死，律有明文。但杀人的情状种种不一，所以须要法官与陪审员斟酌而定。故有杀人之凶手，可以宽恕的。）。

总之，除了算学及普遍识外，凡由人事与经验所得的"相同"，皆是不能具有完全相同的意义。我师 E. Goblot[1] 说：从实验上说，凡二件物外面虽相同，其中必有相异处（在他的 *Traité de Logique*，第 5 页）。

（十四）思想的第二公例为"相灭"。"The Law of Contradiction. Nothing can both be and not be." 这是说，一件物的性质，不能于同时同地，"是"又"不是"并存的。例如这页纸"是"白的，那么，它不能于同时同地"又不是"白，而是黑的及别的颜色了。因既说它是白的，其余的颜色当然不能与它同时同地并存，势须与它相克可灭的。这个公例虽属平常浅易，但在逻辑上极占重要的位置。看后"演式"一节，自可明白。

（十五）介于上二公例的中间为"不中立"公例。"The Law of Excluded Middle. Everything must either be or not be." 这是说一物或一物的性质"或是"这样"或不是"这样，必居其一，不能中立的。例如说这物"或是"银，"或不是"银。又如说这物的性质：如说水，"或是"流质，"或不是"流质之类。这个公例，表明思想遇一事情的判断，唯有"或是""或不是"二途，如说水或是流质或不是流质，断无有第三者。但这不是说水或是流质，或是凝质的意义。若如此说去，必有错误。因为水除流凝二象外，尚可变为水蒸气的（参观后定"名节"）。

（十六）上头的三个公例，统为思想判断一切外物的基础。昔人以为再无别个思想的公例了。依我意见，"相关"一个公例，是上三个公例的根源，也是它们的结果。这个理由如下：

"相关公例"（The Law of Relations），是辨别一切外物异同的根本

---

[1] 埃德蒙·戈布洛（E. Goblot, 1858—1935），法国社会学家、逻辑学家。张竞生在法国里昂大学哲学系留学时的导师。

条件。因为人类能够知道外物，全靠在现象相同不相同处。但所以知道现象的同异处，必须经过一种的比较。可是，凡可比较处，必须有相关系的条件。这是说，当我人知道二件物相同或相异时，必先知道二件物的相关系。例如我此时见一物是如此的，他时又见如此的，然后我才能说它在这二个时间是相同的。相异一方面的判断，也是比较二个关系上不相同的情状，而后才能定的。由此，可见我人对于外界，除从相关上用思想外，毫无智识的可说了。即就外界事情说，所以成为人类思想的可能，也不过靠仗着一种相关系的现象的作用。例如有无、白黑、流凝、前后、上下、生死、夫妻、神鬼、美丑，等等，皆是两两互相关系而成的（关系上，有时不止二事。但无论若干事的关系，都是由二个事的关系递进推广的。）。故我人能够思想"无"，因为"有"的对象的缘故。从别面说，当我人思及"无"时，必同时思及"有"；思及"上"时，必思及"下"；思及"前"时，必思及"后"；余例类此，不用详述。就此说来，可见相关的条件，为思想上根本的公例，所谓相同、相灭，及不中立那些公例皆是从"相关"一个公例所产生。因其如此，所以我人才能够在"相关"公例中，寻出那些相同、相灭，及不中立诸公例来呢。

例如：

（一）"相关的相同公例"即是

凡二件物，若全与第三件相合时，则彼此必相合。

（二）"相关的相灭公例"即是

凡二件物，若一与第三件相合，一与第三件不相合时，则彼此不相合。

（三）"相关的不中立公例"即是

凡二件物，若各与第三件不相合，则有时彼此不相合，有时彼此竟相合。

在上第一例的证明，譬如：

（一）中国，（二）黄帝子孙所居的地方，（三）世界上最多人口又最衰弱之国。

因为假设（一）与（二）两项与（三）相同，则（一）与（二）（依关系的相同公例）彼此必相同，即中国"等于"黄帝子孙所居的地方，或黄帝子孙所居的地方"等于"中国。

在此例上，因为三件事全相同，所以任把三件事如何排列，终是对的。

如说：中国，是黄帝子孙所居的地方，乃世界上最多人口又最衰弱之国；

或说：世界上最多人口又最衰弱之国，即是中国，即是黄帝子孙所居的地方；

又说：黄帝子孙所居的地方，为世界上最多人口又最衰弱的中国。

余此类推，俱是说得过去的。

今论第二例的证明如下：

（一）铁，（二）冰，（三）金属的。

因为铁和冰，一与金属相合，一与金属不相合，所以铁与冰（依关系的相灭公例说）彼此不相合的（不是同一样物的）。在此例的判断，大不如上例的随便，它不过仅有一单个的结论——"彼此必不相合"——即完了。

至于第三例的证明，可以用下二项分开说，

（一）石头，（二）人类，（三）神圣

（一）石头，（二）无机物，（三）人类

就第一项说：石头与人类各不是神圣的，所以依关系的不中立公例第一项说，石头与人类彼此也不能相合（不是同样的物）。

但在第二项上说，石头与无机物，虽则各不是人类的，可是，石头与无机物是相合的（即是石头乃无机物的意义）。

就"平常的逻辑"上说，在这例上的结论，是不能成立的。因为前提与中段均是虚词（不是），结论上就无法去判别真误。例如：

（1）石头不是人类的——人类不是神圣的——由此，石头不是神圣的（这个结论是真的）。

但

（2）石头不是人类的——人类不是无机物的——由此，石头不是无机物的（这个结论是误的）。

今再以记号证明上三例如下：

（一）如甲与乙和丙相等，则甲乙彼此相等。

（二）如甲和丙相等，但丁和丙不相等，则甲与丁不相等。

（三）甲、戊，各与丁不等，但甲、戊，彼此也不等；但甲、乙，虽各与丁不相等，而甲、乙，究竟相等。

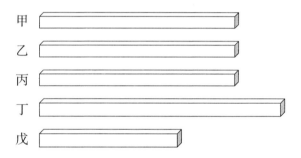

（十七）以上三立项相关的公例，比上的第十三、十四、十五三节上所说的相同、相灭及不中立三例，虽较为繁杂，但其性质实在相同。且从这些关系的公例看去，较为清晰，较为完全，与较有根据。凡逻辑、算学及各种科学的推理方法，皆建设在这三个相关的公例上呢。又因为这些公例简单清楚，只须一眼望去，或一转思即得，无须经过许多复杂的解释才能透彻的，所以欧几里[1]在他的《几何学》上，看它作思想上可贵的和适当的物。（这些公例欧氏名为 axiom，这个字原意是 to think worthy）后人不知这个道理，就把 axiom 误作"原理"或"自明"上去，遂不免误认世上有一种原理，能够单独自明，不用与他

---

[1] 今译欧几里得，古希腊著名数学家。

种现象相关系，而自己存立了。（我们在上第九段说：有一种普遍识，是不用经验而知的。这是说不用每件事去试验才知道的，但它必借相关系的道理才能存立。例如说"二加二必等于四"，就是说如一方面，二与二有了相加的关系，他方面，必有"等于四"的关系。所以普遍识不是原理，也不是自明，乃是一种求相关系上的智识。）

（十八）欧人治逻辑的，自亚里士多德一直到最近的 Jevons[1]（参看 Jevons, *Lessons in Logic* 第十四课），总是看"相关"一事为附属的条件，不是根本的要项。在亚氏"十种概念表"中，相关仅与别的概念平列为一门（后详）。即就上三项的"相关公例"说，亚氏也不过看作一个"凡属于全部者，必属于分子"的口诀（Dicta de Omni et nullo.）。如说：凡人皆死，乃是看"死"字，为全部人类所隶属。所以如说某甲是人，某甲必死，因甲乃人类的一分子，他就应该隶属于人类全部的"死"一个性质了。如此说法，依我意见，终不明了。因为"全部"与"分子"是什么东西，我人甚难知或永久不能知的。我们所知的，或在全部与分子的关系上，或在分子与它的性质相关系上而已（或在人类与各个死的关系或在某甲与死的关系）。

总之，在此节的结论上，我们敢说：是除相关外无思想，即勉强思想也不明了。除相关的公例外无公例，即有公例也是假的。

第四节　事情的公例

联属——并存——因果——相关

（十八）人常把"事情的公例"（Laws of Event）误认作"自然的公例"（Laws of Nature）上去（参看穆勒的《逻辑》第三书第四章以

---

[1] 今译威廉·斯坦利·杰文斯（William Stanley Jevons，1835—1882，英国经济学家和逻辑学家，边际效用学派的创始人之一，数理经济学派早期代表人物。

下）。从自然公例说，它所包的范围甚广。即如上节所说的思想公例，与此节的事情公例，及下节的记号公例，皆是自然公例的一种。自然的公例是一种总冒的名词。思想、事情，及记号诸种公例，乃是分举的陈述。故就总冒说，思想、事情、记号，彼此间当然不能相离的。但从分举说，则彼此又是各各独立的。从总冒说，彼此公例上皆具有同样的意义。但从分举说，则彼此又是各有自身的解释（详在后节）。

事情与思想既有同一的渊源，又有相似的应用。所以它也有四项的公例。

（十九）（一）事情的第一公例为"联属"（The Law of Succession）。其中最浅显的为时间的联属。随便取一段时间平分为若干小段，例如：一年平分为三百六十余日说。那么，由一日一日算下来，可得了二种数目：一为"基数的"，即一、二、三、四之类；一为"序数的"，即第一、第二、第三、第四之类。由此可见数的观念乃从联属的公例而来。因为联属的性质，（1）是同量同质的，例如以一年三百六十余日说，每日均是假设一样长度，与一样意义的；（2）自始至终，都是永久一样流下去的；（3）流下到不可测算的无穷数目去的；（4）可以加、减、乘、除的。这些性质，是联属的性质，也是数的性质。

（二十）（二）"并存"（The Law of Simultaneity or Co-exist）为事情的第二公例。它与联属公例是对峙的。由联属的公例而生出数的观念。由并存的公例而生出形的观念。在前的为算学的基础，在后的为几何的根源。前的，是属于时间的现象；后的，是属于空间的现象。

同时并存的公例，举其要端，则如：二件物不能同时占一位置；二个形如相等，则把一个放在别个之上，必是处处相合的；二个形如相似（不相同的）则必占了相比例的空间之类。

因为形与数所研究的是一种普遍的现象，所以它的应用极广大。例如说凡三角形三边相等，则三角也必相等。不管这些三角形是木的、金的、石的、土的，均应依此规定的。此犹如在上，说三加三等于六一样。无论是三个什么东西，如把三加三，必定与六相等的。

由联属与并存二个公例合起来，为事情的第三公例。它叫作——

　　（二十一）（三）"因果的公例"（The Law of Causation）。因为单靠联属的现象，断不能成为因果的。例如夜与昼，或昼与夜，虽是联属的现象，但我们不能说昼或夜谁为谁的因，与谁是谁的果（参观穆勒《逻辑》第三书）。须于联属之外，尚应有一必要的条件，然后因果的现象才能成就。这个要件，就是并存的作用。今取太阳为昼之因，或昼为太阳之果一例来说。因为太阳与昼是同时并存的缘故，这是说无太阳便无昼的意义。但这二个现象又是联属的，因为先有太阳光，而后才有昼的现象。

　　因果的公例，原不是科学家所视的那样的简单。（科学家所视的因，是极简单的。如说太阳为昼之因，热为膨胀之因之类。但一般迷信家，连这个简单的因果公例尚不知，遂不能不视因果为一种极神秘的诏命了。）近来如罗素一派的哲学家，主张以"归纳之原理"代替因果的观念。他们大意说，我人不能逆料后来的事必如此如此结果的。我们所能知道的，唯有依归纳的原理去判断，即是，因为前此见了许多次是凡一类事情的发现，必与他类事情同来的（如见雷光必闻雷声之类），那么，如前次所见的次数愈多，则后来的逆料愈确。但终不能说它们一定必如此成为因果的（参看罗素《哲学的科学方法》末章）。

　　这样立论，当然比科学的简单因果公例（如热为膨胀的原因）较为完满。但终是含有观察人的主观去看因果的毛病。我想因果的存在，和数与形的存在，是一样属于第三者的事情。它不是主观的，也不是可触觉的物观。它是一种联属与并存组合上的事情。并且它与联属及并存二公例，同是附属于一个更普遍的公例里头的。这个普遍的公例，即是下列的——

　　（二十二）（四）"相关公例"（The Law of Relations）。它是联属，及并存，和因果，三种公例的基本。因为联属的公例，为"一与一相关上"的现象。并存的公例，乃是"一与多相关上"的形状。因果的公例，不外是"多与一相关上"的事情。就此说来，相关一公例在事情公例上的地位，与上节在思想上所占的地位，同有重要的使命，及具有普遍的价值。今应逐项稍加详论于下：

（1）"一与一的相关"（The Relation of One-One）乃是联属的现象，同时即是时间与数目的基本概念。凡时间从动面说，为一不可间断与不可分开的联属。这个是"生命的时间"。但从静一方面说，它是可分开的若干份平均的，这是数的观念的起源。因为数的成立，系从时间一与一联属相关上所生出来。

例如：1　2　3　4 以至无穷

又如：2　4　6　8 以至无穷

（即上数的倍数）

或如：1　4　9　16

（即第一列数的自乘）

凡此皆是一与一相关的一种。

推而论之，凡在自然上的事情，如是一与一相关的，则多数是联属的；又假是联属的，则多数是一与一的相关。因为如此，所以自然上才有齐一的公例呢。今以宇宙中最普遍的"气力"（Energy）说，变迁上可算为极繁杂了。但它于联属变迁之中，如由力变为热，为光，为电，等等，终是保持它的一与一的关系，因为它的一份力，生出一份热，或为一份光，或为一份电，终是不加不减的。这就是气力不生不灭的基本观念。实为一切哲理的、科学的各种公例的柱石。余外，如昼夜的替换，季候的移易，以及祖、父、子、孙，一世一世的相传，也是一与一相联属的一种道理。（循环之说，佛教小乘捏造为"人造因"的迷信。以致俗陋到不堪道。但就希腊 Stoic 派[1]的循环说论，虽绳以科学的道理，也不易驳倒。其说是，自然的现象皆是循环的。一年又一年，一季后一季，今年的四季与去年的相同。又如

---

[1] 斯多葛派，是塞浦路斯岛人芝诺（Zeno）于公元前300年左右在雅典创立的学派，是希腊化时代一个影响极大的思想派别。

草木春生冬死，月球朔缺望盈。皆具有一循环的来复。在这些小循环之上，又有一"大循环"。例如自云气，而生出太阳系，而中国，而有我，而我死，中国亡，太阳系灭，复归而为太始的云气。陆续如此而无止时。充其"定命论"的完竟。我之为我，前此已有无穷次的存在了。后此更是无穷次又如此的。每次的我，凡一切动作，性情，事业，结果，皆是次次一样的。即我现在提此支笔，做一部普遍的逻辑，其中一字错，一画差，一撇斜，一点歪，皆是前无数次同一的我已经做过的，后此无数次又须如此一样做去。这样的一与一及联属的相关，已到那最深微最普遍的界限了。）

在一与一相关上，可以假定一个正逆的方向。例如以一为正方向，则自一算起，而二而三以至无穷，而生出了一个"一与多"的相关了。因为以一为起点，这个数即是"一"。以无穷为相关，则无穷为"多"了。故由时间生出空间的观念，乃是由"一与一"生出"一与多"的缘故。

（二十三）（2）一与多的相关（The Relation of One-Many）为空间并存的现象。它和一与一的相关为时间联属的现象，互相对峙。一与多相关的譬喻，如北京"前门"的存在，是把前门看作"一"，把前门的前后左右上下看作"多"之类。（如要知前门，当应知它在北京前门大街，东西河沿，与中华门，诸界限的中间。如不知这后项"多"的关系，就无法知前门在"一"的位置了）故一与多的相关，即一与一相联属的相关上，加了一个方向的一种解释。例如要求前门在何处，只把寻求的人所住的地方，定下一个方向，再用一个单位数，从一又一去测量即可得到。（例如从北京大学到前门，先定下南的方向，然后一步一步走去即到。）所以空间的存在，即是时间的一种动象；若由空间限定一个地方的存在，即是由时间的动象加了一个地方，与一个数目的限定（凡定一点在空间的所在，从解释几何学上说，需要三个坐标才得。用新的"相对学说"，坐标的系数更加复杂了。至于要测这些联属的空间点及线的距离长短，用动学说，乃是一个速率,在一定的时间所得数。e＝vt.)。

(二十四)(3)多与一的相关(The Relation of Many-One)即是因果公例的基本现象。这个道理是,"因"的条件是无数多的,至于"果"仅有一个。例如热为膨胀之因,看去好似因只一个(热)。其实热的传播,必须有环境为媒介。热的透入,必与所受的物体想容纳,即是必须有热、环境、所受物体,等等的关系,然后才能生出膨胀的一个结果来。我以为因果的定义乃"由联属的时间上加了一个方向,又是恰好在空间上发生了同时并存的现象"。例如一些电子在空间摩擦碰撞,遂生出了光与声的现象。因为时间的联属(凡不同类的速度,其联属的时间也不同。在此例上,光的联属时间,当然与声的不同),由一个方向的碰合(人的耳目与所发的光声方向相对合),我人由此认识电与雷,本是在空间同时并存现象(这是说电与雷必同时有的)。所以判断电来,雷也必到的。又因为二类的现象(光与声),在时间一与一联属上的快缓不同(波动率在空间的传播不同,即光快声缓),遂生出有前后二件不同的事情。但因看这两件事情,究竟总是相同的,所以我人才敢说电为雷之因,声为光之果的。

故从因果本身说,它乃是由时间与空间组合上所生出的一种现象,即是从"一与一"和"一与多"二关系,组合成为"多与一"的关系。(若从我人主观说,如时间联属与方向不同,则因果的现象不见,例如我人当见电并未闻雷之类。或时间联属快缓倒置,则因果也必倒置。假如我人闻雷在见电之先,我们必说雷为电之因了。由此可见因果,从主观,或从物观说,皆是一种相关系的现象罢了。)

(二十五)就上说来,所谓自然上,本无什么叫作时间、空间、和因果、诸事,它仅有一种相关系上的联属、并存,及二个组合上所生出的因果,那些现象罢了。所以由相关的现象看去,觉得诸种"事情"是生于相关的现象之中。所以就一方面说,事情上有一联属的公例,即是时间存在的原因。从别的方面说,事情上又有一种并存的公例,即是空间存立的根据。再从第三方面说,事情上又有因果的公例,即为一切科学的基础。究竟,事情本身,不过是那些关系的现象上的组合物,例如:见一粒星在空间的存在,乃是一与一,一与多,和多与一,相关系的一件事情。就俗话说,它是由时间空间相组合上所生出的一种现象(四积数上的一个现象)。凡物理学家,在实验室,把电流通过轻、养[1]二气后而得水,也是这些时间空间组合上的一种现象。更如一人偶过屋下,适有屋瓦掷头而死,这种结果,也不过那些相关系的现象的一种表示罢了。所以一切空间、时间、物间、事间、人间,如点瞬、物质、物力、意志,等等,皆是时间空间组合上的一种现象而已。由此看去,所以一切事情的公例不是靠住我人存立的。因为相关的现象,不管我人知道不知道,它自己本身是能独立的。例如,我人见电,虽未闻雷,但终相信电与雷是一普遍的相关现象,一事至,则他事也必至呢。(关于一与一,一与多,多与一的问题,参看罗素 Introduction to Mathematical Philosophy。)

第五节　记号的公例

跳跃——绵延——齐一——相关

(二十六)若把上第三第四二节组合起来,可以见出思想与事情均具有那些同样意义的公例。先就它们的第一例说,本原是同样的现象。因为相同的意义,乃是自己与自己,即是一与一在时间分开上的相同联属的现象,乃是一与一在时间贯串上的联属。从联属中的分子分开起来,则成为一与一的相同。从相同中的分子串合起来,则成为一贯的联属。故相同与联属,所分别处,不在其本象,而在思想与事情动静上所观的方面不同而已。推而论之,思想与事情的第二公例,

---

[1]　即氢、氧二气。

也是完全相似。凡物各占一位置,彼此位置互相对峙,这就叫作并存。一物既占了一定的位置,我们不能不思想别物于同时同地不能去占它的位置了,这就叫作相灭。至于不中立一个公例,是说一物或是这样或不是这样,必居其一,不能中立的。

这个意思,与因果的公例所说,一定因必生出一定果,不能游移的,同是一样的解释。并且,不中立的一公例,乃是组合相同及相灭二公例而成;因果一公例,也从联属和并存二公例而出。彼此所组合的分子既具同样的意义,那么它们的结果,自然彼此不至于互相枘凿了。末后,这些公例,散之,则各各有独立相当的位置,合之,则总归于一源头,皆以相关一公例为究竟。在思想诸公例如此的,在事情诸公例也是如此。我人由此得到思想与事情,即主观与物观相沟通上的一大关键。

可是这个沟通的关键,从思想一方面看去,是不能透彻的;从事情一方面看去,也不明白。必须从这二个所组合上的"第三者"——记号——看去,才能圆满。我在前说,思想与事情,彼此原是二物不相交连的。虽则从公例上看去,有了沟通的可能性,但必待有"第三者"——记号做它们的媒介后,才能使思想与事情,变为一种"中立物的作用",失却它们主观与物观的障碍。这个中立物的意义,即由记号去代表。所以记号能够有了在第三者独立的位置,与真实的意义呢。因为它不是思想的,也不是事情的。它乃是它们的组合物和具有它们的代表性。总说起来,记号的意义有三:(一)代表思想和事情的组合物;(二)具有第三者的位置;(三)有独立发展的效能。我们在下头把第二第三两项再行研究。今先就第一项说,记号乃是代表思想与事情的组合物。因为记号有三个公例:第一为"跳跃",是思想与事情,彼此的第一公例所组合的代表;第二为"绵延",乃是思想与事情的二个第二公例所组合的代表;第三为"齐一",又是思想上和事情上的两个第三公例所组合的代表。再从别方面说,思想诸公例乃是研究外界的"静象"。所谓相同、相灭、不中立三公例,都是把外象看作静的死的样子。事情诸公例，乃是研究外界的"动象"，所谓联属、并存及因果诸公例，都是把外象看作动的活的样子。外象原来只有一个，被思想与事情强分为二。记号的效用处，即在把这个二，再合为一。所以记号所研究的是外象动静上的整个；即是思想与事情的组合，及普遍的意义，和相关的现象。以下所说的，即在申明这些意思。

（二十七）跳跃的公例（The Law of Discontinuity），这个公例说：在自然上，一连现象变迁的记号，是由一处到一处跳跃而过，不用经过中间路的。若把这个例稍加解释，乃是一个物象的变迁：（一）在这个现象的经过全路，其步骤的次数是有限的；（二）前后二个步骤是分开的；（三）在二个步骤的中间是不动的。譬如一粒星在太空运行，好似了一个椭圆线形。实则这个星不是把这圈线，陆续不绝通过去的。它是一点又一点的跳过（一步骤又一步骤的跳跃状）。因为这些点是无穷多（但是有限的），又极是密接的，所以我人误认为一条曲线形。（好似许多逐个的相片，密接活动起来，而成为一套联属动作的电影。）

由上例与它的引喻说来，可见记号上的跳跃公例，乃是组合思想上的相同与事情上的联属二个公例，和它们的动静二象而成。因为若各个相同的分子由一与一的相关而联属下去，那么，在这个现象上，在静时，则联线中的分子各各离开〔即本段上头所说的（二）与（三）二条件所证明〕。当动时，则各各离开的分子，由跳跃而成一联属的形象。

这个跳跃的现象，为自然上极普遍的记号。据物理大家 Planck[1] 的分子量说，及化学家 J. Perrin[2] 的分子论，皆说自然上的现象，跳

---

[1] 即马克斯·普朗克（Max Karl Ernst Ludwig Planck，1858—1947），德国物理学家，量子力学的创始人，诺贝尔奖获得者。
[2] 即让·巴蒂斯特·佩兰（Jean Baptiste Perrin，1870—1942），法国实验物理学家，诺贝尔奖获得者。1908年，曾成功地以实验验证了爱因斯坦有关布朗运动的理论预测。

跃是通例，绵延才是特别的呢。（参看 Planck 的原子量说与 J. Perrin 的书名 *Les Atomes*。）

（二十八）与上例对峙的为绵延的公例（The Law of Continuity），我说这个与上例是对峙，但不是相反的。因为绵延乃是跳跃的一种特别现象。例如一个圆曲线形，可算最完善的绵延状了，其实，它为许多跳跃点所合成（凡线均由点所合成的）。在这种最完全的绵延形上，不过跳跃的点，自始至终格外有规则，密接上的次数，格外多至无穷尽数罢了。故绵延的公例，乃是代表相灭与并存二个公例组合上的记号。今以一种绵延的水平面论，这个面积是点点相灭，又是点点并存的，即是点点跳跃，又是点点绵延的意思。我在上节大意说：空间为时间动时的联属体。我今也可说绵延为跳跃动时的一种特别联属状。若以时间的联属，代表跳跃的现象。那么，空间的联属，可以代表绵延的状态。

在下例所要表明的，是跳跃与绵延皆统属于齐一的一个公例的。所以更见出它们彼此有互相密切的交连了。

（二十九）齐一的公例（The Law of Uniformities）。我为什么在此说齐一有许多种呢？因为跳跃有跳跃的齐一现象，绵延有绵延的齐一现象。任尔如何画一不规则的线形，与在自然上任取一个最复杂的现象，其中总可得一种有规则的齐一律。

所以齐一的公例，从狭义说，为因果公例的基本。凡一类因，必生一类果。这个所以能如此的缘故，全靠自然上有那些齐一的公例。但由记号说，齐一所代表的因果现象，系由跳跃与绵延二个现象所合成。拿"在通常压力下，百度热为水滚之因"一个公例来说。百度热系由一度一度的热所跳跃的增高。合百个跳跃度之热，当联属动时，则成了一个绵延的百度热了。由这二个公例（跳跃绵延）组合成为一个齐一的公例。即说，凡热自零升至百度时，其结果必定水沸，无论何时皆如此的（在通常空气压力之下）。

从别面说，齐一的公例一个记号，不特是代表因果的现象，并且是因果与不中立二个公例组合上的代表呢。因为有齐一的公例，才有因果的事情，及有不中立的思想（参看上二节所说）。

以上所说的三种记号公例，从概括上说，均是下边的相关公例一个记号的分支。故相关一记号，直接上为跳跃、绵延及齐一三记号的总记号；间接上，即为思想、事情、记号诸公例的总公例。

（三十）可是，相关公例（The Law of Relations），在此节上，与上二节的意义有些不同。它仅是一个记号的公例。它的意义是从它所代表的思想和事情的意义而制定。但它的公例，为一切公例的模型，所以它的应用是普遍的。它既代表上二节所说的思想与事情，所以它也应该有三项相关的记号，如下：

（三十一）（1）为量的相关记号（The Relation of Quantity）。这个为一切数学上的代表。因为数与数相关的记号，即是量的相关记号，也即是"跳跃的联属"的记号。譬如这个记号：……自一点至二至三至四以至无穷点，每个前点要到后点必须跳跃才能过去的。因此，每两个数的中间，如一至二说，尚有无穷尽的中间位置，任分为若干份，终是分不尽的。故数上有"无穷"（infinite）一个意义（无穷大或无穷小等）。唯在这个相关的数上记号说，就是从第三者的意义说，才说得去。若从思想与事情上说，终是极难于了解思索的。〔罗素派对于"无穷"的一个观念，可算出尽心力去做。因他们数理逻辑的基础，全建设在这个无穷观念上头的缘故。但彼等过于多说话，反把真义弄成隐晦了（参看上头关于罗素所介绍诸书）。〕

（三十二）（2）为形的相关记号（The Relation of Form）。它为一切形学的代表。凡在一个形上，彼此部分的相关，必是"跳跃的绵延"。例如——一形，今以地球面上说，有山凸谷凹的不同。但在这些跳跃上，自有一种绵延的现象。例如二山间必有一谷，谷与由形的联属，必是跳跃的绵延的。（实则，自然上无纯粹的绵延形。即以水平面说，从精确上观察，任人如何取一最小的距离，终是这个距离的中间，有凸凹的不平状的。）故以形的相关说，绵延与跳跃是互相掺合。所以"相对论"说：世界是"无边"的，但又是"有限"的。试由上所画的形去看，由一凸到一凸是有界限的（单从跳跃方面看法）。但一凸又一凹，再又一凸又一凹，如此以至无穷的绵延，这样是无边的了（从跳跃的绵延方面看法）。故"无穷"乃是量的基本记号，"有限"乃是形的基本记号。此外于"无穷"中而又有"有限"的可能。乃是位的记号，如下例所说的。

（三十三）（3）位的相关记号（The Relation of Position）。这个记号乃由上二个记号所组合而成。幸而有它，所以量与形，即跳跃与绵延才能沟通。例如笛卡尔这个定位的方法（即是把每点用二个或三个坐标，而得他形与数的定义），做成他一部不朽的《解释几何》。其次，由量、形、位的组合可以规定一切至复杂的现象（无穷中的有限），例如社会上一切的情状，如以北京人的生死率说，每个人的生死，本极偶然无定。但合起了许多人，可以求出他们一种齐一的公例。其他一切的统计表，如婚姻、疾病、火险、诉讼等等，皆可照上法做成的（由邮政总局的统计，每年邮寄的信封面上，无写收信人的住址，也有一个确定的数目）。由叙述法，可使一切似无关系的现象，变成为有关系。例如北京、满洲、上海，三个名词似无交连的。假设我说北京在上海之北，又在满洲之南（那么满洲比北京更在上海之北了），彼此就成相关系了。又位的相关的叙述一定，则形与量同时也随它而定（即北京、上海、满洲为南北线形上的三点，彼此间的相离有若干里之类）。他如叙述一民族的历史（时间上位的相关叙述法，也名纵的叙述法）和环境的支配（空间上位的相关叙述法，也名横的叙述法），可以得到这个民族在社会上的各种情状。犹如把一个人的心理（动的方面）与生理（静的方面）各方面叙述精确，则可得到这个人的一切行为。故用叙述法，一切想象皆成相关的、无神秘的（"相对论"说吸力所以比牛顿的好，即是叙述的定位法，详后）。所以叙述法是研究相关记号上最好的方法。（详在下章定名一节上。）

总之，以上所说相关一个公例上的三种相关记号，乃是代表思想怎么能够对住一切事情定下最普遍判断的可能。有了这些普遍的记号，去代表普遍的公例。所以我们才能从普遍的逻辑，求出它的普遍的意义呢。故逻辑所求的，不是思想，也不是事情，乃是代表思想与事情上的普遍记号。

（三十四）在此节上所说的，是主张如何把记号去代表思想和事情的道理。我们同时也应主张把思想与事情皆变成为"记号化"去了。这个要求原是不可少的。因为逻辑所求的是普遍的意义。所以必要那些普遍的记号去代表它。好似我们做代数时，所注意的仅在记号那些规则上头。至于这些记号所代表的思想与事情，我们暂时故意忘却，看它似作无物的。及算好后，才把特别所要知思想和事情，加进记号上去。（这样把先前记号所代表的普遍作用，变成为一种特举的狭义的规定，不过于实用上有益而已，原是不合算的。）我们学逻辑的也当作如是观。即是应该把思想与事情通通变为记号。当演逻辑时，眼中仅有记号。除记号外无思想，除记号外无事情。苟与记号的定则不悖，尽可放心尽量做去。当可由此求出许多新的记号来，同时也就可以求出新的思想与事情来了。自来各科学上稍为较普遍的公例（尤以算学、几何，及物理学为多）多是记号公式上的产物呢。我们在下章所要考求的，就是依住这个目的去进行。

今由上三节所说的，做成二个简表如下：

（一）分表

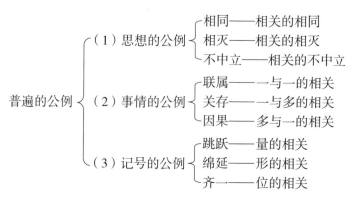

(二) 合表

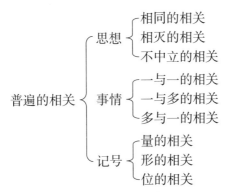

普遍的相关 { 思想 { 相同的相关 / 相灭的相关 / 不中立的相关 } 事情 { 一与一的相关 / 一与多的相关 / 多与一的相关 } 记号 { 量的相关 / 形的相关 / 位的相关 } }

第二章

第一节 定 名

唯实主义——唯名主义——唯意主义——叙述主义

（三十五）公例与公名（即一切抽象的名，除个人个物的私名外），本是同物，彼此均是研究一种相关上的普遍意义，彼此俱是那些代表式的记号与叙述式的概念。不过公例所说的较公名为清晰完全，公名所示的比公例为含混欠缺而已。我们在上章，已经说明公例的成立，是由记号去代表思想与事情组合上的缘故。公名的成立，当然和此有同一的路程。故定名，即定一个具有普遍意义的概念，即找公例的第一步骤，即求如何用记号去代表思想与事情组合上的一种手续。明白此意，那么，对于本节及上章所说的公名公例；对于概念上有具象、抽象、意象的进化；与逻辑主义上的唯实、唯名、唯意的分别；都可求出此中有一个共同的调和的所在了。

（三十六）以外界有实在存立的物件；承认一切记号如语音、数目、音符，所代表的均有一种物的意义在里头做印证；主张这样的物义，唯有从纯粹智识上去领略才能得到，即唯有从概念上（归类上）去觉悟，才能发明各种物的公例。这个为唯实主义（realism）对于定名上的学说，一自柏拉图手里，已经完全成立了。中间虽然相同，不过新派稍有持异议处，则以物的意义由绝对与相对的分别。就归类上说（如人类、牛类、马类等），它是绝对的；就个物上说（如我，尔，这条牛，这只马之类），它是相对的。相对的物义虽占有独立的位置，但比绝对的不完全，仅是一种附属品而已。例如以孔子个人说，分为"人性"（绝对的普遍的）与"孔子性"（相对的个物的）二个意义。孔子性为人性中的一部分。人性乃是一切个人的总合量。故人性比较孔子性的意义较广大。

攻击唯实派学说的，则视个性与总量为互相矛盾的定义。因为总量是包括一切，个性乃是仅具一格。包括一切，则中间可含有相反性（如说人性可善可恶）。仅具一格，则此是必至彼非（如说孔子性善，同时就不能说他是性恶了）。所以说孔子同时有他个性与人性的物合，显然为不可能。辩护的人，则说不过是外面的矛盾，是在底里尽可调和。因为个性既比总量的意义为狭窄，个性上当然仅有总量二字的性质。但个性不能离总量而存在的。故与其说个性和总量相反，不如说它们是相成。

（三十七）与上说立于反对的地位为唯名主义（nominalism）的主张。它大端说：呼牛为牛，呼马为马，指一名而定物，名与物有何关？其极端的，甚至说一切的名字不外是一种声音。除了声音的辨别外，并无含有何种意义。（参看 Roscelin[1]的学说）凡主张极端的，用去攻击敌手则有余，用来建设自己学说则不足。假若极端唯名派为有理。那么，乡愚听了外国人的声音，便可明白他说话的意思了。但一证诸事实上乃大相反。所以较温和的唯名派，不能不承认各种概念（即公名如牛、马、鱼等）乃是一种抽象的、归类的结果。并且由它可以得了便当的称谓，及省事的记忆。可是这些概念，这些公名毫无实在的物义。凡物的真义，仅能存在各个物上。如以人说，人的真义，仅存在张某李某各个人的性上。并无有人类的一种普遍性可以去

---

[1] 通译为罗塞林（Roscelin de Compiègne，1050—1112），欧洲中世纪经院哲学家，早期唯名论者。

概括人人的（参看穆勒的《逻辑》）。

（三十八）有了二派的相反抗，自然有了第三派来调和。当唯名与唯实两派互相争执不下之时，来了一个唯意主义派（conceptualism）做中间人。他对唯实派说，一切概念，不是如尔所说的有真实的物件（object）。他又对唯名派说，公名不但不是一种空泛的声音，并且不是仅为便用的概念。据唯意派说，概念的存立，全靠思想（mind）的作用所造成。因为从各个物的相同处，组合为思想上各种类物的意象。人类对于外物思想上，全靠这种意象做基础。例如"人"一个概念，思想上就起了一个"二脚无毛，可善可恶的一种动物"的意象。

依上派的学说，凡物概由思想去组合而成类。那么，类的概念，不是如唯实派所说的实在，也不如唯名派所说的空无，它是思想上的一种意象（concept）。故我人对外界的判断，不从逐个事实上，也不从记号上，乃是从思想的意象上入手。由此道理，所以思想能去构成极简单又极笼统的范畴（categories）可以包括一切物的意象了。这些范畴，依亚里士多德则有十项，依康德则得十二。〔详下注（一）〕

（三十九）照上三派的主张，我们可得了一个共通之点，则因三派皆是看"类名"（概念）的成立，是一种记号的代表，与具有一种普遍的意义。唯实派的归类，与唯名派的抽象观念，及唯意派的意象，彼此都是主张这个意思的；彼此均承认有"类名"一件事与它的应用；彼此均主张定名即在定一名属于何类的意义的。但他们彼此有不同处，唯实派看类名为事物的记号，唯名派看它为无意义的一种抽象，唯意派则看它为意象的一种表现。似乎彼此俱是言之成理，持之有故。究竟他们所以有这个争执的缘故，一因他们不知概念进化的道理，一因不知普遍逻辑的作用。我们今先说第一项的理由。

就近时心理学所研究，概念是进化的东西。它的进化可分为三时期。当人类未有语音之时（凡一切高等动物，及小孩，与未受教育的聋哑等，也属此类），人们所能思想的，唯在极混昧的具象组合上头。

在这样脑中的概念，好比是许多相似之物叠合起来所影成的相片一样。（此名"混合影相法"。例如把许多物合影起来，在合相上所留的影，凡个物上彼此相似的点则愈显现，凡不相似的点则愈隐晦。）这样的概念，虽则含有少数的抽象，但大部分尚是具象的存影。此为思想所做的抽象（abstraction）及归类（generalization）第一步的功夫。唯名派说凡物的真义唯在个物的事实上，类名不过是一种符号标记而已。这个主张，在概念最幼稚上的情状看去，确有道理。

因为第一步抽象与归类的功夫，全靠个物的具象为基础。除个物的具象外，抽象的概念是不能成立的，是丝毫无意义的。

但当人类能用语言时，抽象的功能越著，概念由此遂为第二期的进化了。虽然是，这些语言所代表的尚有具象的痕迹。（如亚拉伯人叫狮的名字有五百种。由此可见初民及半开化的民族对事物的命名，不是完全做概念用，尚是把各个物的形容、状态，竭力保存，如以各种狮的形容、骨骼、毛彩、声音、举动、老少、牝牡等等的分别而各各命它一名之类。）但这样混杂的命名是不能永久存在的。于是一种意象的概念不能不出来代替。例如把许多种狮的特别状，抽象又抽象，便成为狮的一个简单概念，当我们对此狮字时，仅存思想上所发现的一种意象的狮形而已。前说唯意派所谓公名不过是意象之物，即是此理。

及后，概念愈进化，则把一切的具象与意象通通抛却。人们所注意的唯在纯粹的抽象所代表的一种记号，倒如算学的数目、科学的术语（nomenelature）、哲学的概念，及常用的许多公名，皆是一种纯粹抽象的记号的应用。大哲来尼士对磁层的道理解释得甚好。他大意说："时常我们多是把一种记号去代表物的意义。我们不必知道这些记号的意思是什么，仅知道它怎么样用就够了。因为我们知道如必要时，这些记号的意义，无论何时皆可得到。所以暂时不必管它。这种思想，我叫它为记号的思想。凡代数、算学、及一切记号的用处，均属此类。"（参观 Leibnitz, *Les Nouveaux Essais sur l'entendement humain*,

关于概念的进化一节参看 Ribot[1]，*L'évolution des idées générales*）

就上说来，最进化的概念，是变成为一种抽象的记号的。这样记号，不是如唯名派所说的毫无意义。它确是含有一种意义，但它所含的意义不是具象的也不是意象的。实则它比此更高一层，因为它所含的是一种抽象的记号的意义，是一种介于思想与事情的第三者的意义。我们在上第二十六段中说记号是有第三者的位置与代表思想和事情的组合性，到此可以见出这个所说的是什么意思了。因为记号不是代表个物的具象，又不是代表各个物所组合后在思想上的意象。它是代表具象与意象组合时另外一种特别的抽象。所以它在这面上比具象更普遍。因为它所代表的抽象可以包括各个物的具象。但各个物的具象是不能包括全类物的抽象的。在别一面上，它又比意象更实在，因为它所求的不在全类物的形状，乃在全类物的性质。故唯实派说类名为实在，若从最进化的概念上看去确有充分的道理。一个记号既有最普遍和最完全的代表物，它就能够在思想上代表一个最圆满的概念（柏拉图的 Idea），和在事情上实现一个最广大的公例了。

故就概念的进化上说，所谓唯名、唯意、唯实三派，各占有各的位置。唯名派所说的，与概念第一层的进化相吻合。唯意派的主张，乃是概念第二步进化上的结果。至于概念达到最进化的时期，纯粹的记号完全占了势力，到此，足以证明唯实派的学说为有根据。

（四十）我们在上头已把概念在心理进化上大略说明了。今再把概念一问题在普遍逻辑上说一说。定名的事，乃在求类名上（或记号上）有一普遍的意义。但要达到这个目的，当就类名的"类的意义""类的造成"与"类的应用"三事入手。在这些求类名的问题上，不是用昔时的定名法可以得到，须要用叙述法才可。故我名此为叙述主义（descriptionalism）：

---

[1] 即阿尔芒·里博（Théodule-Arnaud Ribot，1839—1916），法国心理病理学的创始人，法国早期机能心理学家。

（1）类的意义。前人说定名的方法，是把一个特别的性质（difference）加入最近的类（proximate genus）上去，即得所要定的名义。例如定"人是理性的动物"把人的一个特别性即"理性的"加入与人最切近的类即"动物"上去，在昔时逻辑说，这个算为最完善的定名法［详下注（二）］，所以它同时得了一个外延与内包互相大小的定则。这是说由动物延出为人，人当然比动物小。但由动物加上一个理性，人所苞的性质当然比动物的大了。

可是，这个说法，从生物学上观，或从逻辑上观，均不完善。从生物上观，依进化学说论，动物不是人之类（genus），人也不是动物之属（species）。人与动物乃是同出于别种物的。所以不能说人与动物有类属的相连，也不能说人的性质比动物的一定较多。实说起来，人与动物判然分为二类呢。这个道理从逻辑上观，更加明白。当我们说人是理性的动物时，我们不是看人属于动物的，乃是看人与动物二类上有一种相关系，看这句话，不过是一种叙述法。因为从叙述法上说，我们不管人是不是理性的动物。我们所要知的，是当我叙述这句话时，看它有无相矛盾之处，如无矛盾，我们就承认这个叙述为有理了。故从逻辑上观，人与理性的动物，仅是二个记号。当我用一"是"字去肯定这二个记号的相关系，我们看"是"字也不过一种肯定的记号。总之类的意义乃是逻辑上的一种"假"（logical fiction），这个假定所以能成为有一种的意义，全靠叙述法把它与别种事物缀合为一种相关系的缘故。所以定名，乃是叙述一个名与别个名互相关系上的一个意义。

（2）类的造成。我们知道定名不是从各个物，乃从各个物的归类性去定的。但类不过是一种假定的记号，须与别类相关系后才有一定的意义。所以我们现应研究一个类怎么样才有一定的意义了。当我们定"人"字，我们当然定它是一个类名（它不是甲也不是乙）。但它的性质多得很呢。我可叙述它是理性的动物，也可说它不是理性的，或为感情的，政治的动物等等。又可说人是比石头更灵的，或比神明更蠢的。在后二项，我们所叙述的乃求人与石头及神明的相关。再如说人有极奇妙的理想，或说人能作诗。这些叙述又把人与思想及诗做成一种相关系。诸如此类，由我如何叙述，便把人一类与别类物成为一种可能性的相关。由此可知类的造成，全是叙述法的一种手续。因为类是一种记号，并无一定的意义，仅由叙述法去造成它的意义的。所以说人有理性的，或无理性的，又如说他是动物，或是神明的，均说得去。

可是一个类名，虽有无穷的定义。但它与别物相关上的叙述一定，同时它仅能有一个意义了。例如叙"人是理性的动物"时，在这句话上，人的定义确确实实仅有一个——理性的动物——不能再有别个的。比如说北京在上海之北，就不能说北京在上海之南了。因为定名不是从绝对上入手，如说"人是人"，当然毫无意义。乃是从相对上入手，即对于别类物而求一相关的意义。如说"人是理性的动物"，这句话中有四个相——人、动物、理性的、是——把这四个相关的次序一经排定。它们就生出一个固定的意义再不能移易了。故定名的方法乃是求出与别种名有一种固定的相关系。由这个固定的相关看去，可得一个名的普遍意义（唯相关才普遍）。如说人是理性的动物。假设他如此永久相关的，我们能永久说人与理性的动物有普遍的相关性，即是说，一说及人，同时就连及理性的动物。这二个观念是永久相因而至的，又如说二加二必等于四的一样普遍。

（3）类的应用。我们到此约略可知类的应用了。（一）因为有类才能定名；（二）类是一种叙述的记号；（三）含有普遍的第三者的意义；（四）有次序的组织。今应把这四项稍加说明。我们在上说定名即定类，求类的叙述。但要叙述一个类名使它成有普遍和切实的意义，第一当寻出它的位置，第二寻它在所定的位置上相关系的条件，第三寻出这些相关系的条件在位置上的次序。譬如"吸力"一个名词的定义，依牛顿说是两个物体大小和距离的相关。这个是一种简略的极好叙述法。但要从详细叙述出来，须要定吸力在何地位发生，如在地心说，则月球必向地心堕下。如在月心说，则地球又应向月球堕下了。其次，吸力必有相关的条件；如物力、空间、时间等组合起来，成为一整个的相关。从这整个的相关，而寻出它们的次序出来，我们可得吸力在各种位置的现象。故相对论对于吸力的解释，是纯粹用叙述法表明的，是把物理的现象变成为几何学的应用。所以它能够把神秘的吸力观念，做成为一种最明了的"解释"（explanation）。例如一个在空间的物象（如吸力）苟能定下它与环境的一定相关的意义，那么同时我们也可得它的一定的形状了。譬如在一个升降机的停止时，机内的人看凡物从机穿过时，其堕下的形状是抛物线的（似地心有引力的缘故）。假使机同时向下堕落为加速率时，那么，前时所见的堕物是抛物线形的，当一变而为直线形了（似地心无吸力的缘故）。在此例上，吸力是可用一种加速率的相关去解释的。由此我们可知凡物的现象，皆是从相关的位置与条件的次序中叙述出来的。故叙述一物与他物相关的次序，于定名上占下最重要的位置。因为它所求的是那些记号上相关的普遍意义。它不管自然上有无这种意义（如地心是否有吸力），它所要的是在一种相关系的现象上，与研究在何种次序的关系上就生出了何种现象的事情而已（或曲线或直线）。

　　故就相关上的次序，详细确切去叙述，即是定名最好的方法。因此可知一个物不是能独立的。凡物的存立皆依其类，但类的存立，全靠与别类相关上的次序，而后才有意义。所以它也不是永久不变的。若能寻出这些相关的次序来，无论何物，皆可假定有一种类属，皆可有极明了的解释，断不会陷入神秘的绝对的方面上去。（今人对于生命、灵魂、神鬼、自由、等等问题，尚存暧昧的见解，都是对于此种问题，不善用叙述法的缘故。）

　　末了，我们知道一个概念或一个公例的成立，全靠相关上的次序所叙述出来。故遇这些相关的条件增加或减少，及次序的组织有移易变更时，前此的概念或公例的意义，也当随它改易。所以概念与公例是跟随人的智识进退的。哲学与科学诸学说在历史上的变迁改换，即是这个缘故。

依上说来，我们求得定名三个方法：（一）叙述一个名与别个名相关上的意义；（二）求出一个名关于固定的和普遍的意义；（三）确定一个名在何种次序上所生出的意义。附下注三。

注一：亚里士多德十范畴如下：substance（物质），quantity（量），quality（性），relation（相关），action（自动），passion（被动），place（地方），time（时候），position（形势），habit or condition（状态），亚氏这个表远不如康德的精微。康德的表共计四项分十二格。（并附德文原字，其引喻的系属我私人。）

（1）Der Quantität　　　　　　（数量）
　　Einheit　　　　　　　　　　单数
　　Vielheit　　　　　　　　　　多数
　　Allheit　　　　　　　　　　整数
（如说他是一个学生，这是多数学生，那是全体学生）

（2）Der Qualität　　　　　　　（性质）
　　Realität　　　　　　　　　　实指
　　Negation　　　　　　　　　　虚指
　　Limitation　　　　　　　　　范围
［如说人是死的（实指），石头不是死的（虚指），石头不是死的，那么与"死的物"各成一个独立的范围了］

（3）Der Relation　　　　　　　（相关）
　　Der Inhärenz Subsistenz und　相因
　　Der Causalität und Dependenz　因果
　　Der Gemeinschaft　　　　　　互通

［如（1）物有重量，是物与重量为相因而至。（2）重量必堕地，是为因果。（3）当物堕地时，地吸物，物也吸地，是为互通］

注二：

(4) Der Modalität　　　　　　（相应）

Möglichkeit —Unmoglichkeit　　可能—不可能

Dasein — Nichtsein　　　　　　当然—不当然

Northwendigkeit—Zufälligkeit　必然—偶然

[如说：有真正的公理（可能），则恶人必受罚（当然）。公理与恶人受罚两件事是不能分开的（必然）。]

按上所说的亚和康二人的范畴，乃是一种"最大类"的别名（Summa genera, or most extensive classes）。凡一切事必归入此中范畴之一。因为每事比较这些"最大类"总是范围狭窄，所以必被它所包含（下节再论）。

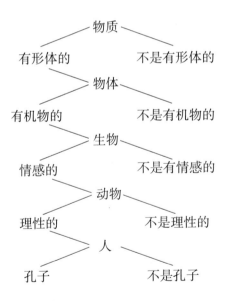

上表叫作 Porphyry 的树[1]。因与不中立的公例相合，所以向来看

---

[1] 波菲利（Porphyry，约公元前305—前234），古希腊哲学家。波菲利的树（Tree of Porphyry）以亚里士多德的《范畴篇》为基础，并将之表现为树的主干，反映了逻辑分层的概念。

为最好的分表区类法（参观上第十五段）。又从前的定名法如定"人"字，即取它最切近的类"动物"与它特别性"理性"即得。［我对此的批评已详上第四十段（1）项及下注］

注三：用叙述法去定名，所注意的，仅在考求相关上的融合，所以它比从前定名法的范围较大且较自由。故它可不受下列的从前定名规则所束缚。

（1）当定它最切近的类与特性。［参观上表及第四十段（1）项所说］

（2）不可与所要定的名相同义。如要定"植物"不可说它是"有机物的具有植物的生能"。如此定名与无定等。拉丁语叫它作"Circulus in definiendo"。

（3）"定全并定一"（Convenial toti et soli definito）。这是说定一名不可过狭，如说人是白皮的哺乳动物，也不可过泛，如说人是饮食的动物。

（4）所用字语不可含混。近人批评亚里士多德定灵魂（soul）的意义为"原形的有机物，并且含有生能"，entelechy 即犯此弊。所谓以"不知定不知"（ignotum per ignotius）。

除上第二及第四两项仅是字义上明了与不明了的问题外，叙述法对于第一项的规则可以守可以不守。说人为理性的动物，或说它"不是理性的生物"，于生物学上与逻辑上都说得过去（两说详上第四十段）。至于第三项的规则，可分作二面观：（1）从一记事的叙述法上说，如：秦始皇筑万里长城——教习都是书呆子。这个虽仅从秦始皇事业上的一项去叙述，但不能以过狭为口实。下句仅泛述教书人的性质，也不能以过泛相责备。（2）从"科学的叙述法"上说，当然应该说为——教习中有些是书呆子的，仅有些人是白皮的哺乳动物。但在此有极难解决的问题，即是如何使定名不过狭不过泛仅"恰恰到好处"。我想，除非依上所说的从相关上的范围去叙述外，别无他法。

第二节　造　句

感情的——推理的——意志的——组织的

（四一）名是句的缩短，句是名的延长。定一名，乃求这名在许多句中的一个相关点。造一句，乃求这句在许多名中的组织法。例如下图：

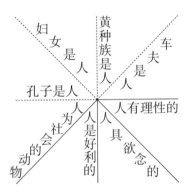

以虚线的人字为宾辞（predicate），以实线的人字为主辞（subject）。于此无穷句中的交点，得了一个泛指的"人"字，即为概念之上"人"字的意义。今把人字展开起来为"孔子是人"一句话，别一面，又展开为"人有理性的"一句话。这二句话皆是组合二个名而成的。〔或说为二端（terms），究竟，端中虽或不止一名，但每端中仅有一个主要的意义〕若把它们再组合起来为"孔子是人中具有理性的"，那么，在这句上，是由三个名——孔子、人、具有理性的——去组合而成了。总之，任尔怎么样把名组织起来，它就变成怎么样的句法。这个与上节所说的定名法，任人怎么叙述，就生出怎么意义，本是同一的作用。它们彼此的不同处，不过一是叙述，一是组织而已。因为定名是定它在句中的相关，所以需用叙述法做去，才有普遍的意义。但造句是造成名的相关，所以须用组织法做去，才有完善的系统。

（四二）句既是由名所合成的，所以造句最要紧的事情，是考求怎么样才能得到一个最好的组织法。于此可见昔人所说的"造句即判断"，未免偏于一端了。(The name proposition is derived from the Latin words pro, before, and pono, place, and means the laying or placing before any person the result of an act of judgment.) 因为我们不特要研究思想上如何判断，并且要研究思想上如何组织。因为判断是零碎的，组织才是整个；组织能包含判断的，判断却不能包含组织。今先说判断法的缺点，然后再论我们的组织法。

（四三）具有判断法的雏形，但极不完全的，即是"感情的判断"。就近日心理学研究所得，感情的判断，与推理的判断，约有三点不同：（一）它从情欲的倾向去判断，不是从道理去判断，所以它不管矛盾律；（二）它以一事有无成绩为标准。这个标准即是它的目的，也即是它所预定的结论。所以它先有这个结论，然后才去安排它的前提。不是如推理的判断，先前提而后结论的；（三）反正它是偏重于主观、推理的判断，则偏重于物观。例如：凡人对于所爱的人，不管他所做什么，说什么，均是有理，即遇了别人说所爱的人有错误处，总是为他辩护。这个叫作为情所迷，叫作阿其所好。其次，则如宗教家的预定一个大慈大悲的神明，然后拟想他的救苦救难大宏愿。这是以功利为目的，把结论放在前提之前的。或如辩论家的鼓动群众，所主张中虽有多少真道理，但辩论家的制胜处，全在利用群众感情心理的作用，纯以自己及群众的主观为要点的。以上所说仅具大略。若要知详，请看 Ribot, *La Logique des entiments* 一书罢。

其次，从感情方面说，它的造句法，也与推理的不同。就推理的句法论，每句中须有主辞、系字（copula）与宾辞。但感情的逻辑是原始的，未进化的，不完全的逻辑。所以它不守这个规则的。例如说"这人是勇敢"，它仅说"勇敢呵"即算事。余如"痛呵！""向前！""——美呢！"等等的"单意语"，皆足表明它是不完全的造句法。合这一端，并上所说的三缺点，统共讨论起来，可知感情的判断，虽为推理与意志的判断的根源，但比它们极有逊色。试把下边所申论的一行比较，就可见出此中的大概了。

（四四）推理的判断，算为旧时的逻辑的正宗。可是此间派别甚繁。仅以近贤最有价值的学说论，尚可约略得了三派：一为康德的，一为穆勒的，第三即是罗素。

康德的判断法，乃是心理学及逻辑的过渡。他虽主张主观与物观合一，但终偏重于主观念。念他的得意语"喀不肋[1]以太阳为中心，变更从前的宇宙观；我以人为中心，变更从前的思想观"，就可知道他的意向了（我是节略他的大意的。参看他的 Kritik der reinan Vernunft 第二叙上）。究竟，康德的最大功绩，是在求出思想对于外界是怎么样一回事。他的结论是"物到本体"不能而知的。我人所能知的，不外由思想的范畴（详上节注一。此外康德尚有关于判断上"思想的职务"一表，今从略不载了。）。去规定外界，制成为一种现象的形状和意义而已。外象既是思想的范畴做成的。所以如能得到正当的思想，同时即能得到一切正当的事情了。故我们可说康德的判断法，乃求思想与思想的相关为独一的目的。

（四五）可是康德这个思想的判断法，虽有巨大的成绩与影响（即今日的非欧几里几何及相对论尚是他的宗系），但这些空架子的范畴，终不能免人的蔑视。（实则这些范畴，不是如康德所想的那样纯粹先天性，也不过是人类所造的器具罢了。）所以穆勒一派的人出来提倡，须从事实上去推理，才能得到确切的意义。若从思想上去推理是最不行的。例如"火是热的"一句话，乃是把火与热二件事实做成为一种相关系。断不是从"思想的火"与"思想的热"做成关系的。故穆勒对于判断的观念，是求事实与事实的相关呢。他说："The propositions are not assertions respecting our ideas of things but assertions respecting the things themselves."（ Logic Book I, ch., V）

---

[1] 今译开普勒（Kepler，1571—1630），德国天文学家，他发现了行星运动的三大定律。

（四六）我们在此恰如上节所说的，两派互争，各有理由，自然势必至于相持不下了。但在此节上做中间人的，不是唯意派，乃是新唯实派的巨子罗素。他把句的意义分作二起：（1）"为句的函数"（Propositional functions）。例如说"x 是人类"。在这句话上，x 是泛指的。当 x 尚未被指定关于何物时，"句的函数"不能说是错，也不能说是对。（2）待至 x，实定为一个价值时，前时的"句的函数"始变成了"通常的句"。proposition 在通常的句上，所判断的，不是错，便是对，它不是泛指的，也不是游移两可的了。如说孔子是人，若 x 是孔子，那么，这个句的函数，"x 是人类"就对了，但苟代了 x 是石头，前头那句话（x 是人类）当然变成错了。故一方面"句的函数"当它含有意义时，有时是对的，而有时是错的。可是别一方面，假设它不能全错的；则至少必有一件事实与函数的意义相符合。例如：我们既知世界有人类了，那么，当我们说 x 是人类，我们知道至少必有一个人为 x 所代表的。因为它不能全错的，至少必有些事实与它相合的。所以在它所包含的这些事实上，必有一个永久的普遍的性质。如说"假设 x 是人类 x 必死的"在这个"句的函数"上，可以证明它具有一个永久的和普遍的意义。永久的，因为去古来今，凡是人类必定死的。普遍的，因为张、王、李、林，无论是谁必定死的。凡人既与死的性质相连的，所以我们说 x 是人时，同时就可得到他与死一个永久的，普遍的，相关而至的性质了。

我们由此可见罗素对于推理的判断，与康德的不同。康德的范畴是思想的器具用去规定外象的。罗素的"句的函数"虽也是一种空壳子（"a mere shell"如罗素自己说），但它的意义，是由外间的事实来填注的，不是去填注外间的。故罗素不似康德的偏重主观。但他与穆勒的意见也不一样。因为罗素一方面虽承认判断，须从逐件事情上入手（通常的句），但别的方面，他主张另外有一种普遍的意义，和永久的道理，可以预先知道，不必时时证诸事实，又不必事事得有凭据而后才能判断的（函数的句）。所以罗素既不是如康德的专求思想与思想的相关,也不是如穆勒的偏重事实与事实的相关。我们可说他是求记号与记号的相关的。例如就是他所主张的这个"句的函数"(假设 x 是人类 x 必死的)说起来,可分为二种说号:(一)"假设 x 是人类";(二)"x 必死的"。当我们判断这句话时,我们是从第(一)项的记号和第(二)项的记号相关系上去判断。因为如此,所以才能得到它的永久的、普遍的意义。即是说,若有第(一)项必有第(二)项,换面说,第(二)项必跟第(一)项而至不能变动的。我们所判断的,仅在这二项记号的相关系上头。至于 x 是人类与 x 不是人类,或 x 是不是必死的,我们都不必去管它。因为分开说,x 是人类,或不是人类,这为事实上的问题,全凭事实上去判断才有意义。但就相关说,我们能够预先的永久的假定"x 是人类,x 必死的"的公案。这个判断是不从事实上,乃从记号的相关上所生出的意义去注意而已。实则,这些记号的相关,和"$(a+b)^2 = a^2 + 2ab + b^2$"是一样的意思,都是以纯粹的记号为根据地的。譬如在前的,不必知 x 是人不是人,也犹在后的不必知 a 和 b 所代的是什么数。可是它们各各相关上的格式,乃是千真万确,永古如此的。["格式的相关",罗素叫它为"formal implications",他是研究普遍的相关,所以与研究个别的事实不相同。如说,"凡人皆死"与说"孔子是人,孔子必死"完全差异。因为上句是总举的判断(all),下句是特举的判断(particular),彼此意义不能混作一起并论的。因为总举的判断,是整式的、普遍的。特举的判断,是事实的、单持的。凡逻辑所考求的是总举,不是特举。参观罗素的 *Introduction to mathematical philosophy*]

我们在上第十段中,对于知识的逻辑一表上有三项的分别,即是概括的、单举的、假设的不同。今则大概可说康德的范畴乃是研究知识关于概括上的问题。依康德意,用下这些范畴就可把一切的知识通通概括上来。但依穆勒的意见,凡知识皆从逐个事实上的经验所得来。故穆勒的方法是求知识关于单举上的问题。可是,罗素不是此,又不是彼的。他是用算学家及几何学家的方法,即是先假设多少前提,然后从它的相关上求出他的结论的。例如假设 x 是人类，就可得到 x 必死的结论了。故罗素对于讨论知识的方法，是从假设上入手。

（四七）以上所说的什么感情的判断呢，推理的判断呢，从方法上论，虽彼此不同，但从宗旨上说，则大家一致。彼此皆是判断法的一种，皆是以判断为目的，希望对于外界的事情，求得一个最有把握的应付，与最有成绩的结果的。我们现在所要说的"意志的判断"，也不外依住它一种差别的方法，与上二端相同的宗旨，去立论了。

（四八）"意志的判断"，即实用派（The Pragmatism）对于判断法上的一种主张。据这派的巨子如 James[1]，如杜威[2]（参看 James 的 *The Pragmatism* 及杜威的 *Essays in Experimental Logic*）所说，经验即是体验，真理乃靠创造。故一方面，个人的主观与意志极占重要的位置；别一方面，人群的进化，影响于个人的判断尤属至深且大。就前项说，个人各依主观的利害为标准去判断外物的。如这个形：

可说它为一粒星型，或说它为两个相交的三角形，或说它是六个相等三角形，以及其他种种的判断，彼此都是对的。但就人群的进化说，所谓真理（The truths）是跟随人群向前走的。所以判断不是往后看，乃是向前观的。当我说"热能涨大体积"，乃预备未来时，如遇这种情形，能够先去判定必如此的；不是仅知过去有这回事就算了。因为判断既是对

---

[1] 即威廉·詹姆斯（William James，1842—1910），美国心理学之父，实用主义的倡导者，美国机能主义心理学派创始人之一，美国最早的实验心理学家之一。
[2] 约翰·杜威（John Dewey，1859—1952），美国哲学家、教育家、实用主义哲学的创始人之一，1919 年，杜威曾先后在北京、南京、杭州、上海、广州等地讲学，时间长达两年又两个月。

付未来,故它不是发明,乃是创造;它不是仅仅靠住感情和推理的作用,并且,最紧要的大部分上,是在靠住意志的指挥。可是,这个意志的判断不是凭空捏造的。外界确有事实的存在(The Reality),不是人们所能否认。但它的真理可随人意去创作。因为真理不是独一的,乃是多数的;不是固定的,乃是活动的。人们各依住自己的利害,和环境的需求,去变更和创造它的真理的。例如"力"的事实是存在的,但人们利用力去创造航船和汽船。由是,力的真理遂分为二:一在航船的,一是在汽船。但因汽船的利益大,所以力在汽船的真理较在航船的为真实。

以实利为标准,用去判断外界的真理,这个虽是极通俗的主张。但分事实与真理为二途,以真理为多数的、可变更的、可进化的东西,这个确有独到的眼光。至于提倡个人的意志,辅助感情与推理的不足,希望时时创造更有利益的真理,乃是"实用派"对于判断上极巨大的贡献。

我们在上已把感情的、推理的、意志的三种判断法大概说明了。依我个人的意见,感情的逻辑,为研究心理学说的特长。推理的逻辑,乃是研究自然科学上不可少的工具。至于意志的逻辑,当然在社会学上占有极重要的位置。就此看来,各种逻辑,各有应用的范围,各有各的存立的价值了。但因缺少一个普遍的逻辑做联络的线索,以至于各种逻辑均陷于偏狭的毛病。今为补救这样流弊起见,所以我们在下边,专论普遍逻辑上,组织的造句法。

(四九)组织的造句法约有三端。第一,依住认识、知识、意识,及普遍识,一切所有相关的系统上,将所要知道的事情,应有尽有,详详细细组织起来。这个方法,与上节所说的叙述法有些相同。不过它除了应往次序上着想外,尚要往系统上留意。所以它比叙述法更繁难。例如从"认识的系统"说,我们把"地球""静"二个名词,组织成为一个肯定的相关,即是说"地球是静的"一句话了。但从知识的系统说,我们应改组为"地球是动的"一句话了。但从意识的系统说呢,我们又当组织为"地球或者不是静的,也不是动的,乃是由观察人的主观去判定它罢？"这句话了。最后，若从普遍识的系统上去组织。它的句法是："地球也是静的，也是动的，动静乃是相对待上的名辞，原不过是一种相关的现象而已。"总之，无论从哪个系统去组织，它的意识就跟随那个系统而定了。所以从系统上说，二个物义的相关不是无穷的，乃是有限的。譬如上所引的四例，已足包括一切的——地球、动、静——三个关系，再无别个的句法可组织了。

由这个组织法说，它是把认识等所得到的现象，实实在在组织起来。如我觉地球是静的，就说它是静的了。又我推论地球是动的，就说它是动的了。换句话说，句的意义是从事实上，或从推论上，和描拟上，的相关条件中所组织出来。也可说它先有组织，而后才有意义，不是先判断而后有解释的。因句一经组织后，它的意义，已经固定。人们仅有依住这个固定的意义去解释它，原用不着再去判断它是什么东西呢。实则组织之中，已经包括判断的意义在里头了。

所以从组织的造句法入手，不特可免了从前"判断的造句法"的主观、成见、武断、偏狭，诸种毛病，反能得到它的反面的利益处。因为组织法是物观的，例如从认识方面说，地是静的，从知识方面说地是动的；这二件事皆是从物观方面去组织，不是从主观方面去武断的。至于主观的判断法，当然免不了成见与武断诸弊端。故自来学者都承认判断不免无错。因为判断终免不了感情的作用的。可是，组织法既是从事实上入手，就事论事，当然免却成见的蒙蔽，和武断的缺点了。其次，判断仅能从一面下手，纵使真确，也免不了失于偏狭。如判断地球是动的，当然同时不能判断地球又是静的，或地球不动不静的，或地球是动是静的了。但组织法，既非从判断上入手，乃从叙述法上做功夫。所以它把所要叙述的事情，按住相关系的系统上一概组织上去。故它的意义当然比判断为普遍。并且有许多事情，不是判断可求得来，须要从组织法才有头绪的。这个道理，待下再讲。

（五十）组织的造句的第二方法，是在把所得到的组织法中，比较谁句是最与事实协合，以为择取的标准。例如于"地球是静""地球是动""地球不静不动""地球也静也动"诸语中,选用一个与地球动静上的事实最相合的句。我们苟知动静不过是相关上的一种现象,那么应取第四句"地球也静也动"了。在相对论未成立以前,第二句"地球是动"为最协合于事实。若在古时,则以第一句"地球是静"为极妥洽的根据。至于主观派,与宗教家,及神秘迷信者,或主张第三句"地球不动不静"以他个人主观上的动静去定地球的动静了。故求最协合于事实的造句法,原无一定的标准,乃是与人类的智识同时进化的。但它不能以个人或少数人,及未进化的思想为依据,须以众人,多数人,及最进化的思想为取舍的。

（五一）最协洽于事实的造句法,虽极困难。可是最普遍的造句法,似有一定的规则,可以组织出来的。因为在一个系统上,如从知识说,地球不是动的;但从别个系统上,如从知识说,地球是动的。那么,在此两个相反的现象上,我们定然可以组织一个第三种的句法,比前二个较普遍的了;即是"地球也静也动"这句话,可以包括前二个,但前二个不能包括它的。所以它当然比它们较普遍的了。故最紧要的造句法,除上所说的叙述及选择二者之外,在第三端的,为求得到一个普遍意义的组织。

求普遍的组织法,本是极精微的研究。我今略取二例来说明:

（1）由认识上,见一流质被压,必从无压力的地方流去,流到平均势才止。若从这样纯粹的认识方面去组织,我们仅能得到这个认识上所叙述的公例而已。但人们后来把这些认识的材料,组织起来成为一个知识的公例外,即"一个流质,如四方八面无压力,则一方受压力,它必向四方面平均流去"这个公例,不是从感觉得来,乃从推理而来的。所以我们说它是知识上的组织。再后,人们看水龙射水,常有一定的高度。料定空气必有压力。这个为意识的组织法。虽则,它是从认识及知识二种条件所组合而来的,但它显然与认识及知识二事不相同。因为空气有压力,是不能由五官感触到的,也不能由知识推论得的,它不过是一种意识上的假定而已。

可是，到了这个地步，若不再进为一种普遍的组织，为一种聚合认、知、意三识的组织。所谓意识上的假定，必至于终久不能证实了。幸有托里西里（Torricelli）[1]从这方面做功夫，遂有气压表的发明（俗叫作寒暑表）。

以管内的水银升降，表示空气压力的大小。空气压力，至此宛然如在目前。这个表的作用，当然不是平常所叫的公例一样。它是一种记号，一种组合认、知、意三识上的普遍记号。所以它能包括上三识的总意义，又各各能把它们的道理，分开去解释的。

我们由此见出最普遍的道理，是由于最完全的组织所表示出来的。不是由支支节节的判断可以得到的了。再进一步说，最完善的组织所得到的结果是创造不是判断；是记号的指示，不是感觉的事实；是普遍的解释，不是简单的公例。我今再把吸力一个观念来证明。

（2）自第哥（Tycho Brahe）[2]用了一番观察的功夫，得到一个与从前不同的宇宙观。但他的天文学是认识的结果，不是知识、意识等的成功。同时的喀不肋得了第哥所认识的材料，组织成为知识的应用。究竟喀氏的天文三公例，可说是纯粹由他的聪明所创造出来的（喀氏对于天文上观察的功夫甚薄弱）。及牛顿出，更就喀氏三公例组织成为一个吸力律。这个吸力律好似极神秘的。因为在无穷的空中，一物与他物，怎么能够间接上如此的相吸。这真不是由感觉所梦见，及智识所能知了。即牛顿自己也不免怀疑。但一证诸事实又极切当。所以他姑且用 If 一字，去解释。就他的大意说，二个物体相吸的真情，我们是不能知的。但以它相吸的现象看起来，好似（if）是如此的。因为牛顿的吸力律，是把第哥及喀不肋的学说为根据组织而成的。所以它不是此，也不是彼，乃是一种新意义，乃是一种意识上的意义。所以它含有神秘的意味，不是用认识及知识的观念可以解释

---

[1] 今译为托里拆利（Evangelista Torricelli，1608—1647），意大利物理学家兼数学家，以发明气压计而闻名。

[2] 今译为第谷·布拉赫（1546—1601），丹麦天文学家和占星学家。

的了。不能解释的牛顿吸力律，一到相对论，用了"基本引量的十成分"法，而变成为可解释的了。有相对论，不特牛顿的吸力律可以解释，即喀不肋及窨哥所说的，也通通可以证明了，但基本引量的十成分，乃是一种纯粹的记号应用法。这个记号的成效，所以如此高大，因为它是由认、知、意三识所组合而来。若就相对论学说谈起来，因为它是组合主观、物观、时间、空间、物质、物力为一体呢。

（五二）由上说来，可知凡普遍的解释，都是从记号的相关中所组织出来。故最完善的造句法，即在研究怎么样能够组织一个最协调最普遍的记号。要望这个方法的成功：第一，须从事实上入手；第二，为同识的组织；第三，为异识的组织；及到后头，就可以抛却事实，专从纯粹的记号组织上去做功夫了。今举一例如下：向空中去掷石、丢木、泼水、挥丸、吹毛，等等的结果，皆向地面堕落。以这些事实为组织的材料，而得到一个公例如下"凡物皆堕地"，但是这个乃是认识的公例。那么由认识的条件，组织为认识的公例，这个叫作"同识的组织"了。（或以知识的条件，组织成为知识的公例。或以意识的条件，组织成为意识的公例。皆是关于同识的组织法。）若喀不肋的三公例，乃是从窨哥的认识条件上，再进一步组织成为知识的公例。所以它是"异识的组织"法。与此同例的，为牛顿的吸力律，系把喀不肋的三个公例组合而成，即从知识演进为意识上的组织法。至于相对论，再从意义上，演进为普遍识的组织。也是异识的组织法的一种。但它的大成功，全在利用记号去代表事实的。所以，它仅求记号组合上的和协与普遍，同时即能得到外界上和协的事情与普遍的意义了。

第三节　命题与演式

归纳法——演绎法——推算法——创造法

（五三）命题，是求二句或二句以上互相关系的意义。可是，在二个句以上的组织，可以得到无穷数相关上的情状。所以在二个句的相关系上，也就可以得到无穷多的命题了。今就它分类扼要处说来，约可分为三项如下：

（一）实指的（Indicative Arguments）

（二）拟议的（Conditional Arguments）

（三）命令的（Imperative Arguments）

（一）实指的命题——如说：凡人皆死，孔子所以必死，之类。乃把下句附属于上句中，求出一个相关的意义。因为人类皆死，一个性质，比孔子一个人的较为广大，所以孔子死的性质就不能不为它所包含了。

（二）但在拟议的命题上，它不是求一句与他句怎么样的附属，乃求彼此的句中怎么样相关联。譬如说：假设"×是人，×必死"；假设"天气晴好，我就出门"之类。在这些命题上，所要知道的意思，不是上句为下句，也不是下句为上句的附属；乃是在上句与下句组合上的交连。例如说：假设"×是人，×必死"这个不管×是人不是人，也不管×是死不是死；我们说要管的是在"×是人，×必死"的二句话上，一个固定相关上的意义。换句话说，在这个命题上，我们是把"凡人皆死"一句话藏在里头作为根据的；这是说，因为凡人皆死的，所以假设"×是人，×必死"了。

（三）至于命令的命题，系为拟议与实指二种命题所组合而成。如说：命定线是直的，三直线所成的三角则等于百八十度了；命定线是曲的，三曲线所成的三角则大于或小于百八十度了（非欧几里的几何）。命定人是物质所合成的，那么人，死后，肉身散化就完了；命定人有灵魂的，那么，人身虽灭，灵魂不死了。命定真正共和国是哪一种意义的，那么一切制度的建设组织，当应依住在这个所命定的意义去做了。诸如此类的命题，都是以上句有一种威权的、信仰的、成文的、希望的为根据，然后由它创造出后头的句法来。所以这些命题含有一个意志的和主观的意思,并且预先下定一个目的、结果,和模型,作为后来推论的标准。以我本人看起来,这种命题,具有一个极巨大的价值。故虽前人仅肯承认实指与拟指二样问题,但终不能使我心输服的。所以现把命令的命题特提出来,与前的二种命题,并立为三。实则,它比以前二项更加重要,试看下头的创造法就可知道。

在上所说的三种命题,都是于一些句中,求出其中互相关系的意义,以为推论与演式的基础。它们彼此所不同处,在实指的命题上,乃求事实与事实的相关;在提议的命题上,乃求意义与意义的了解;但在命令的命题上,是求事实与意义的调和。由这些命题上的不同,所以演式上也有种种的不同。指定的命题,为归纳与演绎二种演式法的根基。拟议的命题,可用计算与创造二个方法去推论。至于命令的命题,不独可通用于归纳、演绎、及推算诸法;并且,它的最大应用处,是为创造法上独一的不可少的条件。待我们在下头演式上说一说,即可见出这些命题有什么作用。

(五四)演式的用处,是在把命题上的意义推演出去,以求一个新鲜的与众不同的结论。它的第一步是归纳式,乃从事实上去分析和综合。在这层上,它所依靠的不是记号,乃是事实上的关系。我今取贝根和穆勒归纳式的四法做譬喻。

(1)为统同法(The Method of Agreement),其式如下:

A	B	C	a	b	c
A	D	E	a	d	e
A	F	G	a	f	g

若以左的大写字为事实的原因,以右的小写字为现象的结果。例如要求现象 a 的原因是什么。看上去 ABC、ADE、AFG——三排的结果皆有 a,但 B 不能为 a 的原因,因为在第二第三项上无 B 也有 a。他如 CDE 等,与 B 同一理由,也不能为 a 的原因。唯 A 与 a 时时有相互而至的关系,所以断定 A 必为 a 的原因了。

今以求声的原因为引例:声在各种不同状况中皆可发生的。打鼓、撞钟、口叫之类皆可发声。可是声的原因不是鼓箸、鼓皮，也不是钟面，更不是唇舌口腔。因为假设无此种物，此外，如海的涛、松的风也可有声。但苟知道声的原因是空气，那么凡遇空气冲击时，就有造就声的可能了。反面说来若把空气一抽去，任在什么状况之下皆不得声了。这个与下层的别类方法同时推论，更易得到实在的真相。

（2）为别异的方法（The Method of Difference），其式为

$$\begin{array}{ccc} A & B & C \\ a & b & c \\ & B & C \\ & b & c \end{array}$$

这是说把所相关的原因撤销，他的结果自然无有。例如把 A 减去，a 就消灭，与把空气抽去，声就无有，同一推论 A 必为 a 的原因的道理。

（3）为同变法（The Method of Concomitant Variation），这个与第一法大略相同。其异处在 a 现象变迁的度数，与 A 的度数大小多少是时时相同的。今举其式如下：

$$\begin{array}{llll} (1)\ A_2 & B_4 & C_1 & D_7 \\ \quad a_2 & & & \\ (2)\ A_3 & B_2 & C_1 & D_5 \\ \quad a_3 & & & \\ (3)\ A_4 & B_{14} & C_3 & D_5 \\ \quad a_4 & & & \end{array}$$

在此例上，a 在三项上的度数为 2，为 3，为 4，与 A 的时时相同，但与 BCD 的无一相同。所以求出 a 与 A 是相关。物理学家发现金属的膨胀率与热度的高低为正比例，不是与光及湿气的变迁相干，即用这个方法。

（4）最后的方法叫作"归余"（The Method of Residues），乃用于考究繁难的事情上。其法将所知的除出，所余的当然含有所要知的在内。它的表式如下：

普遍的逻辑

(1) A　B̸　C̸　D　E
　　　　 a　 b̸　c̸
(2) A　　　　D　E
　　　　　　 a

以上式说，在第一项上，bc 的现象可用 BC 的理由去解释。但就所在的 ADE 的事情中（第二项上）尚不能定谁是 a 的因由。所以须再用上头的三个方法去寻求，才能得到 A 与 a 相关联的道理。例如天王星运动的状态，除与已发现的星体有关系的计算外，尚有不可解释的现象。所以 Le Verrier[1] 由此再推得了一粒新的海王星。故归余的方法为用甚大。所以穆勒与贝根所发明的统同、别类及同类三种方法外，再加入这个归余法上去。

（五五）就平常定义说：归纳法是由特别的事情，而求它们总和的公例。演绎法是由综合的公例，而求它们特别的事情。似这般把考求事情与公例的方法分开为二途，难怪归纳与演绎彼此间就不能共同合作了。实则，从学理上说，无公例为后盾，则不能有事情的组合，故归纳上求事实即求公例。别一面说，无公例为前导，则不能得事情的发明，故演绎法定公例即定事情。简单说来。归纳与演绎原是互而成的物。归纳法的结束，即是演绎法的根源；演绎法的结论即是归纳法的起点。例如：从归纳上说：张、王、李、林以及众人皆死，所以凡人是死。但从演绎上说：凡人皆死所以张、王、李、林必死。就前项说：因为张、王、李、林各人有死的事实，所以有凡人皆死的公例。就后项说：因为有凡人皆死的一个公例，所以有各人必死的事实。

两边原来是说一样话，不过把一样话的说法变成不同而已。故我们敢说归纳与演绎彼此不能分开的。归纳法必要同时有演绎法，才能得到事情上有系统的公例。演绎法必要同时有归纳法，才能得到推论

---

[1] 即奥本·勒维耶（Urbain Jean Joseph Le Verrier，1811—1877），法国天文学家，他用数学方法推算出了海王星的轨道并预告它的位置。

的材料，与事实的证明。

（五六）若从演示上说，归纳法是把事实组合起来，求出彼此事实中所包含的公例。所以归纳的演式上手续甚繁。因为二件事的组合，已有十六式的不同；三件事的组合，则有二百五十六式；四件事的，则多至六万余式。五件六件事以上则多至兆亿式了。故归纳法演式上，乃求事实与公例的符合，故所用的方法甚简便，与所得的成绩甚佳良。今当分为二层略论于下：

（一）旧时的演绎法
（二）新式的推算法

（一）旧时的演绎法，为亚里士多德所发明。它与新式的推算法不同处，乃在演式上考求彼此"相似"的比较，不是如新式的专求"相等"（参看上第十三段）。例如说："凡人皆死，孔子是人，孔子必死。"在前二句上，"人"为中段（middle term），即是做一种"单位"用，乃为死与孔子二件事所比较的标准。在新式上可把上三式写作相等的：

死＝人
孔子＝人
孔子＝死

但旧式的演绎，看这些相等的关系，仅是相似的一种：

人＜死
人＞孔子
孔子＜死

所以在这个式上是说，死比人的范围大，人比孔子的范围又大，故孔子比死的范围小，所以为死所包含。明白这个相似相包的道理，就可知道旧时的演式上，一切的格式与规则及应用的意义了。例如，在旧时演式上必要三段（大小前提及结论）；必要三端（大中小）；大端必要在大前提，小端必要在小前提，中端必要一在大前提，一在小前提；结论上必要小端做名辞，大端做宾辞。因为大与小端的关系，必借中端为媒介，所以中端必一与大端，一与小端相比较。又因比较的规则，仅能从一事与一事上入手；初则大端与中端，继则小端与中端，后则小端与大端，互相比较。所以不能多，不能少，仅有三端。又因它所求的是相似，所知道的是小端必较大端的范围小，所以结论上必要小端为名辞，大端为宾辞，以表明小端为大端的意义所包含。由上那些道理，遂得以下一切的定则。例如：（1）二个前提的中端上至少必要一个中端"做整个用"（distributed）；（2）在大小前提上的大小端如不是做整个用的，在结论上不能作为整个用；（3）若有一前提是否定，则结论必否定，反之，若结论为否定，则前提必有一个是否定式；（4）若前提全是特称的（particular），则不能有结论；（5）如前提有一个是特称的，则结论必是特称。

其次，由上头那个相似相涵的理由，由那些规则上的规定，所以依旧式的演绎法上，A（全称肯定）、E（全称否定）、I（特称肯定）、O（特称否定），在四格中的组合，虽有六十四式，究竟，仅有二十四式可应用如下：

第一格	第二格	第三格	第四格
A A A	E A E	A A I	A A I
E A E	A E E	I A I	A E E
I I A	E I O	A I I	I A I
O I E	A O O	E A O	E A O
I A A	E A O	O A O	E I O
O A E	A E O	E I O	A E O

（五七）自亚氏起，到十九世纪初，旧式的演绎法，称雄了二千余年。及至哈米顿（W. Hamilton）[1]始有从新的改革。哈氏的功绩，在创立"定量的宾辞"（The Quantification of the Predicate）。例如旧式上说："凡人是死的"凡人（all man）的死法，是把人字的名辞加上一个"凡"字的数量，但宾辞的"死"，并无说明是何种数。依哈氏

---

[1] 今译威廉·哈密顿（William Hamilton，1805—1865），爱尔兰著名数学家、物理学家。

的主张，应说为"凡人是死的一部分"（All man are some mortal.），在这句话上，宾辞也有量数的限定了。若照旧式说，凡全称与肯定的句法，宾辞必含有部分的意义。可是按照事实，这个不全尽然。因为有许多全称肯定的句法，宾辞确是一个全部的意思。例如说：凡等边三角形，全是等角的三角形。如要照旧法说去，必把这句改作为：凡等边的三角形，是等角的三角形的一种。如此说法与上句的意义，显然不同。所以宾辞上有分别全称特称的必要。由这个新法式说，它比从前的式多了一倍。譬如在旧式仅有 A、E、I、O 四种句法，今则变为八个如下：

肯定的句法 ┌ All X is all Y.　　　　　U
　　　　　　│ Some X is some Y.　　　I
　　　　　　│ All X is some Y.　　　　A
　　　　　　└ Some X is all Y.　　　　Y

否定的句法 ┌ No X is (any) Y.　　　　E
　　　　　　│ Some X is not some Y.　ω
　　　　　　│ No X is some Y.　　　　η
　　　　　　└ Some X is no Y.　　　　Ω

就此组织，在每格中，可得到十二个肯定式，及二十四个否定式。哈氏不承认第四格为有用，所以仅有第一、第二及第三二格，共得一百零八式如下：

第一格				第二格				第三格			
肯定		否定		肯定		否定		肯定		否定	
U	U	E	E	U	U	E	E	U	U	E	E
		U	E			U	E			U	E
A	Y	I	η	Y	Y	I	O	A	A	I	η
		Y	ω			Y	ω			A	ω
		A	O			A	ω			A	η
A	A	A	η	Y	A	A	η	A	Y	A	η
			A			O	η			A	η
						Y				O	η

Y	Y	Y	O	Y	O	A	Y	Y	η	Y	O	Y	A	Y	O	A	O
			Y	O	O				A	O	O				Y	η	O
A	I	I	η	I	ω	Y	I	I	ω	I	ω	A	I	I	η	I	ω
			A	ω	ω				Y	ω	ω				A	ω	ω
I	Y	I	ω	Y	ω	I	Y	I	ω	Y	ω	I	A	I	ω	A	ω
			I	O	ω				I	O	ω				I	η	ω
U	Y	Y	E	Y	O	U	Y	Y	E	Y	O	U	A	Y	E	A	O
			U	O	O				U	O	O				U	η	O
A	U	A	η	U	η	Y	U	A	O	U	η	A	U	A	η	U	η
			A	E	η				Y	E	η				A	E	η
U	A	A	E	A	E	U	A	A	E	A	E	U	Y	A	E	Y	E
			U	η	η				U	η	η				U	O	η
Y	U	Y	O	U	O	A	U	Y	η	U	O	Y	U	Y	O	U	O
			Y	E	E				A	E	E				Y	E	E
U	I	I	E	I	O	U	I	I	E	I	O	U	I	I	E	I	O
			U	ω	ω				U	ω	ω				U	ω	ω
I	U	I	ω	U	ω	I	U	I	ω	U	ω	I	U	I	ω	U	ω
			L	E	η				I	E	η				I	E	η

前边所写的 U 字是代主宾两辞的全称,与肯定;I 为主宾两辞的特称,与肯定;A 为主辞全称,宾辞特称,与肯定;Y 为主辞特称,宾辞全称,与肯定;E 为主宾两辞的全称与否定;ω 为主宾两辞特称否定;η 为主辞全称,宾辞特称,与否定;O 为主辞特称,宾辞全称与否定。

(五八)哈米顿的格式,为新旧过渡的关键。他一面保守旧式的规律,一面又开新式的先河。因为把主辞与宾辞的量数做成相等,既已避免从前旧式的相似的混淆,自可得了新式"相等"的切实了。所以 Boole[1] 与 Jevons 等得此,建设一种算学式的"推算法"。他们所依

---

[1] 乔治·布尔(George Boole, 1815—1864),英国数理逻辑学家,逻辑代数的创造人。

据的是相等式的代替法"The Substitution of Similar",如 Jevons 的一书名所说的。

例如照旧式说:"凡铁是金属,金属是原质,所以铁是原质。"但用新式的推算法是:

铁＝金属

金属＝原质

　　故

铁＝原质

又如说:

亚洲最高的山＝希马拉雅[1]

希马拉雅＝山顶有积雪

　　故

亚洲最高的山＝山顶有积雪

这个与下式相同:

A＝B

B＝BC

　　故

A＝BC

因为新式的推算法,既用了相等的记号＝代替从前相似的意义,故任是若干层,都可逐层用代替法去推求,不如旧式的必要三层式那样拘束了。其次,因它用代替法的缘故,所以它的推演上甚觉便利,并且它的结论上,则备极新奇。例如以铁是金属,金属是原质为前提。先把铁与金属和原质三个条件,用"不中立"一个公例的方法,组成为四个相

---

[1] 今译喜马拉雅山。

关系如下：（1）铁是金属原质；（2）铁是金属，但不是原质；（3）铁是原质，但不是金属；（4）铁不是金属，也不是原质。在四个结论上，我们看出第二、第三、第四皆与前提相矛盾，就相灭的公例说去，均是不能成立的。唯有第一项是得数，即说：铁是金属，也是原质的意思。

我们若把字母去代事情，同时可得下同代数上一样的简便的利用。譬如以 A 代铁，B 代金属，C 代原质，又以 abc 的小写字母代它们的反面，即是 a 代 "非铁"，b 代 "非金属"，c 代 "非原质"。那么我们得下式：

A B C

A B c

A b C

A b c

这即是 A 所得的四数。若求 BC 与 abc 的得数，也可照此法做去。

总之，新式的 "推算法"，不管若干的事情，皆可推求。其法将所要知道的事情为主位，把它的关系条件，照不中立的公例上完完全全叙述出来，然后把所得的结论，照相灭律（即矛盾律）的道理，把与前提相反的取消，即可得到所要求的结论。例如：

要求下头的得数：

A＝有机物

B＝植物质

C＝动物质

D＝含有炭轻淡[1]等气

我们的前提是：

（1）A 或 B 或 C

（2）B 必定 D

---

[1] 即碳、氢、氮。

（3）C 必定 D

今依上所说的方法，求它的结论，则得式如下（abcd 为 ABCD 的反面）：

（1）A B C D

（2）A B C d

（3）A B c D

（4）A B c d

（5）A b C D

（6）A b C d

（7）A b c D

（8）A b c d

但上式的第七、第八两项与第一前提相矛盾；第二及第四两项与第二前提相矛盾；第六项又与第三前提相矛盾。所以仅有三个得式即 ABCD，ABcD，AbCD，这是说：有机物，当时时必有炭轻淡等气（D）的。又在 ABcD 一项，乃说有机物是植物质；在 AbCD，乃说有机物是动物质，彼此均说得过去。可是在 ABCD 一项，乃说一种有机物，是动物质，和植物质的，似乎与第一前提相矛盾。但有个得数有时也有存立的价值（参看下离合式与经验一段）。就此看去，可见用推算法所得的结论，不是似先前旧式的仅有一个，它可有无数个的，同时也就可得无数的意义了。若就 A 的反面 a（代替无机物）为主位，叙述起来，也可得了八式如下：

（1）a B C D

（2）a B C d

（3）a B c D

（4）a B c d

（5）a b C D

（6）a b C d

（7）a b c D

（8）a b c d

若把上八式与上的前提对勘起来，仅有第七第八二项不与相灭的公例相矛盾，这是说：除无机物，非植物，与非动物外，尚有炭轻淡等气的存在（abcD）；也可说无炭轻淡等气，就无有机物，无植物，无动物质了（abcd）。

我上在定名、造句二节上已说过，在相关系的事情中，任人如何叙述与组织，便可得了无数的意义，但求它不自相矛盾，就有存立的价值。Boole-Jevons 的方法效用处即在此。也可见出我在第二十六段上所说："记号有独立发展的效能"的理由了。因为我人在此法上所推算的，唯在测算上的规则；及结果后，所判断的，唯在记号上无矛盾的方面；主于事情上的解释，仅在记号上既定之后才去注意的。及 Jevons 发明一个"逻辑的机器"，以手腕代思想，即是利用这个记号独自发展的定理去制造成的。

推算的法式既有不易的定则，自然可用机器的法子去推演。因为相关的事情愈众，与前提的假设愈多，则手续上当然愈繁难；在此层上发明一种简便的推算法，更为不可容缓的事了。例如二件事相关的，则得四式；三件事相关的，则得八式；四件事相关的，则得十六式；五件事相关的，则得三十二式。余此类推，无有穷止。今将上所说的列表如下：

(1) A B	(3) A B C D	(4) A B C D E	a B C D E
A b	A B C d	A B C D e	a B C D e
a B	A B c D	A B C d E	a B C d E
a b	A B c d	A B C d e	a B C d e
	A b C D	A B c D E	a B c D E
(2) A B C	A b C d	A B c D e	a B c D e
A B c	A b c D	A B c d E	a B c d E
A b C	A b c d	A B c d e	a B c d e
A b c	a B C D	A b C D E	a b C D E
a B C	a B C d	A b C D e	a b C D e
a B c	a B c D	A b C d E	a b C d E

a b C	a B c d	A b C d e	a b C d e
a b c	a b C D	A b c D E	a b c D E
	a b C d	A b c D e	a b c D e
	a b c D	A b c d E	a b c d E
	a b c d	A b c d e	a b c d e

这个列式的法子，是择一个记号做主位，如以 A 做譬喻，把 A 列在第一排。A 的项数多少，视所关的多少为定。若所关的为三项（BCD），那么 A 的项数有八（如上的第三式）。B 为第二排，也有八项，但四正在先，四反在后。C 为第三排，但二正与二反互相掺列。D 为第四排，但一正一反互相掺列。余外的列式法，由此类推。

由上看来，排式已如此困难。若要与前提对勘，然后求出它的结论，当然是难之又难。Jevons 的"逻辑的机器"利用处，不独不用列式，并且同时可得结论的便捷。

今因为篇幅所限，不能把这个机器的构造及应用详细写出。读者可参观他的 *The Principles of Science* 中第一书第六章即得。

（五九）我在上说，归纳法，乃求事实与事实的关系。所以它在演式上的地位，不过为第一步搜罗材料与发明公例的准备。换句话说，归纳法乃为演绎法的基础，演绎法是继续归纳法再进一步的研究。因为演绎法不如归纳法的全靠事实。

所以它在演式上已有自由发展记号上的效能。及到推算法一经成立，演式上的价值更大，记号的效用也愈多。可是，演绎与推算的缺点处：一在把活泼泼的思想，变成为呆板的机械；一在把普遍圆活的记号，变成为固定狭小的格式。若照我们的创造法做去，不独无这些弊害，并且可得一个较广大的利益。因为创造法对于归纳法实地搜罗材料的方法外，若遇无实在的材料时，它能创造那些假设的命令的材料。又它对于演绎及推算的恪守规则演式上，如到演式技穷时，另外能去寻求一个随机应变的机会。我今即入本题来证明罢。

创造法以思想为主，事实为用，记号为辅。在思想上，它有一个大纲如下：凡一事情的主张与一公例的成立，均有正面、反面及正反组合面上的可能。例如以地是不动的为正面,那么,此外另有地不动的一个方面,与地也是静也是动的组合面的存在了。又如以地吸月为正面,我们也可主张月是吸地的反面,与地月互相吸引的组合面了。就大纲上说,思想既有如此的自由选择了。若就作用上说,思想在创造法上尚有第二个的特性。因为它知外界的事情和物象的公例与真理不仅是一个的与一面的绝对。所以它能预定一个目的、一个志向、一个希望,去创造实现许多方面的道理的。例如柏拉图先有了一个"理想的公道观念"为目的。它就于现有的政体如君主、贵族,及暴民外,创造它一个不朽的共和国制度出来了。所谓公妻、公子、公产、公共教育,以及政治、军事、职业,等等的分配,都是从这个公道观念的模型所印铸而成。及到近世欧洲的人,也因为有这个公道做目的。所以争人权、争自由、争平等、争公产等等活剧随此而生。我们可说人们能够有新事业,全靠他的思想上常有一个新的目的为向导。即如固定式的数学,也是受人们新思想的影响,去变动进化的。在昔来尼士先有一个"绵延"的主见,然后才有微分数的发明。这也是一个最好的证明呢。由此看来,立定一个目的,实为创造法不可少的准备。但既有了目的,思想上又须有再进为第三步的发展,才能实现出一个整个的创造法。这第三步,即是对于前提上命题的规定,是取命令的态度的。因为由实指的命题,所推论的,仅是事实的发明;即由拟议命题上所推论的结果,也不外是一种不完全的创造。它尚要回顾事实上究竟是否相符。可是命令的命题,有时须用事实,但求事实融合上与推似上的意义,故它与通常方法对于事实的利用已觉大有不同。至于它的特别处,是遇到无事实或事实不足用时,能够向往目的所要求的方面去创造一个新材料的。简而言之,思想在创造法上有三种作用:第一,它有一个圆活的大纲;第二,它有一个预定的目的;第三,它能利用命令式的命题。

原来思想的运用,与事实的搜罗,是节节有相关的。思想上的作用既有如此的特别,那么,事实在创造法上的作用,与在别种方法上，也有大不相同的地方了。究竟，在归纳以及演绎与推算诸法中所研究的事实，乃是逐见彼此分开上的相关。但在创造法所考求，乃从所有相关的事实，融成为一个整个时去留意，例如看水的成分是由轻气、养气和电流融合的结果一样。故把事物分开处的互相关系上看起来为一种现象（即归类的概括），若把事物融合处的互相关系上看起来另为一种现象（即整个的聚晶）。前的，则属于归纳演绎诸法所求得的公例，后的，则属于创造法所得到的定则。其次，创造法看事实不是如归纳演绎等法的注重它们相同一方面。它是偏重"推似"的作用的。例如推鸟飞的相似，创造飞空艇；推鱼潜的相似，创造潜水艇之类。这些新事物的成立虽不是从无而有，但确是由似求同。所以它是创造法的一种结果。末了，事实在创造法上的第三种作用，不是一定要有实在的物件，它容许仅是一种理想或记号的表示。这种与上所说的命令的命题有相因而至的必要。因为命令的命题上，所采用的材料，原不必去拘束它是不是实在的事实。它所要考求的，是把这些材料（或实在，或理想，或假设，或描拟），作为一种根据，以便从它去建设和创造。如果能建设得齐整美满，这些材料无论是何物，自然皆能有充分理由的存立了。

我们在上头既已说及思想与事实在创造的特别情形了，记号一层，当然有同时论及的必要。记号在创造法上的应用也有三项：一为思想的引导；一为建设的工具；一为普遍意义的代表。无记号的借助，则思想不能扩张。无记号做工具，则建设无从下手。无记号为代表，则意义的作用不能有普遍。但记号上，在创造法的演式，格外与在别种方法上不相同。它是活动的、乖觉的、能去创造新意与新事情的。待我们在下头再去讨论罢。

（六十）在创造法的演式上，应当先知的有二式：（1）为离合式与经验；（2）为假设式与证明。这二个式可为创造式的先锋和助手，它与创造法极有关系的。

今先论离合与经验——它是一种拟议的命题：如"人类或善或

恶""书籍或有益或无益"之类。它的演式，依旧时说，为：

A 是或 B 或 C

　但

A 是 B

A 不是 C

这个式叫作"以肯定推论否定法"，拉丁语是 Modus Ponendo tollens。例如说：自由是好的或坏的；但自由是好的；所以自由不是坏的。另外，又有一式叫作"以否定推论肯定法"，拉丁语为 Modus tollendo ponens。其式为：

C 或 B 或是 A

　但

A 不是 B

所以

A 是 C

例如：人性或恶或善；但人性不是恶的，所以人性是善。这个式与三段式的规则不同处，是中段如为肯定的，则结论必是否定；反之，如中段为否定，则结论必为肯定（此外尚有一种与离合式相似的 dilemma 式，今从略）。

但上所说的旧法，尚未能完足离合式的意义。若我们用 Boole-Jevons 的推算法演式起来，则为：

A　B　C

A　B　c

A　b　C

A　b　c

若以 A 代人，B 代善，C 代非善，以 c 代非恶。那么，我们对于上所推算的四式，皆可解释它含有一种意义。如在第一项则说为：人是善恶混；第二项，人是善的不是恶的；第三项，人是恶的不是善；第四项，人是非善非恶的。这些意义均说得去。可见旧式的仅有一个结论，与此相形之下，未免过于偏窄了。由此也可见它与创造法有密切的关系。因为它可用许多意义，去解释所有式中的得数呢。但离合式的判断上，须要从经验上，把人性研究起来，就不能有切当的答复了。因为它要从经验上去证实，所以离合式不是创造法中健全的部分。故现在于离合式外，应当说到与创造法更有关系的假设式与证明的法子了。

假设的逻辑，极为近来学者所重视。因为它可概括旧式的逻辑，且有时于创造上极有重大的贡献的缘故。若要知道此中的详细处，可以参着 E. Goblot 先生的 *Traité de logique* 一书，及罗素的许多著作。今从最要处说来。假设的逻辑是一种拟议的命题，如说"假设某甲是人，某甲必死""假设国体是真正共和，人民必有自由等幸福"之类。它的命题上分为"先容"（antecedent）与"接合"（consequent）二项。例如在上说的"假设某甲是人"，则为先容；"某甲必死"一句话，则为接合，接合的意义是与先容的互相关系而成，可以说它是足成先容上未完了的辞句的。就它的格式说，约有三类：（1）先容与接合的名词是各不相同的，如 A 是 P，C 是 Q；（2）先容与接合同一样名词的，如 S 是 P，S 是 Q；（3）彼此虽是同样的名词，但是泛指的，如 X 是 P，X 是 Q。现先说它第二类的特别处：

假设 A 是 P，A 是 Q

但

A 是 P

所以

A 是 Q

这个叫作肯定式。又如：

假设 A 是 P，A 是 Q

但

A 不是 Q

所以

A 不是 P

这个叫作否定式。

　　在这种演式上，应当留意的，凡肯定的必在先容句上；凡否定的，必在接合句上。

　　如犯这个规则，必至弄出错误。例如在第一式的肯定上说，假设一个人是吝啬的，他必不肯出钱去做好事，这是对的。但如说一个人不肯出钱去做好事，他必是吝啬的，这是错了。因为他或者有许多旁的缘故，使他不能出钱去做好事也未可知。这个叫作"肯定接合句的错误"（The fallacy of affirming the Consequent.）。别一方面，如去否定先容的句，则又犯了一种"否定先容句的错误"了（The fallacy of denying the Antecedent.）。例如：假设一个人不是吝啬的。我们不能推论遇有好事时，他必定肯出钱呢。

　　在这个先容与接合俱是一个相同的名词的假设式上，乃是考求个人或个事的特别固定的状况。所以对于它的证明，唯有从特别的事实上去讨论。可是此外，假设式中的第一类最有应用处，是先容的名词与接合的名词不同，因此，它能在事物中彼此相关系的方面，求出普遍的概的公例。如说：假设热度增高，则体积必膨胀；假设教育佳良，则人可变善之类。它所研究的，不在上句与下句分开上的事实，乃在这些事实相关上所表现的一种现象的公例。这个就是假设式比较旧时"实指的演式"法不同处，也即它比较旧式的有利益处。至于假设式的第三类为泛指的名辞，它可改易为第一类或为第二类的方法，恕我在此不赘述了。

　　假设式的应用，据我师 Goblot 先生所说，是为一切算学及科学公例上发明的根本。因为无论何事情皆可先假设为什么意义，然后用证明法去证明它是不是。

　　例如说，假设三角形的三角是等于一百八十度的。现在要知道的，这个假设是真或假，所以证明法在假设式上为不可少的手续。试画一个三角形 ABC 如下：

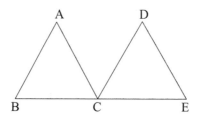

今在 C 点上引一与 AB 平行的 DC 线。那么，依几何定理，DCE 角与 B 角相等，DCA 角与 A 角相等。但在一直线上的角度是等于百八十度的。所以 ABC 三角的总数，也等于百八十度了。

在这个假设与证明上，可以看出它与创造法极有相似的性质。（1）因在假设式上是选择二个物上无穷数的相关中的一个，以为假设的标准。（2）在证明法上，也是于无穷方法中选择一个为根据。既假设一件事于前，复假设一方法去证明于后，这些假设的思想与手续，皆是创造法上不可少的条件。

（六十一）创造式与离合和假设二式不同处，除它与这二个式有关系之外，另有它的特别的"建设方法"。它的前提为命令的命题也与它们拟议的相差异。例如在非欧几里几何上，是命定空间为球面形，同时也就命定线是曲不是直的了。由这样命题去建设 Riemann[1] 的几何，则三角形的三角乃大于百八十度了。又由这样的前提去建设 Lobachevsky[2] 的几何，则三角形的三角乃小于百八十度了。

究竟创造式与别种演式不同处有三：

（一）它的前提不是事实的，也不是拟议的。因为以事实为依据，乃是实指的不是命令的了；又以拟议为基础乃是假设的，也不是命令的了。命令的命题的妙用处就是思想对于外象先具有一个目的观，命令它必是如此的。及后，它全靠建设上的巧拙优劣去证明或经验所命

---

[1] 黎曼（Bernhard Riemann，1829—1866），德国数学家，物理学家。黎曼几何是由黎曼于 19 世纪中期提出的几何学理论。
[2] 罗巴切夫斯基（Nikolai Ivanovich Lobachevsky，1792—1856），俄国数学家，非欧几何的早期发现人之一。

令的与所推论到是否相符。假如它能够成立一个极优美的建设法，就不怕结论与命题上有互相冲突的地方。因为自己既依了一个目的，与立了一定的建设法，去创造一个系统。那么，在自己的系统上，总是"持之有故，言之成理"，断不会自相矛盾了。例如：在欧几里几何上，它有它的系统，故它有它的世界观与测量法。又在非欧几里的几何上，它有它的系统，故它也有它的世界观及测量法。人们不能说谁是错，与谁是对。实则，在谁的系统上，就生出谁的道理。把谁的系统上所说的，转入别个的系统上必生错误。但苟知道到它们二个系统上不相同的条件是什么；若由这个移入那个，仅把它们彼此的条件相关系上一行交换，则这个的系统，可以变为彼个的系统，互相通用而无阻碍了。

非欧几里的几何，可变为欧几里的即这个道理。

以思想为主干去创造一个系统。这个系统在"抽象的学问"上如算学几何等，当然是可适用的。因为抽象的学问，本来无有固定的限制，常随智识的进化上去规定的。但一论到具象的学问上，如社会学等，就不免生了许多人的怀疑。古来许多理想的乌托邦，于实行上毫无益处，这个似足为反对创造法的最好证据了。实则所谓乌托邦，如柏拉图的理想共和国等，虽然是与现在的社会不能适用，但安知复来进化的社会，永久不能实行这样制度吗？再退一步说，即使事实上终久不能完全达到，但理论上不可无一个完善的标准，使事实上向往这个理想的目标去进行追赶的。若能使它时时有差似处的达到，已是理想上极大的成功了。其次，抽象的学问，固然可用创造法去建设的，具象的学问，也是与此有同样的可能，因为具象的材料虽是实在的事实，但同一样的材料原可用建设法去造成许多不相同的形状。故创造法不受实在材料的束缚，在抽象与具象上原是彼此相同的。所异处，在抽象的学问上，仅使人改易眼光，就能了解一种系统上的观念。但在具象上，此外，又当使人改了行为，才能实现一种系统上的意义。譬如在几何学上，如人肯采非欧几里的几何的观念，即时就可明白新形学。但在社会学上，如对柏拉图的理想国，不仅要懂它并且要去实行它的主义，然后始能把它的理想成为实现呢。由此说来，创造一个系统，无论在何种学问上均是可能。我们求逻辑的，既然仅在理论上头，于实行一方面原是后来的事。故创造一个系统，更成为可能了。（或问，如此说去，未免流入于神秘的、武断的、主观的范围了。实则，这个创造法，不是神秘的。因为它必靠所命令的条件去建设的，也不是武断的，因为它所命令的命题，须待后来的建设法去完足它的充分意义，才能成立。末了，它又不是主观的，因为它所求的是系统的相关，即是一个系统对住别个系统，研究它们并相峙立的理由。或又问，一个宗教或一派的学说，如能建设它的系统，它们就有成立的价值了。我对此层当然承认。但它们应该知道别派的学说，也有成立的价值。并且应该知道它的系统比别的系统范围谁为广大。如别的广大，它就应该去采用它。例如欧几里的几何比非欧几里的范围小，所以当采用它了。由此推论，如科学道理的范围比宗教大，宗教应当采用科学的道理了。）

（二）创造式的演式与别种演式上的不同处：（1）它无定式的，它有时用归纳法，有时用演绎法，有时用推算法，有时则用假设法。（2）它所注重的是建设式。这个式虽是上头所说诸法的总名，但它的特别作用上，是求整个方面上的建设。例如柏拉图的《共和国》及康德的《纯理批判》二本书，他们各人各带本书上，把他所预定的计划，完完全全从整个上去建设，不是从枝节处去数演。故在这二本书上，如抽去一部分，或改易一意义，既不能恢复它们的全形，就不免与本义有亏损及原意有参差了。大凡一个系统的建设，首尾必须贯串，各面总当一致，加一项即过多，减一事即太少。所谓恰恰到合处，所谓仙女制衣无缝可寻，大娘舞剑无隙可入，即是精密的建设法最好的形容辞。

（三）创造式的所用的记号，是思想的代表，是事实的射影，是普遍的意义。换句话说，在创造法上，思想、事实，与记号相合而成为一种概括的表象。因为在此层上,思想即记号,记号即思想。事实即记号,记号即事实。例如算学家的创造"绵延"一个观念。他们对此所能为力的是从记号上去描拟,不是从思想上去用功。因为思想一条有限的线,是由无穷的点数所合成,这个实在不可能的。倘如我们从记号上去描拟,imagination 一条线上分开为二段。分开处当然有一个共同点。这点即是此段到彼段绵延连接交界点了。但这个点成立的可能,不是从思想上,因为思想不能判断二线的交界是点,也犹不能知道这个记号 $\sqrt{2}$ 的得数是什么;它也不是从事实上所得来,因为事实上并无"无体积的点",如几何学家所定义的。究竟这个点的成立,乃人从二线交界上描拟它们的线形,逐渐变薄,薄到线无广时,它们所组合的点当然是无积了。那么它们的交界仅有一点,因为这点是无积的,所以再不能分开它为二了。又因薄到点无积时,则一有长度的线形,当然充满无穷的不能算尽的点,并且点点是一样,点点是密接,不会在两点的中间有别种物能去隔开了。(凡有积的,皆可隔开,今这些点,既无积的所以不能隔开。)故绵延的观念及"无穷"的见解能够成立,全借这个从记号去描拟的缘故。

总之在这个譬喻上,已足见出凡精微的建设法,均是单用记号为工具。事实固然变为记号(如点无积线无广等);即思想上也唯有靠住记号为凭借。因在此上,记号即是材料,思想是不能离开材料的,所以它就不得不如盲人的依靠记号跑了。末了,我们应当明白记号所代表的是普遍的意义:(1)因它是抽象的,所以能为各种具象的事实所共同的表象。(2)因它是融合上的说法,所以它能概括各项的分个。(3)因它从最高上去解释,所以同时,它能解释分类上的矛盾。例如绵延的记号,当然是抽象的;其次,它能解释物理上,感触上,各种不能绵延的理由。(如一手举十斤重,后即举十一斤重的,并不见与前有差异,必至举十二斤时才感觉,所以见出从感触上是无法解释绵延的。)末了,它是依算学上所用记号的道理,一步一步的去推论,所以它在自己所建设的系统上,不独彼此不相矛盾,并且可以去解释一切所有相关性上的现象,所以它是具有一种普遍的意义的。

我们在上已将创造法大略说完了。今为提纲挈领起见,做成一表如下:

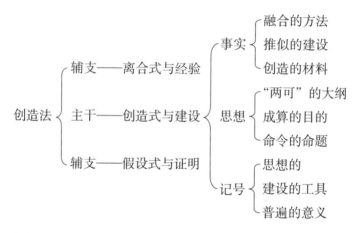

本章所说的,全是研究相关系上的现象:叙述的定名、组织的造句,及创造的建设式,都是依住这个相关的主义去进行的。既已有了这个完善的相关的叙述及组织法为基础,由它去建设一个相关的系统,自然不怕所创造的有涉入神秘及杜撰的毛病了。我们在下章[1]所要论的逻辑上的错误,与逻辑的方法,也是与此章和第一章具有相同的见解,即是主张唯有从相关上去讨论,才能求出普遍的意义的。

---

[1] 本稿未见下章。

空间研究法

空间研究法

编辑部诸先生雅鉴,敬启者:蒙印局赐下《旅欧杂志》出版豫告,喜传导文化之有机关也。敢献拙撰如左,以供贤者批评之料,或亦贵报通讯栏中之所不弃耶。

第一说 世界仅有空间,并无时间。

[说明]

空间造成,或主物质,或主气力;时间造成,或主一时,或主长久:均不深较。总之,空字于此,非是佛说,乃物理学中有规则可求之物也。

[实证]

(一)苟无日球与地球,便无年、日之名。

(二)假设天中有一地球,闲于两日球之间,其两日球吸此地球之力,无处不同。此地球并无自转及绕日转之事,其地面所受日光,处处平均,时时同状,因其无阴阳与寒暑之别,故其人遂不知有年、日之分。

[附说]

不佞尝将右说语吾友治哲学者。友曰:空间时间辩论,乃超形学(形而上)问题,诚欲从事实证学派,当守孔德[1]之说可矣。不佞

---

[1] 孔德(Auguste Comte,1798—1857),19世纪法国著名哲学家,是实证主义和社会学的创始人,被尊称为"社会学之父"。

思孔德之言，谓科学家，毋庸注意于超形学问题云云，未足以餍哲学家欲望，益使唯心派振振有词，谓超形学者，乃哲学之正支。彼辈非哲家，毋怪不敢言矣。最近某大唯心家，谓科学家误认空间之物为时间，其说终是分时间与空间为二物，不佞今言无时间者，私欲于超形学上与唯心派辩论也。然亦非唯物派之说，因唯物派不欲深求此等超形学也。窃谓空间，有动静二面之学，唯物派乃学其静，唯心派乃学其动，如几何学家之学其静，机械学家之学其动也。唯心派之不善学者，误认空间外有时间；唯物派之不善学者，误认动面即是静面也。即以生理及心理学而喻，二学原是一物，不过生理乃此学之静面，心理为此学之动面而已。彼唯心派遇此二学问题，则偏重于动面，如云"思想"非物质；而唯心派反是，如云"思想"即物质，此偏重之弊也。唯心派之不善学者，则云"思想"乃天上之神所赐，直误认空间之物为时间矣；唯物派之不善学者，则云"思想"乃排泄之物，如精尿等，则误认动面为静面矣。二者各有所偏，均不足为训。要当于此二学动静二面俱明，则其说必较为精确，然致力之方，则当从静面入手，盖苟于生理学精微研究，则于心理学自有真实见解，如病理学进步，全凭于生理学阐明，若入手从心理学用功，则玄之又玄而已。此非仅对于生理、心理二学而言也，即如不识几何学者，对于机械学则诸多不明，空间之理未彻，则物理化学变象难解，又如不识地理学者，则茫然于历史学之结构，而群学遂不可言矣。

第二说　时间不过空间运动时一形容词，非有实物。

[实证]

　　如地自转，及绕日转，谓之日、年。

[附注]

　　凡一物，静为甲象，动为乙象，甲乙二象乃是一物中之外形，非是二物也。即如言有地动而后有时候，此非言地动及时候是二物，乃言当地动时，而有地动之象，地动之象即吾人所谓时候也，苟地无动则有地而无动象矣,于此见时间之不能实有真物也。譬如物中有影,物去影灭,于此见物中非有影之一物,盖若有影之一物,虽去物而影自存矣。

第三说 吾人不能独认空间之存在,又当兼认时间者,因为便于计算、语言、做事等等,非时间实际之存在也。

[附注]

且以机械学喻,如云每点钟行三十里,则行百五十里者,为时须五点钟,时间于此用及,然亦可云百五十里者为三十里之五次,如云每次行三十里,则行百五十里者须五次于此,则全是空间之解释矣。又如第一说实证(二),苟此地球之人,有历史家欲编年纪事,亦必创设年月日之符号以识别之,又如今日与友约作一事于明日午时,互证时表。为事较便于言当所约之地与日球成正对直线,即做事之期也。

第四说 哲学及科学研究法,仅事空间,毋庸时间。

[附注]

几何为空间静面之学,而算数、代数及机械学、天文学从之而出。物理、化学,乃研究空间变迁之象而已,生理、心理可用物理学研究法。而群学由历史、地理组成,历史学从地理学而出,地理学不过天文学一部分而已。如上所云,各科学均是空间研究法也。必如是,始能谓之实学。至若哲学者,乃总诸科学而言,所以有哲学家与科学家之别者,哲学家在究其全,科学家在精其一而已。

私欲证明右说之有根据也,故撰成数书如下以质诸世:《几何学应用于算数、代数、机械学及天文学图解》《空间之物理、化学谈》《心理学不过生理学之动面说》《历史为地理之附续学》。

(原载1916年9月《旅欧杂志》第3期)

《空间研究法》附篇

编辑部诸位先生雅鉴，敬启者：拙撰之《空间研究法》，既蒙登于贵杂志第三期中矣，料知吾说之多受攻驳也。今作附篇如左，若得再为揭载，使与前说更相映明，则为感无既矣。肃此不尽区区。

（一）

客曰：子言苟无日地，便无年、日。又假设之地球云云，总不过证明时间一小时段（年、日之谓），可有可无而已。然此不可捉摸，不可断续，无始无终，放之如无物。求之可测量，如一长线之实在时间者，固依然存在也。

余曰：此一小段，如君言，既与此长线同在一线，今余于前三说，证此小段为无物，则此不可捉摸、不可断续之长线便为无物，便是虚设，此几何学例也。因此小段证其无物，依法推证，彼小段亦无物，以至于无穷小段均无物。然则长线乃是此无穷小段合成者，终成为无物矣。无物则不能存在也，至于求之可测量者，乃余前之第二及第三说之故，非有实物也。

（二）

客曰：子前附说中，言有物始有影，而吾则谓有影始有物，且有有影无物者,盖君于物影中仅见其物,而吾仅见其影则何如?庄周蝴蝶欤,列子鹿梦耶,吾安知乎物与影之别也。

余曰:几何之映射测量法教我矣。请以图明。甲是物而乙与丙是甲物之影。无甲则无其影,而无影尚有甲也。且我于物影中主物者,是从甲处入手,而旁求其影。而君主影者,是从乙或丙入手。善学者得甲,则与我殊途同归。而用力多,不善学者,终不得甲,遂谓世有有影无物者,此误认世界仅有时间之缘由也。庄列之言,非是有影无物,及物即是影之谓。我谓梦是心理学之作用,而究是生理学之物。列子所谓甚饱则梦与,甚饥则梦取,是也。

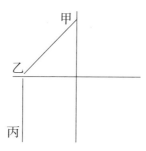

(三)

客曰:时间假无,空间安有耶,无日与地,则无尔我,又安有他物,且德化学家奥斯郁特[1]之论空间也,谓是气力造成,是非有实物也,佛言五大皆空,其然欤。

余曰:无日与地,又无尔我,尚有世界许多物,至若空间是气力,或是某物造成,均可不较。总之,即言气力矣,便有气力之一物,安得谓无,佛说是宗教谈,暂勿置论。余生平所最不解者,如一

---

[1] 今译奥斯特瓦尔德(Wilhelm Ostwald, 1853—1932),德国物理化学家,被认为是现代物理学的主要奠基人之一,曾获诺贝尔化学奖。

派之唯心家，谓有即是无，无即是有。余思"无"断不能生出"有"，既言有，则非无可知矣。或曰：人为有耶，何以地质学者证明前于人者无人。余曰：前于人者无人，尚有兽及许多物，则兽为人之本源矣。生物之前无生物，而有其本源之空气，空气有本源之以太，以太有本源之物质，推而至于无穷，终是有物生有物，其物之源始必是"一"。宗教谓之神，而我谓之物。

（四）

客曰：空间与时间并有，或先后何如。

余曰：否否，世界始于"一"物，如上论矣，且也，世界如一大圆球，统由此"一"物造成。其球又无，所谓有，球外之位置以容他物者，此足以证时间不能与空间同存在之故，即一元之论也。至于时间是空间运动时之象，前已论矣，则先后之说自消。

（五）

客曰：世界无穷，空间法安可研究耶，究其形象，而不能究其本物，此唯心派之所以不满意于唯物派也。

余曰：吾人眼前研究之物，即是世界空间之物也。例如以太之作用一明，则世界无论何方，苟有以太，则其作用断不异于物理学家一室之内所研究之物也。物理之学，五色八彩，灿烂可观。及至以太，则较以为寡味，以太再进，必有一原物焉，仅具一静一动之迹而已。此一原物，竭吾人之智识，必有一日得之，而吾人命之曰某名，审考其动静之迹，及为何物之本源足矣。然欲达到此境，须从其物后来变迁之迹，与构造之处下手，且从此用功，较从物之原始处用功，为有效用，兼有趣味，此唯物派之健者。所当勉力求之，而唯心派反谓仅求其末而遗其本也。噫！

（六）

客曰：空间研究法何用？

余曰：因世人误认空间外有时间，遂主张过去、未来及许多荒诞不可思议之事。凡宗教家及唯心派之不善学者，均受此等弊也。苟人知世界，仅有空间之物，其物可实在测量而考求，则虚诞之学，无人过问，而实在之学日进矣。谈论至此，客退，而余不知其有无后言。

（原载1916年11、12月《旅欧杂志》第7、8期）

"行为论"的学理与方法

一

　　这篇是从我在北京大学二十五年纪念会"学术演讲"的草稿中改缀而成，我又想把它做我那一部将出版的《行为论》的小序。它的唯一目的与使命（除兼说些行为论的学理外），所最希望的是在指示研究学术者一个最完善的方法。即是在一方面，使他们知"科学方法"，仅为研究学问上第一步不可少的条件，乃是初级的、一偏的所需要的功夫。千万不可误认它为一个完全的万能的工具；可以由它得到一切高深的整个的智识。别一方面，又使他们知"哲学方法"的真正价值，和它应用上的范围与制限。断不是那些附和儒老庄佛以及唯心、唯物等派的学说；便可以冒充这个全体的整个的哲学名义。现时之人，误会此点甚多。崇仰英美实验派[1]学说的，以为人生学问，应以实验始，以实验终。反之，钦敬法德纯理派[2]学说的，则视科学的实验方法太不上眼，以为自然上与宇宙间本有那些不易的原则。全恃人去领悟与了解。即可由它推求一切必然的结果。平心而论，这两派的主张，虽则各有各的理由，可是各有各的过失。前的失于不知"整个智识"有何种意义！亦犹后的失于不知科学方法是什么东西！

　　从大纲说，科学方法须要哲学方法的辅助，才能得到齐全的学

---

[1] 即英美分析哲学，一种以语言分析作为哲学方法的现代西方哲学流派或思潮。正式形成于20世纪初的英国，是在当时兴起的数理逻辑的基础上发展起来的。
[2] 即欧陆哲学，指一些从欧洲大陆起源的相关哲学传统，以德法哲学为代表，与英美的分析哲学为对照，包括了现象学、存在主义、解释学等哲学流派。

问。哲学方法又要与科学方法相和合，才能占有着实的脚地。我在《相对论与哲学》一篇中，说及爱斯坦[1]的发明全借哲学方法的效力。即是用了逻辑上（旧名论理学）的演绎法，和几何学家所用去创造几何学的方法。我又发见爱斯坦以前，物理学的成立，虽由科学方法所得来，但到后头，竟为科学方法而破产。若问此中所以然的缘故，乃是一个"整个的物理学"被物理学家支支节节分解起来为声、光、电、重、磁、热等项。这些分门别类的研究，虽为科学方法上不可少的手续，可是科学方法长于分而短于合。闹到后头，就不能不把整个的物理，变成为彼此不相统属的破碎现象了。幸而到了爱斯坦手里，用了哲学方法，用了一个从前物理学家不敢用的方法，才把这些破碎的现象收拾起来，做成了一个系统的物理智识。

我今单取这个最显著的例子，已经可见哲学方法的效用极广大了。可惜世人不知它为何物，常误认它为一种虚渺荒唐的构造！实则，哲学方法不止是极切实极有用的方法，并且它是一个继续完成科学方法的方法，又是一个与科学方法合起来，为研究"整个智识"的方法。

整个智识？这个希望，不是我人独一的需求吗？无整个呢？就不要它。因为破碎的智识，所谓一知半解，不特不能满足我人的精神，并且不能满足我人的实用。不是整个，就是破碎。宁可全无！不要破碎！如有整个，才肯领受。凡研究高深学问的人，应当具有这个宏愿和这个牺牲。它的"全不要"的牺牲，正为实践它的"全要"的宏愿。

世有深于爱情的人，断不肯泛泛去用情。他的情是整个的。所以须待到外边有了一个整个情时，才肯和他交换。爱智的人正是如此。他所注意的唯在整个智识。除了它亦无别个可爱了。这样爱"整个"的心理。不独为钟情的、爱智的人所同具。即凡爱好行为的人，亦当与此表同情的。简略说来，凡要养成一个整个的人格，不止要养成整

---

[1] 即爱因斯坦。

个的智识，和整个的感情。尤应同时养成一个整个的行为。若论它们的分配，原是三事平均，缺一不可的。但论它们养成的次序先后，整个智识，当然应最先的列在前头。

　　整个智识呵！我们羡望尔得了"相对论"，已在物理学上大告成功了。我们又希望尔，或者得了"行为论"亦将在社会学上有了极大的贡献与胜利也未可知？试观现时的社会学，岂不是和昨日的物理学同样陷于破碎不堪的地步吗？谁把这个"整个的社会学"变成为宗教、法律、政治、经济、教育、科学、艺术、伦理等等派别的混杂问题，以致彼此不相统属，生出一切互相冲突的怪现象呢？救治之法，自然非先寻出它的病源不可。究竟这些社会上一切纠纷的现象，不外是由人类的行为所合成。我说"不外是"，亦可说"通通是"由人类的行为，去代表一切社会上的现象呢。那么，考求关于群众和个人行为上的原因与结果，即可得到一切社会现象的定则了。其次，组织个人和群众的行为，使成有一系统的功用，同时即可得到一个有组织的社会了。就此看去，社会学的现象，外面虽极混乱繁杂，但能由行为论上入手，用下了一个哲学和科学组合的方法，自然可望得了一个融会贯通的功能，将信仰、法律、政治、经济、教育、科学、艺术、伦理等等社会问题汇通起来合成一贯。又可望得了一个提纲挈领的效用，将这些社会问题为根基，以人生行为为目标，组织一个系统的理想的社会。那么，从此社会学就变成为一个最简单最明晰的科学化，和一个最切用最向上的哲学化了。所以"行为论"不止是单为伦理学的模型，直是一个整个社会学的基础。

二

行为论是一个新名词。乃是研究如何使人得到最美良的行为的一种学理与方法。就一边说，它是广义的伦理学。这是说人生行为，不止单有我国人所说的五伦。除了五伦里头所说的君臣、父子、夫妇、长幼、朋友等关系外，凡社会上一切的事情，皆为人生的行为所表现。所以我们现在不用旧时日本译名的伦理学。另外主张用了这个行为论的新名词。系有三个理由如下：第一，推广旧时伦理学的意义，与铲除旧时观念五伦上的遗毒；第二，今后关于人生行为上的研究，不同前时中西学者所用的方法，专从内察、自省、本性、良知、个人、绝对等项入手。这些观念法，已经验了几千年，觉得毫无成绩。我们既受了这个失败的教训，现要改用一个在科学上已有效力的方法，去代替那个老法子了。这个新的方法，即是外观的，不是内察的；比较的，不是自省的；遗传的，不是良知的；习惯的，不是本性的；与社会相关的，不是个人的。总而言之，它是研究相关的，不是研究绝对的方法。至于我们主张采用行为论的第三理由，就是行为论，不独要用科学方法去研究，并且要用哲学方法去讨论和实行。我叫它为"技术的行为方法"。它是一个利用社会科学智识去指挥引导人生行为达到最高尚的方法。由此，使人操纵环境，不为环境所操纵。支配环境，不为环境所支配的。

照上说来，求一广义的伦理学，用科学方法去研究，操定一个哲学方法去对付环境，这是"行为论"所希望达到的三件事。第一件事，大家皆知今日我国旧伦理学说极有推广换新的必要了。这个大问题，说来太长，现暂不讲罢。

现应说到第二件事。即如何用科学方法去研究行为论的问题。大家多知道了现时有新派的心理学家如美国 Watson[1] 之流。不遵前人的内察法（introspection），而取用"状态论"（behaviorism）去考求心理了。（behaviorism 有译为"行为主义"者。恐与 conduct 字混用，故我改译为"状态论"。）这个方法，乃不去研究心里头的思念是什么。因为这些思念，不特外人不能知道，即本人自己亦不能预先知道的。他自己所知的时候，亦不过在思念已发现的时候罢了。故要研究思念的本体，简直没有法子。但就个人在外面上的状态去研究，自然可得他与外界相关系上的实在事情。譬如见了一人面上现出极凶狠的形象，手持一把刀，向一定的方向走去。我们就可判断这个人必去做些危险的事情了。原用不着去问他心里有没有杀人的念头。这个专从外面关系上去研究即是我们学"行为论"第一步所当采用的方法。就此做去，一可避免了同前人费去许多无用的工夫于性命、良知、内省等等空泛的题目上头，一可得了人生行为与环境相关系上的定则。这层比前的更加重要。因为行为不是一个人单独的事。假设世界仅有我一个人，当然无行为的可说，从有行为，亦无好与坏可分别。故行为显然是个人与环境相关系上所生出来的现象。例如个人对于家庭相关系，才生出了对住家庭的行为；对于国体相关系，才生出了对住国体的行为；对于社会相关系，才能生出了对住社会的行为。明白这个相关系的道理，就可知个人对于自己不特无行为一回事，即他的思想和感情，自以为是从自己的心坎所出发，应该如此如此，不应该如彼如彼的主张，亦因为与外界的关系才发生了相对待上的一种思想与感情。从反面说，如无外界的对待，即无思想与感情了。总之，思想、

---

[1] 华生（John B. Watson，1878—1958），美国心理学家，行为主义心理学的创始人，主要研究领域包括行为主义心理学理论和实践、情绪条件作用和动物心理学。

感情、行为，这三件组合行为论的要素。它们的原动力不是出于个人的，乃是出于社会风俗上、习惯上、信仰上、政治上、法律上、经济上和教育上的结果。故我们要研究它，亦须从这些社会问题相关系上入手，才能得到行为论在科学上的位置。

要使行为论成为科学的价值，须要从环境相关系上去研究。这个理由甚属浅显，无须再用疑惑了。但要这个研究法有成功，应当具有三个手续：一是分析的，一是比较的，一是归纳的。分析它们的现象是什么东西。比较这个现象与那个现象的异同。最后，归纳它们相同上的原理。如此做去，自可得到一切相关系上的定则。例如家庭的组织。怎么有那些未开化的民族，把他们的老年父亲活活葬埋，自问能够安心呢？怎么自称古文明的我国的父母，尚有许多弃杀男女孩的事，良心上尚觉得过去呢？我们若能从他们的关系上详去分析，自可得到这些怪现象的理由了。据格拉布金[1]（参见他的《互助论》第三章，有中文译本）所说，这些怪象，全是为家庭经济困难的问题所迫而成的。不是人生本来即如此残忍的。这个观察，确实丝毫不错。至如现在有许多夫妻（尤以我国人为多）极能过了他们机械的、禽兽的共同生活，若把他们结合的缘故和家庭的状况分析下去，亦可得到他们安分守命的心理。总之，无论遇何问题，若能先做过这层分析的功夫，及后，再用比较的手续，当更可得了一种明了的理解了。例如把别种家庭的构造，与那弃夫杀孩和不伦不类的夫妻的家庭互相比较，自然可得他们两种家庭组织上及结果上的长短好坏了。最后，又用了归纳的手续。即在考究各种家庭的异同在何处，将相同与相异处，各依其类，自可看出彼此的家庭制度，皆有一种不得不然的前因后果。由此可以归纳得它们组织上的定则了。

这些分析、比较、归纳的手续，用去考求国体和政治，更可得了

---

[1] 即克鲁泡特金。

极优良的成绩的。例如考究酋长制度及君权成立和人民奴从的缘故，可以知道，怎么有些人民屈服于专制威权之下，不特不知羞耻，并且自以为够做臣仆奴婢为荣呢！怎么我国已经变成民国十余年，不特一切官吏，尚是酋长式的官吏，并且有许多人甘愿认什么人做皇帝，日日混闹什么复辟之事呢！我以为若能用了分析、比较和归纳的功夫，这些奴隶的心理，不难立即可以完全解释。

研究社会的事情，比家与国的更为困难。例如讨论宗教、经济、娼妓、赌博等等的情形，其中原因甚是复杂。对此等事，不是快刀斩乱麻，一举手即可解决。须要细心静思，条分缕析，按部就班，寻根求底。一步一步的从分析上、比较上、归纳上做功夫，才能得到个中组织的内容和结果的真相。例如人民需要一种信仰，乃是不可避的事实。但一种宗教能够生长发达，又必要与一地的人民智识上观念上互相因缘。这个极有可以供给考究的材料的。至于经济问题，更为人类生存的要件。因为人类是贪生存爱快乐的动物，所以常受经济的束缚，往往甘为堕落的生活。例如娼妓制度的成立，原因固极多端，但经济实为其中最大原因之一。故经济在社会上的影响与权威，虽未必如某派所说的普遍，但它确实是极广大、很要紧的一类，不是用了粗浅的心思，及一偏的见解去研究，便可得有效力的解决呢。若论赌博之事，有与人生好玩耍的心理相关的，有与闲时候过多相关的，有与无职业的人民相关的，有与不好教育的结果相关的，种种原因极是复杂。考求，讨论，更不可不审虑周详。

但无论如何什么。所谓家庭制度吗，国体政治吗，社会现象吗，苟能用下分析、比较、归纳的功夫，自能得到它们相关系上的前因后果。故要铲除那些恶家庭、恶国体、恶社会的遗患，当然不是从人的身心上做功夫，即可收效的。因为它的原因是从环境相关系上而来。所以我们应当向它的关系上方面，求出解决的方法。把关系上的结构一行解决，个人的行为，自然而然生出新的变化了。例如给下食物与那些未开化的民族，他们就不必去弃杀老人，伤害幼孩了。若不从此生活的关系上入手,纵使日日向他讲耶稣教博爱的《圣经》和孔子敬老慈幼的大义,恐无一人肯听。即听,亦无一人能去实行。所以我们对于"行为论"的研究,第一步用科学方法讨论人类行为何以成立的理由。此层做到,仅算做到一半的成绩。后一半的功夫,是用去移动变更行为中相关系上的条件。这层比较上的更为重要,但此不是科学方法所能做到的,它乃是一种哲学的技术的作用了。

三

今以工程师做比喻。他第一须习工程学，但得到工程学问之后，还不能成为工程师，还要从实行上去用了许多经验。就是把所得的学问应用到实际上去，才算完他的手续，和达到他的目的。学行为论的人，正是和工程师一样。既有学，尚要术。既已知，尚要行。既用科学的方法，尚要哲学的方法。例如既知了弃父杀孩的行为，原因于家庭经济的穷乏。那么，整理家庭的经济，当为独一无二的要求了。整理家庭的经济，条件甚多。但大家庭多子女的负担，实是其中的一要件。所以当先实行生育节制的方法了。（山格夫人[1]所介绍生育节制法，已有译本。北京大学出版部亦有出售。）照避孕的新法做去，手续上甚简便，卫生上亦佳良。子女既免生育过多，自然免致杀孩之事。并且将来子女得到充分的教育后，于家庭的经济上当然有相当的帮助，自可免陷年老的父母于困境。凡此皆是相因而至的。

我们现应说到今日最难解决的夫妻问题了！若要救本治源，当应铲除一切机械的、禽兽的夫妻制度，代用了一种精神的、人道的配偶。但处旧式婚姻下的男女，若说要从根本上铲除，当然不是容易能做得到。采用一个技术的方法，在此层上更不可少了。我今分二起说：一起，是妻不喜欢夫的，女子尽可即时离婚，不必去管男子如

---

[1] 即桑格夫人（Mrs. Sanger Margaret，1879—1966），美国著名的女医学家，被公认为节制生育运动的倡导者、开创者。

何；一起，是夫不喜欢妻的。离婚吗？这些可怜的女子，于智识上生活上老实不能自存。勉强相安吗？为夫的终是貌合神离。这样生活，不特男子精神上受莫大的损失。即女子一方面，亦受莫大的愁苦。将来有了子女，更恐成为恶果的遗传。我以为救济上最好之法，莫如离居。使妇人去读书兼习实业。在此学习期内，为夫的应当完全负一切的供给及指导的义务。俟妇人有独立的学识与生活之后，那时为夫的，如不能守长久的独居主义，又另不喜欢与他的妇人同生活，那么，尽当明明白白地请他妻原谅，与她离婚。于旧妻上应当保存一种极好的朋友爱情。使他在社会上有相当的名誉，与应尽的责任。如此离婚，于情理上想无大悖。因为夫妻原是朋友的一种。全靠感情的作用。感情浓厚的可以密交，淡薄的当然不相往来。但夫妻的关系，更比密切的朋友尤为密切。所以感情的相孚，更当浓厚又浓厚。凡彼此间如不能发展这种"整个情愫"吗？当然无真正夫妻生活的趣味。应该取消夫妻的名义，成为平常的朋友。实在不必终日郁闷在家里做了无聊的配偶，甚且干常娶妾的行为，重去负累家庭的生活，伤害家人的感情，犯了人道的罪恶！

　　解决家庭的方法，免不了照顾"感情"一方面。对于社会的改革唯有"利与害"为标准。但对于国体上的态度，当以"道理"为前提。所以我们对于本国的政治，如认为不合道理时，不可不主张极端的改革，和激烈的抵抗。凡承认"无抵抗主义"的人，非懦怯即是狡猾。当为我辈所不取！（现时甘底[1]在印度守"无抵抗"主义者，因为处英势力之下，朝强抗而夕灭亡，所以不如取无抵抗主义的可以持久，而谋后来的机会。今我人所处地位，与印度人的大不相同。若去听从那班无抵抗主义的主张，真是奴隶性成，弄到国事更不可为了！）凡有血性的国民呵！现时救国之法，须从激烈抵抗的举动起，希望从此建设一个合理的公道的"全民政治"。若全民政治，不能即

---

[1] 即甘地（Gandhi，1869—1948），印度民族解放运动的领导人。

时做到，于过渡时期，亦当求一民主式的"贤人政治"。

　　从政治谈政治，本是下策；从社会谈政治，才为上乘。一切政治的基础，如能建设在社会风俗习惯和教育上，才有根据，才能安全，才免堕落与腐败。所以从政治上建设政治，不如从社会上建设政治为要紧。社会上事业极多。举其要的，如宗教、经济、娼妓、赌博等项，均当用一种技术的方法去改造建设。使人民免了迷信的崇拜，得了美感的理想的信仰。当用方法，使经济上的组织，得到最公道、最平均、最合理的分配。当用方法，使娼妓改业，赌博无存。谋这些事的改革或建设，总当从它们相关系中的条件上下手，把恶劣的条件淘汰去，把好的留下，或又加入新的分子于里头。如能使它们旧时组织上的基础一倒，则一切在此旧基础所撑持的局面，自然不能不倒了。例如反对宗教，不是几条电文即可了事。须要从宗教在社会上、经济上、教育上的立脚点铲除，才能奏效。又如避免"动荡"。不是说了什么礼义谦让几句空话，就可免却阶级互相仇视的风潮。须要从实业与经济的组织上，做下最美善的分配功夫，才免再演俄国的旧剧。又如废除娼妓的恶风。不是如上海租界的洋人派了几个警察和行了几次抽签的公事便可清理。须要为这班可怜的女子，谋相当的教育与位置。才免使她们再堕落火坑。再如赌博一事。全不能靠几张禁赌的告示，即可扑灭，要当使人民有相当的智识、职业和消遣，才能代替那些费时与有害的赌博，为一种美术兼有益的运动。总之，现时我国社会上恶劣的事情极多。我今不能一一缕举。其实它们都有必然的根株可以搜寻，若能斩除它的根头当然不至复生枝叶。

四

　　我们在上第二及第三两项所说的，不外是行为论第一步的功夫，乃在求出一切行为何以必如此的缘故。第二步，在从这些缘故的基础上，做下铲除或改良与建设的方法。在前的，是属知的方面；在后面，是属行的方面。行为论上的第一条件，以知为行的向导，行为知的证实，知行合一，以谋哲学和科学组合上的效用。故我们所谓知的，不是王阳明派的良知，乃是科学上的认知，从分析、比较、归纳所求得的认知，又我们所谓行的，不是世人的盲从，与那些跟随习惯上和风俗上一种机械的动作，乃是以科学知识为根据的实行，有计划和有准备的实行，必要靠这样知行的定义，然后知才是知，行才是行，才能收到知行合一的功效，才能收到科学方法与技术的方法相组合上的良果。才能得到科学与哲学接触上第一步的成绩。

　　为什么我们说这仅是"第一步"哲学与科学接触上的成绩呢？因为在上项所说的"技术方法"，不过是哲学方法里头的一个最粗浅的方法。除了它外，尚有二个比它更重要的：一为组织法，一为创造法。由组成的方法，把一切的社会想象，如信仰、法律、政治、经济、科学、艺术、伦理等项，组织成为一个系统的、整个的、汇通一致的应用，这是行为论的第二条件。由创造的方法，我人能从一定的环境，定下几个人生行为的基本原则，由此而推求得我人与环境最适生存的无数公例，这是行为论的第三条件。由知行合一法，人生行为成为有把握的，不是机械的。由组织法，人生行为能够操纵和改造环境的现象。由创造法，人生行为不止仅与环境相周旋的，它能确立一个"理想的人生观"，常独立在环境之外。相了机会，给下命令使环境去做的。总上说来，这三个条件，在行为论上均是不可少的，并且它们的次序上是不可挽越的。但在第一条件的知行合一中，科学方法与哲学方法平分势力，彼此都是不能缺少的、分离的，好似夫妻一样。及到第二条件组织法中，哲学方法，俨然居了主人的地位。科学方法，直等婢仆，仅给使唤罢了。至到第三条件的创造法中，哲学方法竟是独尊无匹的天神，不要这个人间的科学方法去混入它的清净心胸了。我今用一实例来证明上头的许多譬喻罢。

　　大家知"公道主义"的观念从何而成吗？论及初民的相与，当然须有一种公道的标准，彼此始能相安于社会上。这个粗浅的公道定则，乃从无数的经验而来，又从无数的实用上去证明。这就是我们在上头所说的知行合一的第一件成绩了。及到斯巴达国立法家黎格[1]时，他把这个公道主义组织成为一部系统的教令与法律。举凡国中一切的财产、男妇、子女、教育、兵士等等均是用了公道主义为目的。实行无偏无私的平均分配法。这就是我们上所说的，用组织法去实行一种主义的事实了，一到柏拉图，"公道"一词的局面又一大变。他虽然以普通社会上及斯巴达等国的成案为根据，但他另有一种特别的主张，纯用哲学家的眼光，创造他的"理想的公道"观念。这个理想的公道，在后来历史上生出极大的影响。初则由斯多葛派的宣传，继为罗马法律所采用。以至近世，所谓人类平等、人权天授、财产公分等等的理论与实行，皆从柏拉图的《共和国》和《法律》等书中，所创造的一个理想的公道观念所生出来。若更进一步说，无论哪一种族的文化史，除了几个理想的主义所构成的现象之外，所余的，不过几种无价值的自然冲动所遗下的留迹罢了。以欧洲"文化史"说，除了

---

[1] 即莱克格斯（Lycurgus of Sparta），生于公元前 7 世纪，古希腊政治人物，相传为斯巴达政治改革的创始人。

公道、博爱、求真、求美诸理想外，尚有别种事迹存立吗？故我敢说创造理想的主义，即是创造理想的社会。组织理想的社会，即是组织人生理想的行为。因为我们要知行合一的行为，与要系统及组织的社会，所以应先要一种理想的高尚的创造主义。

　　总而言之，由创造而得了整个的理想主义。由整个的理想主义而得了那些整个的智识、动作和感情。由此而得到一个整个的行为论。更由这个整个的行为论，而得到了一个完完全全的整个社会学。

自然派学理及实行纲要

皈依自然，以自然的法则为生活；自然便是道德，便是法律，便是经济。这些学说，从古已有，如印度的佛教，希腊的毕达哥[1]与苦天派[2]，其在我国，则有老庄。到了近世，因为科学与艺术的进步，自然学说加上许多缜密完善的理论与事实，同时减去了全部分的迷信与荒谬的行为，现在各国都有国际自然派之组织，我人对此也极愿有相当的努力。

自然好处，在精神方面说，心地坦白，志量广大，天真烂漫，无机诈欺诬之心事。在这个恶劣的中国社会，更觉这个大丈夫磊落光明的态度为重要。在身体方面说，自然方法能使身体壮健，免用医药而能却病，同时兼能延年益寿。在经济方面说，自然派重农，重新村组织，重自由贸易，重国际关系，而与现在罪恶渊薮的大城市生活做对头。以上所说，就是自然派学说的大纲。以下就来举出自然派实行上的几件节目。

（一）饮食法

康健与疾病大部分都与饮食有关。我们自然派所食为素菜，粗饭，尤注重于水果一项，务使食料富有"维他命素"（即生命素），身体不但由此壮健，精神也从而奋发美奂。所饮的为泉水、矿水，由此

---

[1] 今译毕达哥拉斯。
[2] 即犬儒学派（Cynicism）。发源于古希腊，其代表人物是锡诺帕的第欧根尼。这派哲学主张清心寡欲，鄙弃俗世的荣华富贵，力倡回归自然。

涤除肚肠污秽，消尽一切腹积及皮肤等病。（这项食法，详竞生所著《食经》一书，已在印刷中。）

（二）劳动法

自然派最愧不工作而坐食的。我们一面从事于读书著述，一面又从事于园林及畜牧，大约每日至少有二点钟在外工作，这个不但于身体有益，而且由此亲藉自然，领略山光水色的美丽、万汇的机密，与夫自然的伟大；由这样的工作收效，蕴蓄而为内心的怀抱，发展而为高尚的文章。

（三）生活组织法

拟和同志组织一"新村"，如有十余人，各出数百元就能在我所经营的果林旁筑一新村，实行上所说的劳动法，与下项的修养法。

（四）精神修养法

自然精神修养法，或涉于空泛无稽，或流于偏狭不达，这些都缘从人间着想，不从自然着想之所致，如能从自然观察鉴赏，效法与追随，则心胸自能广大，思想自能高远。所谓"达观"与"大度量"，唯从自然上体验始能得到。我们今拟合一切实与美术的精神修养法：即常常到郊原，及高山大海，描画与写图；或用照机摄取自然的妙象。此外则学习音乐、雕刻与建筑，及修饰等艺术以助进人生兴趣与提高旷达的心怀。

写在"精神分析学与艺术"之尾巴!

一个学说之成立，最长处就在发挥其所定的系统内；最短处就在要以其学说去批评别人的系统。

故批评家要跳出先入的成见，然后才能有好判断。譬如我们不是佛派[1]，始能知道文艺，有社会、历史、生物学，及个人，四件元素为背景，始能知道以社会学说明文艺之范畴，历史说明其发展，生物学说明其构造，个人说明其冲动与创造，始能知道佛派单用性心理去分析文艺的偏见与武断！

可惜"莫斯科派之艺术理论家泰斗"佛理采[2]不知此理，对于精神（精神两字应改译为"心理"较对）分析学与艺术之批评（参看《读书杂志》第二卷第六期胡君的译文）终不免犯了"莫斯科派"之偏见与武断！

佛理采入手最可笑是说佛罗以德主义是"汲源于这种资本主义的精神"。实则，并非这样容易去判定一本书，或一个学说是资本化抑平民化。今以佛罗以德派说，它乃建立于"性的压抑"之下，大多数是为平民生活说话，至于资本家极少受此苦的。

往下，佛理采定了此派三个罪名：色情、耽美，与个人主义。这三个罪名从反面说，正足以表示佛罗以德派之功勋！（这也是辩证法

---

[1] 即弗洛伊德派。
[2] 通译为弗里契（В. Фриче，1870—1927），苏联无产阶级文化派及庸俗艺术社会学理论的代表人物，代表作《艺术社会学》在20世纪30年代的中国广为传播。

之矛盾律呵！）文艺的精髓就在此三点。因为，"色情"，才能热烈地表出真的，痴情感（例如宝玉黛玉之写法）。"耽美"吗？才能写出美感（《红楼梦》及《西厢》文字动人处就在美感）。"个人主义"，才能表现"深刻的个性"。

佛理采最偏见刻毒处（或是译者胡君秋原之刻毒），就在以"乱伦"一个名词骂杀佛罗以德主义。不知底里，乱伦这件事在佛派仅仅看作人类初始的"性象征"。（symbolisme，仅指事实的"遗痕"，并非事实之存在。）至于这派的精要处：第一，在看"欲性"（libido）为人类的根源，这个欲性，并指一切的仁爱。第二，则在看性欲升华为一切的文化与文艺。乃佛理采偏不在此两点注意，而故意说出那些非牛非马之曲解，所谓"泰斗"者其在斯乎？

说及我个人介绍佛罗以德学说的动机，乃介绍其分析"底意识"[1]的好方法，与性的广大意义（情感与仁爱在性内）。但我并非其信徒，并非以它的性说能解释一切。我将进而介绍"整个的社会学"（不单是社会经济学）、历史学、生物学、名人创造动机学，使人于其中观察文艺各方面之完全，免至为一派一家之偏见所蒙蔽。

一年十月成稿

---

[1] 即潜意识。

自然系统法

1964 年 7 月

第一章　自然与人为系统法

（甲）世界物质的统一性

自然系统法怎样构成呢？

自然系统法的构成有三个步骤：

第一，是集中点而所记"核"。由核而团结外界的一切事物。

第二，由这个中心点而生存。故在生存中一面有矛盾，由是有竞争，但最重要是在竞争中自己有团结力以敌战环境而成为自己的系统。

第三，一面生存一面又在发展，发展有二方面，一在适应环境而改变其原有的性质，一在加强自身的独立性。

这三个步骤的现象与内容都可以从各种科学中观察到的。今先就天文学说起。

现先就天文学说起：第一是星云。

由此我们在科学中发现二个新观念。第一是涡动（漩涡的运动简写）。

第一，一切运动只有互相吸引而无排斥。

一是由星云而成为一个中心（球心）。由是而成为各种星球。

漩涡运动（涡动）与直线曲线及其他种运动不同的是有一个中心力，由是而成为"场"的各种力线。

第二，它是以吸力为扩大范围（但无斥力）。

既然就天文现象说起。

一切恒星或行星与我们的太阳系都从星云变成的。

漩涡运动的例子是彗星、飓风，至于直线、曲线、抛物线与圆周等运动乃是涡动的特殊例子。

今以天文学的星云说，也是涡动的例子。

（一）自然系统法——天文学

德国哲学由唯心派大家康德发现一切的行星乃由星云演变而成，及后，由法国数学家和天文学家拉普拉斯（Laplace）[1]证实康德这些天体演绎说的合理根据。恩格斯在他所著的《自然辩论法》说："大家知道，根据这种理论，整个太阳系是由自己旋转着的极稀薄的气体，逐渐收缩而产生的转动显然是在这气团的赤道线上最强烈，而个别的气环就从这个气团上分离出来，然后逐渐收缩成行星小行星等等。而按照原来的旋转方向围绕着中心体旋转……"我们在这个天体演化说要勿忘三个要点：

第一说是在稀薄的气体旋转中要具有一个中心体，我们称为核心，一个中心力，我们称为核力，然后才能转成为行星，假如无这个中心体力，星云永久是星云，是一种极稀薄的气体，永久不能成为行星，例如太阳系的诸行星。

第二，核心组成后，它的运动是漩涡式的运动（简称为涡动），这个运动是以一个中心力＋核力为主导，例如它使周围的物质同时向它的中心力转动，这个运动最显现的是彗星的头部，与地上的旋风及飓风等等。它是运动的主体，所有的直线运动、曲线、抛物线、圆周线运动，是涡动的一种特殊状态。

第三是以"核"为中心，核力是具有极大的吸引力，两个物体（质点）的核力是互相吸引的，小的核力量总被大的核力所吸引，由

---

[1] 拉普拉斯（Pierre-Simon de Laplace，1749—1827），法国数学家、天文学家，天体力学的主要奠基人、分析概率论的创始人。

是而成为万有引力。而实际上是无排斥力的牛顿的万有引力，以直线的机械动力为根据，当然有许多缺点，但大体上是准确的。

在天文学上，或其他一切科学上，如后所要论的都应以上三要点为根据，然后才能对事物得到全面的真理，到现在止，一切科学只能见到事物的一面——片面的见解，因为科学家们不知核中心涡动与吸引力的运理。（1964年9月1日）

物理有各种运动，最普通是直线运动，如惯性律，或曲线运动，如万有引力圆周运动律、抛物线与辐射等等。此中最重要的漩涡运动乃是一切运动的中心。

说到运动的条件是速度与方向，速度是矢量的意义。在涡动中，除矢量之外，要加入结构的一项，然后运动的作用才能齐全。

所谓结构，是从涡动的中心点与它的周围互相吸引的状态，一步一步地推广到整个的运动时的规律。在物质学中，麦克斯韦（Maxwell）的方程式已经表示"场"的定律了（这个待下再加说明）。

用漩涡运动式的解释电的现象有麦克斯韦、汉克尔[1]，和列纳多[2]诸人所提倡，而这个漩涡运动说的创始人是哲学大家笛卡尔所提出的。他们因（见《辩证法》，第91页）不知核的学理以致所说漩涡渺茫恍惚而无有着落，更谈不到于此得到一个准确的规律。

漩涡运动是有一个核子中心为主动的。它用环绕它周围运动的电子以电的能量发射到各面去，而成为电、磁、光、热等运动。

到此应说及原子怎样的构造。

（二）世界物质统一性的系统法（各种科学各有系统）

（乙）自然与人为系统法

（一）规律与系统的异同

---

[1] 汉克尔（Hermann Hankel，1839—1873），德国数学家，曾提出了与麦克斯韦的电磁场理论相似的电象学理论。
[2] 列纳多（1805—1870），法国工程师，曾提出了与麦克斯韦的电磁场理论相似的假设。

（二）宏观世界微观世界与系统世界（无限与有限的统一）

（三）涡动与各种运动法

（四）思维能力与实践（先把各种感性系统起来）

（五）时空的运动系统法，自然有规律而无系统

① 人类给予自然的系统法

（a）自然规律与人类系统法

（b）核心是一切系统的中心

② 规律与系统的异同

人类对自然界的认识，无论是唯心派或是唯物派都承认有一切的规律。不过唯心派则说自然界本无所谓规律，只有人的意识给予的。例如康德认为自然界的规律不是自然界自身的本质，而是人类的认识能力的本质——悟性的规律授给自然界。

又如休姆[1]也同如康德一样，认为自然界的本质是不可知，故此休姆在否定了事物的本质和因果性之后，提出了一个假设——就是在人类意识中，只有一个心理知觉的奔流，所谓科学只是这个奔流的记述，但没有可能捉摸到任何规律。

究之这些言论（唯心派）被人类的实践与科学实验所驳倒。因为世界一切事物都是互相联系与发展的，所以一切事物都有规律性。

不过这些规律的范围有广有狭的不同，而且是各自独立的，把这些小范围的规律扩大起来，或把这些独立的规律做成为有一个系统起来，这些是人类的能力。

不错，人类不能给自然做成规律，但能给自然规律做成有一定的系统。例如摩擦生热是一个实在的最简单的自然规律，它说明摩擦是热的一个源泉。

可是这个史前的人就已知道的规律不知经过了几千年，在1842

---

[1] 休姆（Home, 1711—1776），后改名为休谟（Hume），苏格兰不可知论哲学家、经济学家、历史学家。

年迈尔[1]、朱尔[2]和柯尔丁才得到比前的范围较广大的下头这个规律，即一切机械的范围运动都能借摩擦转化为热。

又不到三年迈尔竟把这个规律扩大到这样的结果，即在对每一场的特定的条件下，任何一种运动形态都能够而且不得不直接或间接地转变成其他任何运动形态。

到此，这个热的运动成为一般最高的规律了。

我们就叫它为"系统的规律"，因为它是联合了"摩擦生热"，与一切机械运动都能借摩擦转化为热的二个规律。而成为最普遍的规律。到此，这个定律是不能再推广了，它是绝对的自然规律了。

在自然上有从简单到复杂的关系的系统规律，在人类的思维上或从跟随这个规律的科学实验发展性上，或从生活的实践上得到这样的系统规律法。总之，诚如恩格斯所说："思维规律和自然规律必然是相互一致的，只要我们正确地认识它们的话。"（见《自然辩证法》，第18页，曹葆华的译本）

因为单从思维上说的判断，摩擦生热是一个实在的与肯定的判断，至于一切机械运动都能借摩擦转化为热，乃是一个特殊性的判断。即一个特殊机械运动，在特殊的情况下，（经过）摩擦，转变为一个特殊的运动形态。（热）至于末了那个判断即任何一种运动形态都证明自己能够而且不得不转变为其他任何一种运动形态，乃是普遍性的判断。

由此可见，在思维上是普遍的判断，在自然上便是系统的规律；反之，在自然上是系统的规律，在思维上就是普遍的判断。

推之，在自然上是个别的规律，在思维上便是实在的判断——

---

[1] 迈尔（Julius Robert von Meyer，1814—1878），德国医生、物理学家，他在1842年发表的题为《热的力学的几点说明》中，宣布了热和机械能的相当性和可转换性，第一个发现并表述了能量守恒定律。

[2] 今译为焦耳（James Prescott Joule，1818—1889），英国物理学家，他发现了热和功之间的转换关系，并由此得到了能量守恒定律，国际单位制中能量的单位焦耳就是以他的名字命名的。

最简单的判断形式，在自然上是特殊的规律，在思维上便是特殊的判断。

总之，思维对于自然规律一方面是反映，一方面又是创造。从自然个别规律说，思维仅是在反映地位；但在自然的系统规律说，思维是站在创造地位的。

所以在个别规律说，规律是自然的一种事实，是只能去发现它，而不能去创造。但就自然规律的系统说，是思维给予自然的，虽然自然自己已有系统规律的存在，但若无思维发现这个系统，那么自然上只能给予人们个别的规律，而终不能给予系统的规律。

（3）世界物质统一性与系统法

先就化学论。我们和这世界一切物质都是由化学元素组成的。到现在所知的元素有百零种，由百零种元素就能组合无机化学三万多种，有机化学则有百万种，在这些复杂现象中而根本有一定的规律，即门捷列夫的元素周期规律与布特列洛夫的结构学说。

1869年门捷列夫把这元素统一起来而发明他的"元素周期律"，在这一规律中可看到元素周期性的变化具体表现：（一）化学性质——随原子量金属性周期地在减弱，非金属性周期地加强，（二）但化合价——随原子量的增大与氧化合的最高价周期地增加，与氧的化合价周期地减少。

后来由原子结构精细的研究，应把原子修正为原子的核的电荷数，即是说化学元素在门捷列夫周期表中的位置不是由元素的原子量决定的，而是由原子核的电荷素决定的，元素周期律一方面可用元素周期表组织执行起来。

在这里"律"是表示规律，而"表"则表示为系统，因为规律是抽象的，而表（或图）则把应有的列入它们这个的，具体的不是规律，而成为一个系统的，是概括的。

这个分别到了布特列洛夫对于有机化学的结构学说极为明显。这个结构学说的主要内容可以归纳为下列三点：

（1）分子并不是原子散乱的堆积，分子内的所有原子核以一定的顺序相互结合。

（2）分子内的所有原子核都按照它们的化合价相互结合，分子内的原子都不能有剩余的化合价。

（3）物质的性质不仅决定于它的分子内所含原子的种类和数目，而且决定于这些原子结合的顺序。（参考《自学化学的钥匙》，第95页）

这个化学结构学说是从结构上的理论为基础。它不是规律，而是一种系统法。从这个系统法，化学家可以建设创立许多新结构。但就自然规律说，人类断不能创立新规律。这可见系统与规律不同处的一种。

化学中分为无机的与有机的，但虽则各有规律，而把这两方面（有机的、无机的）统一起来便成为系统的化学，这样统一的有系统的化学，然后才算得到化学的真实学识。

现在说到物理，也有二种物理的不同。旧的力学，即惯性律与牛顿的三种规律，自成为一系统。但新力学，即广义的相对论与量子学又别成为一系统。虽则两方各有规律，但当统一起来做成为有系统的物理学，然后才能得到物理学的真实学说。

又如说到生物学，当然也有遗传与变异二方面的规律，它也应当把两者统一起来，组成为有系统的生物学，然后才能成为真实的生物学。

再如以人类社会系统，此中以经济（生活方式）为基层，而又有上层的建筑，虽则各有规律，也当统一起来做成有系统的真实学问。

说到数理方面，最简单说，"函数"就是数理系统的一种表示。例如一颗石子从塔上坠下来，它从高处到地下的历程与时间，如把空间坐标表示为时间的函数，若画为一根时空连续的线，那么所代表的不是过去那样零碎的知识，而是石子运动的全部知识了。（参考《物理学的进化》，爱因斯坦、英费尔德著本，第131页，周肇威译）更深而言之，则麦克斯韦方程结构定律，是描写电磁变化的定律，也是一种数理的系统法，即是它把此时此地所发生的事件与稍迟和邻近所发生的事件连结起来。至于广义相对论对于引力方程也是一种系统法，因为它的引力方程可以应用于任何坐标系。

第二章 系统的对象——结构定律

自然上的一切规律都是结构式的，不过结构式有大小，所以规律有广义与狭义之分。例如以机械观说，牛顿的万有引力定律可以解释一切。可是到麦克斯韦的结构定律说，牛顿的引力律变成为局部性，而麦克斯韦的则成为普遍性了。也如广义相对论所描写的是一种引力场变化的结构定律。我们在上所介绍的门捷列夫的化学周期律是局部的一种规律，但布特列洛夫的有机化学的结构学说则是广义的规律了。(《物理学的进化》第189页)

所谓规律便是一些条件（具体的与抽象的）的统一表示。但这些条件不是一定不变的，它们可以变多，也可以变少。那么条件一变化规律也随而变化了，此中或变为与之前的规律完全不同，或则把先前规律的意义推广。

所谓结构的重要意义有二：其一是结构有大小，所以规律有广狭之分，其二是各层事物上各有自己的结构法，所以各有自己的规律，但彼此互相交结而成为更广义的规律。例如以麦克斯韦的结构定律说，它比牛顿引力律更为广义。因为牛顿引力律只是把此时此地一个物体的运动和同时的近处的一物体的作用连接在一起，至于麦克斯韦的结构律乃把此时此地所发生的事件与稍迟和邻近所发生的事件连结起来。它们是描写电磁场变化的定律。(见《物理学的进化》152页)

谈及爱因斯坦的广义相对论所说的新的引力方程，也是一种描写引力场变化的结构定律。它的根据是把引力质量与惯性质量同等意义结合起来。至于应用则无论在任何坐标系都可适用。至于牛顿的引力律，只有在固定的惯性坐标系中才有效。

上说及的门捷列夫的元素周期律也是一种结构律，它把所有元素做成为一个系统了。至于有机化学的布特列洛夫的结构学说，已在上说及，就不必再论了。

总之，从元素的原子核到太阳系的组合，都是服从于结构定律的。（参考《孟德尔-摩尔根遗传学批判》，吉洪诺娃著）

至于生物学说，以达尔文为最完备。因为他的整个系统是进化的，而其结构规律则建立在竞争与适应的相结合上。至于孟德尔[1]、摩尔根[2]与魏司曼[3]的基因学说实在太垄断与片面性的。因为他们忘却了生物学与环境的关系这个重要环节。若说米丘林[4]派对环境已极好对付了，但对生物的根源与个性则又未免于忽略。（详下文）

末了，说到社会一方面，以系统说，则包括了经济与其上层的建筑为主的互相作用。但其结构定律则以经济为转移，即是人类社会有五种社会经济，就是有五个结构转移律——当然以社会主义-共产主义的经济结构为最完善。

---

[1] 孟德尔（Gregor Johann Mendel，1822—1884），奥地利生物学家，是遗传学的奠基人，被誉为现代遗传学之父。
[2] 摩尔根（Thomas Hunt Morgan，1866—1945），美国进化生物学家、遗传学家，现代实验生物学奠基人。
[3] 今译为魏斯曼（August Friedrich Leopold Weismann，1834—1914），德国生物学家。
[4] 米丘林（Ivan Vladimirovich Michurin，1855—1935），苏联植物育种学家和农学家，米丘林学说的奠基人。

哲学系统——又名系统的知识

哲学博士——张竞生
广东省文史馆馆员

八十老人幸尚未死,得以粗枝大叶地完成这本书,尤其幸是得以发扬光大四十年前孙中山先生对我特别关于系统学说的启发(我是辛亥革命时先生的秘书)。若幸而尚能生存,我将继续对这本书的修改与精进。学问和事业一样是无穷尽的,不但要学到老,做到老,而且要学到死,做到死!我决定继续为社会主义而奋斗到底!

1967年6月于饶平

总　起

系统与规律的异同：规律是自然所固有的，系统是依住自然与社会所需要而创立的。

本书值得注意是扩大规律的范围，通常认为只有一种规律，而我们则说有三种，又最值得注意是系统固然与规律有此关系，但它自有独立的地位。要记得系统的作用，然后才有广大的学问与预见（发明）及创造的能力。

第一章

（一）什么是规律？

规律是由现象内部中一二个或以上的条件互相关系所组成的。各种条件是独立存在的，而由这些条件所组成的规律，当然也是独立存在的，不是依人的意志而成立的。

可是，规律不过是现象普遍联系中的一种环节。在未得到这个环节之前，一切现象当然是极混乱复杂的。所以这个复杂的现象使当代的最大哲学家康德也不免为所迷惑而至于说规律是不存在的了！

照康德的说法："在'自在之物'传达出的冲动影响之下，人类的感觉能力创造了知觉上的混乱；这混乱状态赖主观的思辨形态——空间和时间——而被调整。这样便得到了现象，或者就是感觉性的对象。接着是悟性（智慧）起作用了；悟性依赖了它固有的、主观的、逻辑的范畴，把这一个感觉的对象（现象）变成了概念。"总之，康德认为自然的规律在本质上不是自然界自身的本质，而是人类的认识能力的本质。（引自《简明哲学辞典》康德条）

说及休姆（或译作休谟）也是否认有客观规律的。休姆否定了事物的物质基础和因果性之后，便得出一个结论：说在人类意识中，只有一个心理知觉的奔流，而科学只是这一奔流的简单记述，但没有可能捉摸到任何规律。（引自《简明哲学辞典》休姆条）

继康德与休谟之后,而有马赫[1]与阿芳那流斯[2],他们断定说:"自然界的规律没有客观的意义,只是意识的诸种形态而已。"(见《简明哲学辞典》,第160页"经验批判论"条)

总之,这些观念派所说的规律不存在的话都经不起科学和实践的考验。

可是规律有狭义与广义的不同。由人类知识的发展与社会进步的要求,总是由狭义的而扩张到广义的规律。今举出下例为证:

(一)"摩擦生热"——这是个别的即最狭义的规律。

(二)"一切机械运动都能借摩擦转化为热"——这是一个比上较广义的规律,所谓特殊性的规律。

(三)"任何一种运动形态都能够而且不得不直接或间接地转变成其他任何运动形态"——这是一个最广义的规律了。(参考恩格斯《自然辩证法》中"关于判断的分类"一条)

除达到最广义的规律之外,所有狭义的规律如上所举的第一与第二的例证,都不免有局限性。正如列宁所指出:"规律把握住平静的东西——因此,任何规律都是狭隘的、不完全的、近似的。——现象比规律丰富。"(《哲学笔记》,人民出版社,第193—194页)

因为狭义的规律,先就个别性的规律说,例如"摩擦生热",乃是一个感性的现象,经过累次的考验所证明的。但这个感性的个别现象,乃是在极狭隘的范围内得到的,这样的规律当然不能概括所有的热学。人类应当去求这个规律比较大的范围,于是而有特殊性的规律的发现:即是一个特殊的运动形态(机械运动形态)展示出在特殊的情况下(经过摩擦)转变为另一个特殊的运动形态,(热)的这种性质。这个特殊的规律,虽比个别性的规律为进一步的发展,但它虽则属于悟性对感性的调整,仍然是局限性的、不能成为完整的规律。由

---

[1] 马赫(Ernst Mach,1838—1916),奥地利—捷克物理学家和哲学家。

[2] 今译为阿芬那留斯(Richard Ludwig Heinrich Avenarius,1843—1896),19世纪德国哲学家、经验批判主义创始人之一。

是又当再一步为理性的发展而成为一个普遍性的规律,即任何一种运动形态都证明自己能够而且不得不转变为其他任何一种运动形态。到了这个阶段,便是概念对于悟性的调整,而成为一个最完全的规律了。(参考恩斯格《自然辩证法》译文,第187页)

可是最广义的普遍规律,只算是表达现象普遍联系中的一端,而且所表达的现象是固定的,不是活动的、发展的。所以有许多现象的联系与发展不能由规律所包括的。于是我们不得不从系统方面去探讨。

(二)规律有三种

第一种是通常人们所熟习的即以"数量"决定二件事物以上的关系。例如阿基米德定律:浮力(克)=排开液体的体积(厘米^3)×液体密度(克/厘米^3)——即是说这个规律由三种数量关系所组成:一件渗入液中的物的体积、液体密度、由下到上的浮力。

近代科学的成立是在能否用数量去计算为标准的。一切数学、天文、地理、物理、化学,都是以此为标准的。换句话说,如不能用数量推算的便不能认为它们是科学了。

第二种规律是不重于以"数量"决定事物彼此的关系,而重在一个事物自身的性质,即是注重它的历史递变的内在关系。这个规律不能应用于数学、天文、物理、化学,而只应用于生理与心理及社会学。例如人类的生理构造与别种动物不相同,彼此只有外面的关系而无内在的互相关系。可是照人类生理自身说,则它有历史的递变的各段落的互相关系。即所谓进化的规律,各种生物各有自己的进化(有些是退化的)规律。但它自身与环境有些互相关系,但无任何内在性质与别种生物的内在性质有互相关系。

又例如以人类社会,它有自己的进化规律——从原始公社到奴隶制、封建制、资本主义制、社会主义与共产主义制。它自身有其历史递变的规律。其他如蜜蜂、蚂蚁,也有自己完备的社会组织,但又能与人类社会相比，而变成有互相关系的规律。

这第二种规律，可说是性质的、分类的、有历史性的规律。它只求自身发展的规律，而不能与别物发生互相关系。它不是从数量与别种事物发生互相关系，而是以自身的性质发展为历史性的整个事物的。若说第一种规律是量的关系，而这个第二种规律则是"质"的关系。

说及第三种规律，乃是"情感的"属性，与上所说的二种规律乃是"理智的"属性。情感也占有人类行动与判断的重要地位，故它也有一种独特的规律，即所谓价值（心理的）规律。其中重要性可略为三项：（一）真理的价值，（二）有用的价值，（三）美化的价值。（见Ribot[1]，《情感的逻辑》第42页引用。）

总而言之，我们虽则扩大规律的范围——从一种扩大到三种，但规律总不免犯有了局限性。故要深入知识的范围，应从规律发展为系统的方面去研究才可。

---

[1] 里博（Théodule-Armand Ribot，1839—1916），法国心理病理学的创始人，法国早期机能心理学家。

第二章

（一）什么是系统？

系统的意义与作用约略有五种：

（甲）它与规律的关系是在活动性与发展性的；
（乙）它的组织是由"结构定律"而成立的；
（丙）它的"核心"的作用；
（丁）由系统而得到"预见"或发明；
（戊）从组织到创造。

（甲）先说系统是规律局限性的发展者，又是静止的规律的变动者，如上所说的热学最简单的规律："摩擦生热"，把它发展起来即"一切机械运动都能借摩擦转化为热"，这如要确切地说，不是规律而是系统了。因为这不是一些事物中划开几种来求得彼此的关系，而是一切事物的整个关系的——不错，规律是一些事物的"零件"关系，而系统是整个事物的统一体呢。至于说到"任何一种运动形态都能够而且不得不直接或间接地转变成其他任何运动形态"，也即是热能守恒定律，也即是一切能量守恒定律，也即是质量-能量（二者统一）的守恒定律，这些定律是系统式的定律，不是普通式的规律了。

由此推论，黑格尔所谓的"概念的判断"说成是普遍的定律，不免于犯了粗浅与武断的毛病。如要照思维规律与自然规律相互一致的话,则"概念"一词并不具有普遍的意义,唯有"范畴"这个词才具有普遍的真理。

在此应当特别提出是概念只是偏面的、一面的意义。它具有正反二面互相矛盾的意义,只有到了范畴才把它们调和起来而成为整个的真理了。

因此,第一,系统与规律不同,它的范围比规律大。而且是活动性,不是完全固定性的。例如生物有遗传规律、生物与环境统一的规律、阶段性发育规律等等,但除这些规律之外,还有变异的现象发生,这个变异性不是规律所能包括的,而应当列入于系统性的范围。

第二,在系统中最重要是范畴在起作用。我们在上所说的热的普遍转变的规律,是它的最普遍的规律了。但这个乃是概念式的规律。若说到范畴式就不同了,它不是规律而是系统了。例如:

范畴式的系统最重要是:本质和现象、必然性和偶然性、必然性和自由、可能性和现实性、原因和结果、形式和内容等等。历史唯物论的范畴是:生产力和生产关系、经济基础和上层建筑说等等。这些范畴是对立的统一。若各自分开起来,各有一定的规律。可是它们的真正完全的意义是在两者对立中的统一。这个统一便是系统,只有在系统上才能解释得完善。

例如就必然性和偶然性说:"形而上学把偶然性同必然性分裂开来:在形而上学中,现象或者只是偶然性的,或者只是必然性的。机械论者便完全否定了偶然性。辩证唯物论断定必然性和偶然性是互相联系着的,偶然性只是必然性的补充和它的表现形态。在发展过程中,必然性和偶然性是互相联系与转换的。"(见《简明哲学辞典》,第34—35页"必然性与偶然性"条)

上所说的"必然性和偶然性",是对立的统一的系统属性。其他的范畴如必然性和自由、本质和现象、可能性和现实性、原因和结果、内容与形式等等,都是对立而统一的系统。因此,范畴所表示的，大都是"对立而统一"的系统法。

（乙）系统的组织法是由结构定律而成立的。例如物理学中有麦克斯韦的"电磁场结构"系统。他的系统的描述对象是整个空间，不像力学定律那样只以物体或带电体所在的一些点为描述的对象。（参考《物理学的进化》，第12页）

至于广义相对论的系统法，最重要是规定"坐标系统"，又把"绝对运动和惯性坐标系的鬼魂从物理学中赶出去"而成立新的引力系统。我们新的引力方程也是一种描写引力场变化的结构定律。（见《物理学的进化》，第152页）

到了天文学，最引人注意而且有极大成效是牛顿的万有引力。这个是由牛顿从开普勒的行星三大律与伽利略的自由落体的定律所建立的一个系统。它从地球、地面一切物质、太阳与空中一切物体都由引力互相作用：一个物体既能吸引其他物体，同时也被他物体所吸引，这是物质的一种基本属性。

这里可见系统的知识比诸规律的重要。因为开普勒与伽利略的四个律，若不从系统研究，总是分开而不相统属的。到了牛顿从系统的工作遂能成功了万有引力的发现。

说及化学部门的结构系统，又别具有一种意义。此中最先发现的系统学理是门捷列夫的元素周期律与周期表。在他以前化学元素是各自独立不相联系的。由它的周期表发表后，见得一切化学元素都相互制约着，而就其本质说是统一的。

扼要说来，可以把门捷列夫周期律表述如下："化学元素的性质周期地随它们的原子序数而改变。"（参考《门捷列夫周期律》，沈瑞年、顾彤译本）

说到无机与有机化合物共有百万多种。但得到了布特列洛夫[1]的

---

[1] 布特列洛夫（Alexander Butlerov，1828—1886），俄国化学家，化学结构理论的创立者之一。

化学结构学说，而成为一个有系统的学问了。他以化合价的概念为基础，发现化学结构主要内容可以归纳为下列三点：

（1）分子并不是原子散乱的堆积，分子内的所有原子都按照一定的顺序互相结合。

（2）分子内的所有原子都按照它们的化合价互相结合，分子内的原子都不能有剩余的化合价。

（3）物质的性质不仅决定于它的分子内所含原子的种类和数目，而且决定于这些原子结合的顺序。

这个化学结构的系统，如能应用于生物学的研究，似乎也可得到前所未有的许多新解说吧。

生物学的结构与系统更易寻求。达尔文的进化论便是生物的系统学理。在他前后许多生物学家更具体地列出各种"生物系统树"（附系统树图在书后）[1]

系统发育与个体发育是二者不同而统一的。简要说来，系统发育是遗传性的保守，而个体发育是变异性的创造。故可以说个体是系统发育的延续伸展。

到此，有一重要问题是阶段发育的事实，由李森科[2]的春化方法给以证明。植物之外，我们以为最有趣味与重要的是动物——尤是人类的阶段发育法：从胎儿到儿童，到成年，到壮年，到老年大概可分为四阶段。人类的肉体与精神思想的发展，各种阶段各有不同，可是此中自有联络为一统一的整个作用。若能从环境、生活、工作与教育各项按照自然所要求去满足他，当然可得到肉体与精神的美备，这个比先前唯心派所提倡的"优生种"，更进一步地得到唯物的根据的了。

---

[1] 原稿未见图表附录。

[2] 李森科（Trofim Denisovich Lysenko，1898—1976），苏联生物学家，农学家。他坚持生物的获得性遗传，否定孟德尔的基于基因的遗传学，得到斯大林的支持，并使用政治迫害的手段打击学术上的反对者，使他的学说成了苏联生物遗传学的主流。在植物生理学上，他首先提出春化作用（Vernalization）的概念，并创立了阶段发育理论。

这种人类阶段发育论，我拟由专书去讨论。

人类社会的结构定律有五种：从原始公社，到奴隶社会、封建社会、资本主义社会，终止于社会主义-共产主义社会。这五个社会组合成为一个整个系统是由经济为内容，以政治为形式所逐步进化的。

（丙）它的"核心"的作用（抽象地说是"中心学理"）

大自然的物质，从广大的星球到微细的原子，每个物都有一个中心的核。

以"原子核物理学"出为专书研究的卢瑟福[1]的功劳不少。现代物理学已能从实验分裂原子核的方法而从核的分裂使一个元素能变成为另外一种元素。

原子能便是"原子核能"，其能力的宏大，已成为吓杀人的利器，与将来成为和平事业建设上无限的远景了。

一切系统的知识都由于一个中心（核）与其整个的结构所组成。例如上文所介绍的门捷列夫的周期表，证明化学元素在周期表中的位置，不是由元素的原子量所决定（如门捷列夫所拟议的）而是"原子核"的电荷数决定的……换句话说，不同原子的原子核的荷数正好与门捷列夫周期表中化学元素的原子序数相符合。故现在可以把门捷列夫周期律表述如下：化学元素的性质周期地随它们的原子序数而改变。

换句话说，原子序数便是等于原子核的电荷数，以这个"核"为中心，又加它们的外电子层的结构而成为一切原子彼此互相关系的一个整个的系统了。

现再来说太阳系的万有引力这个整个系统的学理吧。太阳系中，当然以太阳为一个极热的中心的核。我们地球也有一个铁质的中心核。其余的行星都有一个核。因为"太阳核"在空中的极速向星河的一定方向极速运动，各行星的"核"也在环绕太阳而运动，所以就成

---

[1] 卢瑟福（Ernest Rutherford，1871—1937），英国物理学家，原子核物理学之父。

为万有引力的这个系统。(按牛顿的万有引力律在低速运动中可以无大错误地适用,但在高速度的场合中,就显出偏差,须要用"广义相对论"的引力结构系统才能克服。)

到此,应来说及生物的"核"的作用了。

各种生物的变种及新种,都由性细胞的核在起作用的。在有性繁殖的动植物,当交配时,如卵细胞核完全被雄精细胞"击破"时,则所得到的合子就可成为新种。如精核只能击破卵核的一部分,则合子只能成为变种。又如精核完全不能击破卵核,只是两核彼此合成为合子时,则成为通常的本来原有的种了。(就是遗传性的现象)

这个怎样击破卵核的方法当然极难得到。在低级的动植物,可用杂交法(尤重要是远缘杂交)混合各种精虫法,加入适宜的药物法与机械术接枝等等。在新种与变种初始呈现时,要用培养的方法,阶段发育法,新陈代谢法等等使它完成其功效。

这个变种与新种的求得方法,能否使它实现于人类中?

我所说的简略击破性核而使成为新种,乃是在看到一种元素的核被击破后变成为另一种的元素为根据的。当然这个根据的移用,未免属于理想,这完全要从实验去发现的。

(丁)由系统而得到,"预见"或发明。

由系统的研究,而可得到此中的"预见"或发明。例如:从门捷列夫的元素周期系统中,陆续发现镓、钪、锗,为周期表所预料得到的三种新元素。

又例如从万有引力定律,人们得以陆续发现天王星、海王星及冥王星。

从系统怎样容易得到预见与发明呢?因为每一个系统的事物在位置上或运动上都有一定的次序。由这个次序而可预见其中尚未发现的事物。例如镓、钪、锗在元素周期表有它们一定的次序的位置。只要人们从这些位置的次序中去寻找,自然就可得到了。又例如天王星、海王星、冥王星的发现也是从万有引力律的运动次序中而预先料到的。

生物进化律是一切最复杂的系统。但各种生物的发展与彼此互相关系的次序是可以预见其必然的结果,不管其中连接的中间物种尚未发现,但其线索是可以照律理去推测到的。

(戊)从组织到创造

规律是解释世界,系统是改变世界。再从发展说,规律认识后,凭人类的主观能动性,也能改变世界,但系统不只是能改变世界,而且能创造世界。

组织与创造是二方面的统一体。先有组织,然后有创造,有时也可以说组织便是创造。我们在上所说的元素周期表,布特列洛夫的化学结构、牛顿的万有引力、达尔文的生物进化论与"马列"的社会历史进化论都是一种组织的系统学问,也可以说是一种创造性的科学了。

可是组织与创造有许多不相同的地方。第一组织比创造较容易较有把握。一切组织的进行首先在找到一个"中心点"与一些结构的条件。例如门捷列夫把元素的"原子量"作为中心点先行找到了,然后就照原子量的大小作为次序的结构材料,从而就能组织成为元素的周期律了。说及创造的方法,也应先找到中心点与一些结构条件,但比起组织法来是极难找到的。

第二,组织性是多数显现于自然界中,而创造性则多显现于社会中。

以下就来简略地介绍几种人为的系统法:

宇宙是无穷大的。星星是无限多的。可是在这样复杂混乱的星星中,人们用了整理星星的方法,使星星各成一个系统。例如夜间面对北方,可见七颗亮星排列成一个旧式熨斗的形状。这是大熊星座中的北斗七星。从外侧的斗底往斗口引申一根假想的直线大约是斗深五倍距离的地方有一颗亮星,它就是北极星。在它周围,可以组成为许多有系统的星座。这样,把复杂混乱的星星,整成为有系统了。

把地球划成为有经与纬二种度线的系统,人们就能在某一经纬点上知道在什么地方，这于航海的人极有利益的。又把地球表面按经线划分为廿四个相等的"时区"，这就是国际上采用"区时"系统来调整全球的时间计算。我国北京属于东八区，就是比格林威治时区早八小时。格林威治时区的区时叫作世界时。

现来说我国的阴阳历法。现在国际上通行的阳历是格里历[1]，是罗马教皇格里哥里十三世根据奥古斯都历[2]修改而成的。至于它把每年各月份大小的排列，并无科学根据，完全是人为的。

我国旧历即阴历又叫农历是根据月亮的运动来定的。它比阳历一年大约相差十一日，而由闰月去补正的。阴历的特点是把每年分为廿四个节气，这于农民是极有裨益的。

由人为的系统而定出国际通用的公斤与公尺制度，使各国与一国中的各地先前各用自己的尺度与斤两的纠纷得以调整成为有一个系统。

其他，如各时代各社会国家所制定的法律与制度，大部分是由当权派按照他们的利益系统所定出来的。

---

[1] 公元1582年3月1日，罗马教皇格里高利十三世（Pope Gregory XIII）颁发了改历命令，即为格里历。我国1912年采用格里历，但不用其纪年，直到解放后才采用。
[2] 公元前9年罗马皇帝奥古斯都所颁行的历法。因儒略历在施行时错误理解，置闰较多，后由奥古斯都纠正。其历年与儒略历相同。

暂行结论

（一）因果律是一切规律得以成立的基础。一切的事物必有原因，有原因必有结果。凡否认因果律者如康德、休姆之流，同时必定否认规律性。反之，凡承认有因果性者同时必承认有因果律。换句话说，因果律与一切规律是二者同一物的。

（二）系统性也不能离开因果性的。可是它比普通的因果性的范围较为广大。它又不是如因果性的呆板，而具有因时随应的活动性的。

系统可分为二种：一是组织性的，是由结构定律所组织而成的。结构定律已在上略为介绍了。说及系统的第二条件是创造性的，是一切事物运动的系统。唯物辩证法是承认一切事物都在运动，静止是相对性的，而运动是绝对性的。

物质的运动中留下了历史发展的结果有几种：（一）是新物质的产生与旧物质的灭亡；（二）是有机物的进化；（三）是人类社会的变革；（四）是人类生理与心理对外界的适应性。

物质的运动形态表现在空间与时间，这也是系统性最显著的二种表现。

记忆与意识

前　言

无记忆便无意识——既是无记忆便无知识、情感、意志，因为：

（一）记忆是知识的仓库

（二）记忆是情感的活动力

（三）记忆是意志的锻炼所

我们在本书所要讨论的先在这三项。其次是讨论人类脑质的组织法。末了，对于柏格森[1]的唯心记忆说的批判与对巴甫洛夫[2]的反射条学说补充。

---

[1] 柏格森（Henri-Louis Bergson，1859—1941），法国哲学家，他认为人的生命是意识之绵延或意识之流。代表著作有《创造进化论》《直觉意识的研究》《物质与记忆》等。

[2] 巴甫洛夫（Petrovich Pavlov，1849—1936），俄罗斯生理学家、心理学家、高级神经活动学说的创始人，条件反射理论的建构者，1904年荣获诺贝尔生理学奖。

第一章

记忆与知识

知识是整个的知识。它从"感觉"的自觉起，到了"知觉"便成为系统的知识，到了"表象"便成为有"组织性的知识"，终于到了"思维"便成为"创造性的知识"。

须要把以上所说的四项知识看作为一个整个的知识，然后才成为真的知识。

（1）今先说感觉

由于物体和现象作用于感觉器官而发生的特性叫作感觉。

感觉的种类有视感觉、听感觉、味感觉、嗅感觉、触感觉，与运动、平衡、振动、温度、痛、机体的六种感觉；我们又加入性的感觉，即性欲与色情的感觉。

在此应特别提出是通常人们以为人类只有五种感觉，即视、听、味、嗅、触，而自以为靠这些已足以得到外界一切的感知了，实则单靠这五种感觉是不够用的。人类尚有极重要的运动、振动、机体的各种感觉，例如运动感觉首先是与脚手和言语器官的任何运动伴随着的。又如机体感觉尤其是五脏的感觉关系人们的康健极大。

这些感觉是直觉性的，就是它们有固定性、凝合性的。例有视觉所主宰的是颜色，它与声音等无关系。虽它与别种感觉集合时可能颜色变成较显明或较暗淡，但颜色本来的面目总是不变，它们断不会变成声音。

这些直觉性的好处是在能使世界事物与现象变成种种的形形色色，不会成为单调独相的。人类的感觉的作用（一）在扩大其广度，即愈有多种感觉愈好。我们希望在上所举的十二种感觉之外，尚有其他种感觉的发现；（二）又要从各种感觉的深度去努力。我们知道鹰的视觉力的远大与狗的嗅觉力的精微。人类的各种的感觉的潜力其实也极广大的，只要去努力开发。例如在黑暗的屋子停留一小时之后，人类视觉的感觉性比起在光亮处能够增加到二十万倍！

凡有感觉都在大脑皮层留下印象（痕迹）也即是记忆的材料。但脑中所接触的外界事件太多，不能全数保存起来，只有在后来与生活有关的事物与现象的少数印象，才能重新再现起来，这就是记忆——回忆的作用。

又到了"知觉"，它把那些个别的感觉做成为有系统性，把它们联系起来，这就是把个别的直觉性的感觉变成为系统性了。又到了表象时，这些觉知性复变为有组织性了。末了，到了思维程途中，这些感受性经过了再造与创造又变成为概念了。

（2）现来说知觉

知觉的基础是各种感觉，所以可从感觉中是哪种为主导而分为视知觉、听知觉、触、嗅、味以及运动等等知觉。

知觉虽则从感觉而来，但与感觉不同。知觉所表现的不是如感觉的个别性，而是系统性。这个系统性举其要的有如下列各项：

（一）是归类的，是把个别的感觉归类为一种事物与现象的整个。例如我们所看见的不是个别的色彩，不是光和影的斑点，而是一定的对象。又如我们所听见的不是单纯各种不同高度响度与音色的声音，而是人的声调、雨的响声。

（二）知觉对于感受性是加工地做成各种联系与关系。实验证明，如果不是以孤立的刺激物而是以各种刺激物的总和，去系统地作用于感觉器时，则其反应不是依据每一种刺激物的个别特性，而是依据这些刺激物的联系以及其相互关系的特性。例如对一种图形，不论它的大小与其颜色如何，只从它们的联系看起来，就能认出它是什么图样。

（三）知觉的作用过程是在认出"客体"与背景的不同。在街上遇见了一位熟人，他就是客体。其余的一切如房屋、道路、人群、车辆等则成为背景了。这种客体从背景中的划出，也是证明知觉所求的是整个的事物。它在各种背景中只在找出一个客体，即在许多个别事物中能够寻找出一个主要事物，这便是它的方法与目的。

现在应来谈及在知觉中的记忆作用。人们的知觉过程有如上所说的情状，因为知觉中的记忆第一是归类的，即是所记忆的不是个别感觉的零散，而是把它们归纳为一定的事物与现象。这些归类的记忆，不但可以省却许多麻烦，而且可以具有深入的见解与初步的科学常识。因为从其类别中可以深知其本质与其规律。

第二，在知觉记忆中起作用是不单在各个分类，而在其分类中的彼此联系与互相关系。例如把各种生物分为圆口类、鱼类、两栖类、爬行类、鸟类、哺乳类，在这些分类，而从其联系与互相关系中好好地记忆起来，就能发现生物的起源为达尔文所首先见到的。

末了，谈及客体从背景中的划出，人们就能在各种类别中而得到一个主要的系统。如上所举，人们可不用熟人为客体，而一切如房屋、道路、人群、车辆等，都可选为客体，那就把系统改变为别一个了。这也可见人对于系统有自由能动性，不是对于规律的一定不易了。

这个系统性是与社会生活及个人经验的记忆性有互相关系的，各人的生活与知识的记忆中不相同，故对于系统的组织也不相同。

（3）现来说表象

表象的定义是："在过去总结的基础上，物体或现象的具体形象之在意识中的重现，就是表象。"例如我们在不久以前看见过的一座高楼，在眼前重现这座高楼一样。

表象可以分为二种：（一）如上所说的是记忆的具体表现；（二）则为想象。想象也不能从虚无中创造出来。想象乃是在过去知觉的基础上的一种新的形象的组织。

这样，记忆到了表象一层时，乃是从知觉的记忆上重新组织起来。所以在表现活动中的规律性有三种联想：接近联想、类似联想、对比联想。接近联想是如想起阳光充足时就会回想到南方的气候。类似联想是从两件事物的相似处去想起。至于对立的联想则如冬——夏、白——黑、好——坏之类。

表象的融合，在有些情况中，那些表象是融合为一个整体，而不是表象的简单的总合。

最特出是表象的概括现象，由是而得到结合，典型与公式化的结果。结合，即是融合不同对象的表象而组织成为幻想的形象。如神话中的飞行地毯、海马法宝之类。所谓典型，就是在每一类事物中抽出它们最突出的阶段特点、癖、趣味、动作、信仰和言谈等等。这个典型性是成为艺术中不可以少的条件。谈及公式化，人们在分析研究的对象时，把它分解为本质的部分或属性，创造出一目了然的公式，这样可以确定事物的种类，从而揭露它们的规律。

在表象中尚有一门事件尚未有人深行去研究的是从想象中组合了知觉与记忆而成为再造性想象与创造性想象。

"再造性想象"，凡在阅读地理书时，想象书中的事物而另行改造为一种表象。例如，人们在书中看到寒带或热带的地理情况，虽则自己未曾亲到这些地方，也能描写其中的事物。

再造性想象最特出的表象：如在所读的书中的事物与现象好似先前"已经看见过"或"已听到过"，或有些生活情状都"重现一过"。这些重现，不是如记忆中的重现一样，而是记忆与知觉及生活组合一气的重现。

这个问题经过许多名人的研究，而尚未得一定的效果。柏格森则定名为"现在的记忆与误认"。虽则说了许多话也尚无着落。

这个问题是有些人在注意发生的各事项，或从事于谈话的时候，忽然相信以为现在所看见的曾经看见过，现在所听见的曾听见过；现在所说的也曾经说过；现在所在的地方也曾到过，而且情形相同，所感觉的、所知觉的、所思的、所欲的也都相同……

这种误认的人如在梦中一样，对于自己成为一个素不相识的人，像有两个自己一样，而对于自己所说所做的都只居于旁观地位。杜卡定名为"人格脱离"。

总而言之，这个似乎"见过的、听过的、生活过的"状态可以有三种结果。

（一）如梦景一样的"误认"是记忆的直觉性，乃由先前的记忆与知觉组织一气而突然引起的。

（二）再造性的想象，是表象的改造，即是各种表象如视表象、听表象、情绪表象等等融合起来，即是记忆把各知觉组合起来。

再造性想象是记忆中有组织性的第二步。它对于事物和科学艺术等都可在想象中好似见过的，听过的与生活过的。它好似能够预先知道事物到来。但这个预知不是如在误认的毫无事实（空想的）的预知。它是能够把先前散漫的记忆集中起来，把记忆中的本质属性提出来，而把次要的属性丢开去。这是记忆中的大作用，为向来人们所未曾注意的。

（三）这个记忆的本质便是记忆中的"概念"。普通所说的概念是思维的概念，在科学中起大作用。至于我们所说的记忆概念在艺术中起大作用之外，即是典型的求得。同时也在公式化中即在科学中起大作用。

这个记忆的概念与思维的概念不同的约有三点：

第一，是它只有一件事物一个概念，不是如思维的概念可能为多个。例如钢笔为一个概念，若是作为礼品，则又变成为礼物的概念，有时又可列入技术制造品的一类。至于记忆中的概念，例如一个典型只有一个典型的内涵，不能有别个典型相混。又如一幅名画、一曲著名的音乐，不能别有一幅名画或一曲名乐与它相混。

第二，记忆的概念是具有直觉性的表象，不用思维式的概念需要由判断而揭露其内涵。它的内涵即由直觉性而认知出来。例如花园是否开花，这是要用判断去断定的。至于花园开花便由直觉式即由视觉去感知的，不是由判断去决定的。

第三，思维的概念是用"词"表出的。这是花园，这是花。花园，花，有这样的词便能达出这一的概念。至于记忆的概念都从各种感觉去感知，再由知觉去认识，又从表象去显现，究之不用。词而也能从各种记忆的组织中去划出一个概念来。例如花园的一个概念乃从视觉中看到花色，从嗅觉中闻到花味而得到的。

结论起来，表象因为有再造性想象，所以在认识论中占有特殊的位置。表象经过改造后在视知觉中有时可得到，如"看见过"的表象。或由听知觉中，得到"听见过"的表象。或在各种知觉中混合中到"曾生活过的"表象。由这些想象的表象，可以深入事物与现象的了解，与扩大个人的知识。

（4）末了，应谈些关于思维的意义

思维可分为二种，一是从"纯粹心理说"，如上所说是从感觉，知觉到表象，乃由心理对事物与现象的联系与关系而达到"心理的思维"。

其二是由语言与社会生活（劳动、社会组织等）而组成为一个"生理的思维"，尤其是"社会性的思维"。

思维与感觉、知觉及表象的不同是：感觉、知觉与表象对事物与现象所认识的、知道的、领会的是直接的，而思维对事物与现象所认识的、知道的与领会的是间接的。

由此而得出感觉、知觉与表象的认识是直觉性的，而思维是用判断性的。由判断而能从已知求出未知的事物与现象。例如表象等所得到的事物是具体的，而思维所得的是抽象的。表象等所得的是分析，而思维所得是综合。表象所得的是归纳，而思维所得是演绎。表象等所得的是因（原因），而思维所得是果（结果）。

当然，完全的知识是感觉、知觉、表象与思维的统一。即是具体与抽象、分析与综合、归纳与演绎、原因与结果，都是在统一中表现完整的知识。可是从知识的行程说应先从感觉、知觉与表象起，而后才能好好去认识思维。

到了思想，语言就起了大作用。在感觉、知觉与表象中，人也如动物一样，不用语言，只用直觉性与认知事物与现象。但到了人类，才有了语言的发生。语言是社会生活中人与人联络的工具。同时语言也是思想与情感的工具。

语言已是储藏记忆的工具。到了文字代替语言在书写上的作用，语言与文字变成为记忆的保存与传导的作用。可说语言与文字是人类发展意识记忆中的大作用。

暂做结论

由各种感觉留存于大脑皮层，与其他大脑的位置所留下的痕迹后——即初级的、直觉性的记忆，再把这些各个特别的记忆，例如视、听、触、嗅、味运动等的记忆组成为"有系统的记忆法"是为知觉。至于表象乃由知觉的记忆再行组织而成。末了，思维系从感觉、知觉，尤是表象的各种记忆中改造过、再造的与创造过而成。

总而言之：一切知识都由记忆而来。有什么记忆便有什么知识。有各种感觉的记忆直觉法，便只有这些直觉性的知识，进而有知觉的记忆，便有知觉的知识，再进而有表象的记忆法（例如似"曾见过的""听见过的"，便是表象的记忆法）与其知识。终于由总合其成的记忆法，而后才能总合的、完善的知识。换言之，无记忆便无知识，要有好知识，则需要有好的记忆。

第二章

在本章中要讨论是无记忆便无情感。换言之，要有好情感需要有好记忆。